WALBURGA KULLMANN

Der Schutz von Computerprogrammen und -chips in der Bundesrepublik Deutschland und in den USA

Veröffentlichungen des Instituts für
Internationales Recht an der Universität Kiel

Herausgegeben von

Jost Delbrück · Wilhelm A. Kewenig · Rüdiger Wolfrum

102

Der Schutz von Computerprogrammen und -chips in der Bundesrepublik Deutschland und in den USA

Von

Walburga Kullmann

Duncker & Humblot / Berlin

Die Arbeit und ihre Drucklegung wurde gefördert durch den Arbeitskreis Wirtschaft und Recht im Stifterverband für die Deutsche Wissenschaft.

CIP-Titelaufnahme der Deutschen Bibliothek

Kullmann, Walburga:
Der Schutz von Computerprogrammen und -chips in der Bundesrepublik Deutschland und in den USA / von Walburga Kullmann. — Berlin: Duncker u. Humblot, 1988
(Veröffentlichungen des Instituts für Internationales Recht an der Universität Kiel; 102)
Zugl.: Kiel, Univ., Diss., 1986
ISBN 3-428-06393-7
NE: Institut für Internationales Recht <Kiel>: Veröffentlichungen des Instituts...

Satz: Hagedornsatz, Berlin 46
Druck: Berliner Buchdruckerei Union GmbH, Berlin 61
Printed in Germany

ISBN 3-428-06393-7

Inhaltsverzeichnis

Abkürzungsverzeichnis

A. (2d)	= Atlantic Reporter (Second Series)
a.a.O.	= am angegebenen Ort
A.B.F. Res. J.	= American Bar Foundation Research Journal
ABl.	= Amtsblatt der Europäischen Gemeinschaften
Abs.	= Absatz
aff'd	= affirmed
AfP	= Archiv für Presserecht
Alabama L. Rev.	= Alabama Law Review
amtl.	= amtlich
Amtsbl.	= Amtsblatt
Anm.	= Anmerkung
Anwbl.	= Anwaltsblatt
AP	= Arbeitsrechtliche Praxis
App.	= Appendix
App. Dep't Super. Ct.	= Appellate Department of the Superior Court
ArbErfG	= Arbeitnehmererfindungsgesetz
ArbuR	= Arbeit und Recht
Arizona L. Rev.	= Arizona Law Review
Art.	= Artikel
BAG	= Bundesarbeitsgericht
BB	= Der Betriebs-Berater
Bd.	= Band
Begr.	= Begründung
Beschl.	= Beschluß
betr.	= betreffend
BGBl.	= Bundesgesetzblatt
BGH	= Bundesgerichtshof
BGHZ	= Entscheidungen des Bundesgerichtshofs in Zivilsachen
Bl.f. PMZ	= Blatt für Patent-, Muster- und Zeichenwesen
BT-Drucks.	= Bundestagsdrucksache
Bull. Copyright Soc'y	= Bulletin of the Copyright Society
BVerfGE	= Entscheidungen des Bundesverfasssungsgerichts
BVerwG	= Bundesverwaltungsgericht
BVerwGE	= Entscheidungen des Bundesverwaltungsgerichts
bzw.	= beziehungsweise

CAFC	= Court of Appeals for the Federal Circuit
Cal.	= California
Cal. Bus. & Prof. Code	= California Business and Professions Code
Cath. Univ. L. Rev.	= Catholic University Law Review
CCPA	= Court of Customs and Patent Appeals
cert.	= certiorari
ch.	= chapter
Cir.	= Circuit
CLSR	= Computer Law Service Reporter
Computer / L. J.	= Computer / Law Journal
Cong.	= Congressional
Connecticut L. Rev.	= Connecticut Law Review
CPU	= Central Processing Unit
CuR	= Computer und Recht
D.	= District
DB	= Der Betrieb
Del. Ch.	= Delaware Court of Chancery
Detroit College of L. Rev.	= Detroit College of Law Review
d.h.	= das heißt
DIN	= Deutsche Industrie-Norm
DM	= Deutsche Mark
Drake L. Rev.	= Drake Law Review
Duke L. J.	= Duke Law Journal
ebd.	= ebenda
Einl.	= Einleitung
Emory L. J.	= Emory Law Journal
Entsch.	= Entscheidung
EPA	= Europäisches Patentamt
EPÜ	= Europäisches Patentübereinkommen
F.(2d)	= Federal Reporter (Second Series)
Fn.	= Fußnote
F. Supp.	= Federal Supplement
GesRZ	= Der Gesellschafter. Zeitschrift für Gesellschafts- und Unternehmensrecht
GG	= Grundgesetz
Golden Gate U. L. Rev.	= Golden Gate University Law Review
GPÜ	= Gemeinschaftspatentübereinkommen
GRUR	= Gewerblicher Rechtsschutz und Urheberrecht
GRUR Int.	= Gewerblicher Rechtsschutz und Urheberrecht. Internationaler Teil

Hamline L. Rev.	= Hamline Law Review
Harvard L. Rev.	= Harvard Law Review
Hastings Internat. and Comp. L. Rev.	= Hastings International and Comparative Law Review
Hofstra L. Rev.	= Hofstra Law Review
How.	= Howard
H.R. Rep.	= House of Representatives Report
Hs.	= Halbsatz
i.d.R.	= in der Regel
i.H.v.	= in Höhe von
Ill.	= Illinois
Internat. Bus. Lawyer	= International Business Lawyer
IntPatÜG	= Gesetz über Internationale Patentübereinkommen
Iowa L. Rev.	= Iowa Law Review
i.S.d.	= im Sinne des
i.S.v.	= im Sinne von
I.T.C.	= International Trade Commission
IUR	= Informatik und Recht
i.V.m.	= in Verbindung mit
J.	= Journal
J. of L. and Com.	= Journal of Law and Commerce
J. of the Pat. Off. Soc'y	= Journal of the Patent Office Society
J. of the Pat. and Tradm. Off. Soc'y	= Journal of the Patent and Trademark Office Society
John Marshall J. of Practice and Procedure	= John Marshall Journal of Practice and Procedure
Jurimetrics J.	= Jurimetrics Journal
LAG	= Landesarbeitsgericht
LG	= Landgericht
Louisiana L. Rev.	= Louisiana Law Review
Loyola of Los Angeles L. Rev.	= Loyola of Los Angeles Law Review
Loyola Univ. of Chicago L. J.	= Loyola University of Chicago Law Journal
Mass.	= Massachusetts (Reports)
m.E.	= meines Erachtens
Mich.	= Michigan
Mich. Comp. Laws Ann.	= Michigan Compiled Laws Annotated
Minn.	= Minnesota
Minnesota L. Rev.	= Minnesota Law Review

Mitt. d. dt. PAW	= Mitteilungen der deutschen Patentanwälte
MuW	= Markenschutz und Wettbewerb
m.w.N.	= mit weiteren Nachweisen
Nat'l Geographic	= National Geographic
N.E.(2d)	= Northeastern Reporter (Second Series)
n.F.	= neue Fassung
NJW	= Neue Juristische Wochenschrift
North Carolina J. of Internat. L. and Com. Reg.	= North Carolina Journal of International Law and Commercial Regulation
Notre Dame L. Rev.	= Notre Dame Law Review
Nr.	= Nummer
N.W.(2d)	= Northwestern Reporter (Second Series)
OLG	= Oberlandesgericht
ÖVD	= Öffentliche Verwaltung und Datenverarbeitung
Okla.	= Oklahoma
Oklahoma L. Rev.	= Oklahoma Law Review
P. (2d)	= Pacific Reporter (Second Series)
Pa.	= Pennsylvania (State Reports)
Pa. Super.	= Pennsylvania Superior Court Reports
PatG	= Patentgesetz
PCT	= Patent Cooperation Treaty
PTO	= Patent and Trademark Office
Pub.L.No.	= Public Law Number
PVÜ	= Pariser Verbandsübereinkunft
RBÜ	= Revidierte Berner Übereinkunft
RdA	= Recht der Arbeit
Rdn.	= Randnummer
RdW	= Österreichisches Recht der Wirtschaft
Rev.	= Review
rev'd	= reversed
Rev.Stat.	= Revised Statute
RGBl.	= Reichsgesetzblatt
RGZ	= Entscheidungen des Reichsgerichts in Zivilsachen
RIW	= Recht der Internationalen Wirtschaft
ROM	= Read Only Memory
Rutgers Comp. and Technol. L. J.	= Rutgers Computer and Technology Law Journal
Rutgers J. of Comput. and the L.	= Rutgers Journal of Computers and the Law
S.	= Seite, Satz

Santa Clara L. Rev.	= Santa Clara Law Review
sess.	= session
s.o.	= siehe oben
sog.	= sogenannte(s/r)
South Texas L. J.	= South Texas Law Journal
Southwestern Univ. L. Rev.	= Southwestern University Law Review
St. John's L. Rev.	= St. John's Law Review
st. Rspr.	= ständige Rechtsprechung
Stat.	= Statute
Suffolk Univ. L. Rev.	= Suffolk University Law Review
Temple L. Quart.	= Temple Law Quarterly
Tennessee L. Rev.	= Tennessee Law Review
Texas L. Rev.	= Texas Law Review
u.	= und
u.a.	= unter anderem
UFITA	= Archiv für Urheber, Film, Funk und Theaterrecht
Univ. of Baltimore L. Rev.	= University of Baltimore Law Review
Univ. of Kansas L. Rev.	= University of Kansas Law Review
Univ. of Western Ontario L. Rev.	= University of Western Ontario Law Review
UrhG	= Urheberrechtsgesetz
Urt.	= Urteil
U.S.	= United States (Supreme Court Reports)
U.S.C.	= United States Code
U.S. Code Cong. & Ad. News	= United States Code Congressional and Administrative News
U.S.P.Q.	= United States Patent Quarterly
usw.	= und so weiter
UWG	= Gesetz gegen den unlauteren Wettbewerb
v.	= von(m) / versus
Vand. L. Rev.	= Vanderbilt Law Review
vgl.	= vergleiche
Virginia L. Rev.	= Virginia Law Review
Wall.	= Wallace
Washington and Lee L. Rev.	= Washington and Lee Law Review
Washington Univ. L. Quart.	= Washington University Law Quarterly

Western New Eng. L. Rev.	= Western New England Law Review
WiR	= Wirtschaftsrecht
Wis. (2d)	= Wisconsin Reports (Second Series)
Wisconsin L. Rev.	= Wisconsin Law Review
WM	= Wertpapiermitteilungen — Zeitschrift für Wirtschafts- und Bankrecht
WRP	= Wettbewerb in Recht und Praxis
WUA	= Welturheberrechtsabkommen
z.B.	= zum Beispiel
z.Z.	= zur Zeit
ZUM	= Zeitschrift für Urheber- und Medienrecht / Film und Recht

A. Einleitung

Früher waren Computerprogramme meistens „individualisiert", d.h. sie konnten nur in Verbindung mit einem bestimmten Modell oder einem bestimmten Computer benutzt werden. Heutzutage sind viele Programme kompatibel[1], d.h. sie können in Verbindung mit mehreren und unterschiedlichen Computern benutzt werden. Dies macht sie verkehrsfähiger und damit auch „übernahmegefährdeter".[2] Sie werden deshalb heutzutage wesentlich öfter unbefugt benutzt als früher.[3] Computerprogramme werden insbesondere von Konkurrenten der Originalhersteller kopiert und dann von diesen zu einem wesentlich günstigeren Preis vertrieben. Die Konkurrenten können die Programme so günstig anbieten, weil sie selbst keine oder kaum Investitionen für die Entwicklung der Programme aufwenden. Aber auch Privatleute beteiligen sich an der Piraterie von Computerprogrammen. Sie kopieren Programme für ihren privaten Gebrauch oder um sie günstig weiterzuverkaufen.[4]

Computerchips werden ebenso wie Computerprogramme in zunehmenden Maße von Unbefugten kopiert. Kopien können in kurzer Zeit und zu einem Bruchteil der Entwicklungskosten des Herstellers des Originals hergestellt werden.[5] Die Kopierkosten betragen i.d.R. nicht mehr als 1% der Originalherstellungskosten.[6]

Da die Piraterie von Computerprogrammen und -chips bei den Originalherstellern zu hohen Wettbewerbsverlusten und Umsatzeinbußen führt,[7] sind die geschädigten Unternehmen sehr daran interessiert, die unberechtigten Benutzer auf Schadensersatz und vor allem auf Unterlassung in Anspruch zu nehmen, um den Gebrauch und die Verwertung der Programme und Chips zu unterbinden.

Bisher versuchten Programm- und Chiphersteller ihre Interessen durch die herkömmlichen Rechtssysteme des Patent-, Urheber-, Wettbewerbs-, Trade Secret (Betriebsgeheimnis) und Vertragsrechts zu schützen.

---

1 Unter „Kompatibilität" versteht man die Verträglichkeit zwischen Computern oder zwischen Programmen oder zwischen einem Programm und einem Computer. Vgl. *Kindermann*, ZUM 1985, 2, 5.

2 *Wittmer*, 30.

3 *Kolle*, GRUR 1973, 611, 616 Fn. 31.

4 *Borking*, 411 ff.; *von Gravenreuth*, GRUR 1985, 416, 417; *Kühnert*, AnwBl. 1985, 132.

5 *Arckens/Keustermans*, RIW 1985, 280, 281; Informationen des Bundesministers der Justiz, Recht 1986, 39, 39.

6 Informationen des Bundesministers der Justiz, Recht 1986, 39, 39.

7 *Borking*, 407 f.; *von Gravenreuth*, GRUR 1985, 111, 111 f.; *Sieber*, BB 1981, 1547.

Gegenstand der vorliegenden Dissertation ist die Prüfung der Frage, ob und in welchem Umfang Computerprogramme und -chips nach den herkömmlichen nationalen Rechtssystemen der Bundesrepublik Deutschland und den USA geschützt sind. Außerdem wird untersucht werden, ob ein Sonderschutz notwendig ist, und wie dieser gegebenenfalls ausgestaltet sein sollte. In diese Untersuchung wird auch der Ende 1984 in den USA in Kraft getretene Semiconductor Chip Protection Act (Chip Act), ein Spezialgesetz zum Schutz von Computerchips, mit einbezogen.

Im internationalen Bereich sind das Patentrecht und das Recht des unlauteren Wettbewerbs zum Schutze technischer Leistungen durch die Pariser Verbandsübereinkunft zum Schutze des gewerblichen Eigentums (PVÜ) abgesichert. Sie wurde bereits im Jahre 1883 abgeschlossen, danach allerdings noch einige Male revidiert.[8] Dem durch sie geschaffenen Verband gehörten am 1.1.1987 97 Staaten an, u.a. auch die Bundesrepublik Deutschland und die USA.[9] Der tragende Grundsatz der PVÜ ist der der Inländergleichbehandlung. Danach genießen die Angehörigen jedes Verbandslandes in den übrigen Ländern des Verbandes in bezug auf den Schutz des gewerblichen Eigentums die gleichen Vorteile, welche die betreffenden Gesetze des Verbandslandes den eigenen Staatsangehörigen gewähren und in Zukunft gewähren werden (Art. 2 Abs. 1 S. 1 PVÜ).

Seit dem 1. Juni 1978 besteht aufgrund des Patentzusammenarbeitungsvertrages (Patent Cooperation Treaty = PCT), der 1970 in Washington abgeschlossen wurde[10], die Möglichkeit, durch eine einzige „internationale" Anmeldung die Wirkung je einer Anmeldung in den von dem Anmelder bezeichneten „Bestimmungsstaaten" zu erzielen.[11] Die Entscheidung, ob das Patent erteilt wird oder nicht, bleibt danach jedoch weiterhin den nationalen Behörden vorbehalten.

Die durch das PVÜ eingeleitete und durch den PCT fortentwickelte Internationalisierung des Patentrechts wurde durch das Europäische Patentübereinkommen (EPÜ)[12] von 1973 fortgeführt. Mit diesem Übereinkommen wird ein für alle beteiligten europäischen Staaten einheitliches Verfahren nicht nur zur Anmeldung, sondern auch zur Erteilung von Patenten geschaffen, die vom Europäischen Patentamt in München erteilt werden. Dieses europäische Patent stellt ein Bündel nationaler Patente dar.[13]

---

[8] Revisionen der PVÜ erfolgten 1900 in Brüssel, 1911 in Washington, 1925 in Den Haag, 1934 in London, 1958 in Lissabon, 1967 in Stockholm. (Vgl. *Bernhardt/Krasser*, 71). Die z.Z. maßgebliche Stockholmer Fassung ist abgedruckt in BGBl. 1970 II, 391.

[9] Internationale Verträge, GRUR Int. 1987, 162, 165.

[10] Der Text des PCT ist abgedruckt in GRUR Int. 1971, 119ff..

[11] *Bernhardt/Krasser*, 64.

[12] Das EPÜ (abgedruckt in BT-Drucks., Bd. 207, 7/3712, S. 202 ff. bzw. in GRUR Int. 1974, 79 ff.) wurde am 5.10.1973 in München getroffen und trat für die Bundesrepublik Deutschland und sechs weitere europäische Staaten am 7.10.1977 in Kraft. Am 1.1.1987 gehörten dem EPÜ 13 Staaten an. (Vgl. GRUR Int. 1987, 162, 166f.).

[13] *Ullmann* in: *Benkard*, Einl. VI Rdn. 30.

Das Gemeinschaftspatentübereinkommen[14] (GPÜ), das 1975 von den neun Vertragsstaaten der Europäischen Gemeinschaften unterzeichnet wurde und zu einer weiteren Rechtsvereinheitlichung führte, baut auf dem EPÜ auf.[15] Es unterscheidet sich vom EPÜ dadurch, daß es nicht wie dieses ein Bündel nationaler Patente, sondern vielmehr ein für die Mitglieder der Europäischen Gemeinschaften einheitliches Patent, das Gemeinschaftspatent, begründet, das in den Mitgliedstaaten weitgehend gleichartige Wirkungen entfaltet.[16]

Das Urheberrecht ist ebenfalls international geregelt, und zwar durch die Berner Übereinkunft zum Schutze von Werken der Literatur und Kunst und durch das Welturheberrechtsabkommen. Die Berner Übereinkunft wurde am 9.9.1886 in Bern geschlossen und in der Folgezeit mehrfach revidiert.[17] Seit der Berliner Revision von 1908 trägt sie den Namen der „Revidierten Berner Übereinkunft" (RBÜ).[18]

Das Welturheberrechtsabkommen (WUA) wurde am 6.9.1952 in Genf abgeschlossen und am 24.7.1971 in Paris revidiert.[19]

Die Bundesrepublik Deutschland hat sowohl die RBÜ als auch das WUA ratifiziert. Die USA hingegen haben bisher nur das WUA unterzeichnet. Die Nichtunterzeichnung der RBÜ seitens der USA liegt daran, daß einige Regelungen der RBÜ nicht mit dem amerikanischen Urheberrecht vereinbar sind. Die USA beanstanden insbesondere, daß die RBÜ auch sog. *moral rights* (Urheberpersönlichkeitsrechte bzw. *droit moral*) (Art. 6) schützt und für die Formfreiheit des Urheberrechtsschutzes eintritt, d.h. die Gewährung des Urheberrechtsschutzes nicht von der Erfüllung irgendwelcher Formalitäten, wie z.B. eines Urheberrechtsvermerks, abhängig macht (Art. 5 (2)). Das WUA hingegen ist mit dem amerikanischen Urheberrecht vereinbar. Es gewährt keinen Schutz für *moral rights*. Außerdem erlaubt es den Mitgliedstaaten, die Erlangung des Urheberrechtschutzes von der Erfüllung von Formalitäten, wie z.B. eines Urheberrechtsvermerks, abhängig zu machen (Art. III (2)). Auf diese Besonderheiten wird noch ausführlicher in den Kapiteln über den Urheberrechtsschutz eingegangen werden.[20]

---

[14] Übereinkommen über das europäische Patent für den Gemeinsamen Markt, abgedruckt in GRUR Int. 1976, 231 ff.. Es wurde im Hinblick auf Art. 142 EPÜ geschlossen.

[15] *Ullmann* in: *Benkard*, Einl. VI Rdn. 45.

[16] *Hubmann*, Gewerblicher Rechtsschutz, 34; *Ullmann* in: *Benkard*, Einl. VI Rdn. 46.

[17] Revisionen fanden statt 1896 in Paris, 1908 in Berlin, 1914 in Bern, 1928 in Rom, 1948 in Brüssel, 1967 in Stockholm und 1971 in Paris. (Vgl. *Ulmer*, GRUR Int. 1986, 229, 230f.). Die Vertragsschließenden und die dem Vertrag mittlerweile Beigetretenen haben sich in der Berner Union zusammengeschlossen. Am 1.1.1987 gehörten der Berner Union 76 Staaten an. (Vgl. Internationale Verträge, GRUR Int. 1987, 162, 168 f.).

[18] Vgl. *Ulmer*, Urheber- und Verlagsrecht, 1.

[19] Am 1.1.1987 hatten 79 Staaten das WUA ratifiziert. (Vgl. GRUR Int. 1987, 162, 168 f.).

[20] Siehe Ausführungen unter D. II. und unter E. II..

B. Rechts- und wirtschaftspolitische Bedeutung eines Schutzes von Computerprogrammen und Computerchips

Volkswirtschaftlich wünschenswert ist eine Steigerung der Entwicklung und der Qualität von Computerprogrammen und Computerchips. Eine solche Steigerung hat nämlich zur Folge, daß Computer besser ausgenutzt werden können. Dies wiederum führt zu einer Erhöhung der Produktivität, was sich positiv auf die Volkswirtschaft auswirkt.

Volkswirtschaftlich wünschenswert ist auch eine frühe und umfassende Information der Allgemeinheit über neue Computerprogramme und Computerchips. Eine solche Information führt nämlich zu einer Reduzierung von Doppelarbeit. Sie bewirkt, daß andere ihre Zeit und Mühe dann nicht mehr dazu verwenden müssen, in Parallelarbeit das gleiche Ziel zu erreichen. Die vorhandenen Ressourcen können dann anderweitig, und damit besser, ausgenutzt werden.

Das Bestehen eines Rechtsschutzes für Computerprogramme und Computerchips und die richtige Ausgestaltung eines solchen Rechtsschutzes ist bedeutsam für die Erreichung dieser Ziele. Ein solcher Rechtsschutz wirkt sich positiv sowohl auf diejenigen aus, welche Computerprogramme oder -chips entwickeln bzw. in diese Entwicklung investieren, als auch auf deren Konkurrenten und die Verbraucher.

Steht denjenigen, die in die Herstellung und Entwicklung von Computerprogrammen und -chips investieren, gegen „Piraten" kein Rechtsschutz zu, dann müssen sie damit rechnen, daß diese „Piraten" bald Imitate der von ihnen entwickelten Produkte auf den Markt bringen und diese wesentlich billiger anbieten. Um die damit verbundenen finanziellen Risiken gering zu halten, werden die Hersteller der Originalwerke versuchen, die Produktionskosten gering zu halten. Sie werden z.B. versuchen, Kosten dadurch einzusparen, daß sie die Programme in geringerem Maße testen, was dazu führt, daß die Programme viele Fehler aufweisen. Das Fehlen eines angemessenen Rechtsschutzes wirkt sich daher negativ auf die Qualität aus. Es kann auch dazu führen, daß Personen, die ursprünglich versucht haben, Programme und Chips selbst zu entwickeln bzw. in ihre Entwicklung zu investieren, diese Tätigkeit einstellen[1] und sich dann eventuell sogar selbst als „Piraten" betätigen[2].

---

[1] *Borking*, 433.

[2] *Borking*, 81 f..

Ein Anreiz, in die Neu- und Weiterentwicklung und Verbesserung von Computerprogrammen und Computerchips zu investieren, besteht nur dann, wenn der potentielle Investor mit einer Erhöhung seiner Einkommens- und Gewinnchancen rechnen kann. Mit einer solchen Erhöhung kann er vor allem dann rechnen, wenn ihm ein ausschließliches, d.h. monopolartiges, Recht zur Nutzung der Programme und Chips zusteht. Dann kann er nämlich Art und Ausmaß der Vervielfältigung allein bestimmen und dadurch die Preisgestaltung beeinflussen.

Die Stärke dieses Investitionsansporns steht allerdings nicht in einem proportionalen Verhältnis zur Höhe der erwarteten Gewinne bzw. des erwarteten Einkommens und damit zur Dauer des Schutzes. Dies folgt daraus, daß der Nutzen des Grenzeinkommens eines Individuums mit steigendem Gesamteinkommen sinkt.[3] Der Anreiz, vermehrt und insbesondere kontinuierlich in die Entwicklung von Programmen und Chips zu investieren, besteht nur so lange, bis ein so hohes Einkommen erreicht ist, daß der Nutzen des Grenzeinkommens gleich Null ist.[4]

Dieser Aspekt ist von entscheidender Bedeutung für die Ausgestaltung eines Schutzes von Computerprogrammen und Computerchips, insbesondere für die Bemessung der Dauer eines solchen Schutzes. Die Entwicklung neuer Programme und Chips wird nur dann optimal gefördert, wenn der Schutz so ausgestaltet ist, daß er nachhaltig stimulierend wirkt. Er muß so ausgestaltet sein, daß er alle aktuellen und potentiellen Investoren kontinuierlich anspornt. Allein die Aussicht auf höhere Gewinne oder höhere Einkommen genügt nicht, um nachhaltig zu neuen Leistungen anzuregen. Dies zeigt die Monopoltheorie. Solange eine Monopolstellung besteht und eine hinreichend große Nachfrage für das monopolisierte Produkt vorhanden ist, kann der Monopolist mit Gewinnen rechnen, auch ohne neue fortschrittliche Leistungen zu erbringen. Er ist nicht aus finanziellen Gründen gezwungen, seine erste Leistung zu wiederholen und sein Potential (in Form von Arbeitskraft oder Investitionen) weiterhin zur Förderung der Entwicklung einzusetzen. Er kann von den Früchten seiner ersten Leistung leben und sein Potential brachliegen lassen.[5] Ein Anreiz, kontinuierlich in die Entwicklung von Computerprogrammen und -chips zu investieren, besteht nur dann, wenn die Gewinnchancen mit einem Verlustrisiko bei Nachlassen der Leistung verbunden sind. Eine optimale Förderung der Entwicklung wird deshalb nur dann erreicht, wenn die Schutzdauer so bemessen ist, daß der Investor zwar Gewinne macht, jedoch wirtschaftlich gezwungen ist, weiterhin die Entwicklung zu fördern.

Von der Ausgestaltung des Schutzes hängt es auch ab, ob und wann die Allgemeinheit über die Entwicklung neuer Programme und Chips informiert wird.

---

[3] *Prosi*, 96f..

[4] Vgl. *Prosi*, 91-98.

[5] Vgl. *Prosi*, 97.

Das Bestehen eines umfassenden Rechtsschutzes, insbesondere in der Form eines ausschließlichen Nutzungsrechtes, kann dazu führen, daß der Rechtsinhaber von sich aus bereit ist, die Allgemeinheit über die Entwicklung des geschützten Programms bzw. Chips zu informieren[6], weil er nicht zu befürchten braucht, daß die Verbreitung solcher Informationen zu Imitationen seines Produktes führt, die dann zu niedrigeren Preisen angeboten werden und dadurch seine Gewinnchancen mindern können. Seine Bereitschaft, die Allgemeinheit von sich aus zu informieren, ist von dem Umfang und der Dauer des Schutzes abhängig. Je umfassender und länger der Schutz ist, desto eher wird er bereit sein, die Allgemeinheit zu informieren. Um eine Information der Allgemeinheit auch dann zu gewährleisten, wenn der Schutz nicht allzu lang ist, sich insbesondere nicht auf Jahrzehnte erstreckt, muß der Rechtsinhaber auf andere Weise dazu gebracht werden, diese Informationen zu offenbaren, so z.B. durch eine Hinterlegung oder Registrierung.

Nachdem nun die wirtschaftspolitische Bedeutung eines umfassenden Rechtsschutzes für Computerprogramme und -chips bzw. für diejenigen, die in ihre Herstellung investieren, dargestellt wurde, stellt sich die Frage, ob die wirtschaftspolitische Schutzbedürftigkeit auch zu einer Verpflichtung des Gesetzgebers führt, einen solchen Schutz zu schaffen, falls ein solcher nach den herkömmlichen Rechtssystemen noch nicht besteht. Denkbar wäre, daß sich eine solche Verpflichtung aus Art. 74 Nr. 11 GG oder aus Art. 14 GG ergibt.

Art. 74 Nr. 11 GG nennt das „Recht der Wirtschaft" und in Klammern „Bergbau, Industrie, Energiewirtschaft, Handwerk, Gewerbe, Handel, Bank- und Börsenwesen, privatrechtliches Versicherungswesen". Der Begriff „Recht der Wirtschaft" ist weit auszulegen.[7] Umstritten ist zwar, ob die Aufzählung der Sachgebiete im Klammerzusatz (Bergbau, Industrie usw.) abschließend oder nur beispielhaft ist. Da jedoch diese Gebiete ebenfalls weit ausgelegt werden,[8] läßt die Aufzählung in der Klammer keine Lücken, so daß auf den Meinungsstreit vorliegend nicht näher eingegangen werden muß. Ein etwaiger Rechtsschutz für Computerprogramme und -chips ist daher sicherlich auch von Art. 74 Nr. 11 GG umfaßt. Allerdings enthält Art. 74 Nr. 11 GG keinen Auftrag an oder gar eine Verpflichtung für den Gesetzgeber, zur Förderung wirtschaftlicher Aktivitäten gesetzgeberisch tätig zu werden. Art. 74 GG enthält lediglich eine Zuständigkeitsregelung zwischen Bund und Ländern im Hinblick auf die Gesetzgebungskompetenz. Dieser Artikel nennt die Bereiche, in denen und für die der Bund die Zuständigkeit zur konkurrierenden Gesetzgebung hat.[9] Eine materiellrechtliche Wirkung in dem Sinne, daß der Gesetzgeber in den

---

[6] *Borking*, 435f.; Materialien zu WIPO-Mustervorschriften in: GRUR Int. 1978, 286, 286.

[7] BVerfGE 5, 25, 28; 28, 119, 146; 29, 402, 409; 55, 274, 308; *Maunz* in: *Maunz/Dürig*, Art. 74 Rdn. 130ff.; *von Münch* in: *von Münch*, Art. 74 Rdn. 39.

[8] Vgl. BVerfGE 5, 25, 29 in bezug auf „Gewerbe".

[9] *Maunz* in: *Maunz/Dürig*, Art. 74 Rdn. 1; *von Münch* in: *von Münch*, Art. 74, Rdn. 1, 2.

aufgezählten Bereichen zur Gesetzgebung verpflichtet ist, ergibt sich aus Art. 74 GG jedoch nicht.

Eine Verpflichtung des Gesetzgebers, für Computerprogramme und -chips einen umfassenden Rechtsschutz bereitzustellen, könnte sich somit allenfalls noch aus den Grundrechten, insbesondere aus Art. 14 GG, ergeben.

Historisch gesehen sind die Grundrechte als Abwehrrechte des Bürgers entstanden. Sie sollen den Bürger gegen staatliche Einwirkungen bzw. Eingriffe in den Schutzbereich der Grundrechte schützen.[10]

Entscheidend für die Frage, ob sich aus Art. 14 GG eine Verpflichtung des Gesetzgebers zum Tätigwerden ergibt, ist, ob die Abwehrrechte in Leistungsrechte umgedeutet werden können. Die Umdeutung der Grundrechte als Abwehrrechte in Leistungsrechte mit der Folge, daß aus ihnen eine konkrete Verpflichtung des Gesetzgebers hergeleitet werden könnte, würde den Bereich parlamentarischer Willensbildungen entscheidend einschränken. Außerdem würde sie nicht der geschichtlichen Entwicklung der Grundrechte gerecht. Die Rechtsprechung steht daher einer Deutung der Grundrechte als Leistungsrechte sehr zurückhaltend gegenüber. Im Numerus-Clausus-Urteil führte das Bundesverfassungsgericht aus, daß grundsätzlich daran festzuhalten sei, daß dem Gesetzgeber die nicht einklagbare Entscheidung überbleibe, ob und inwieweit er Teilhaberechte (Leistungsrechte) gewähren wolle.[11] Auch das Bundesverwaltungsgericht entschied, daß aus den Grundrechten grundsätzlich kein Leistungsanspruch des einzelnen Grundrechtsträgers folge, daß ein solcher Anspruch vielmehr nur in außergewöhnlichen Fällen bestehe und zwar nur in solchen Fällen, in denen die Leistung zum Schutze des grundrechtlich gesicherten Freiraumes unerläßlich sei.[12] So ist beispielsweise anerkannt, daß der Bürger aus Art. 2 Abs. 2 GG einen Anspruch auf Impfung[13] und aus Art. 1 i.V.m. Art. 2 Abs. 1 GG einen Anspruch auf Sicherung des Existenzminimums[14] hat. Ein Fall, in dem ein Grundrecht ausnahmsweise einmal als Leistungsrecht angesehen wird, steht i.d.R. im Zusammenhang mit der Daseinsvorsorge. Die Gewährung eines umfassenden Schutzes für Computerprogramme und -chips liegt außerhalb dieses Bereiches. Eine Verpflichtung des Gesetzgebers zum Tätigwerden aus Art. 14 GG wird demzufolge wohl zu verneinen sein.

Aber selbst wenn keine rechtliche Verpflichtung des Gesetzgebers besteht, einen umfassenden Rechtsschutz für Computerprogramme und -chips zu gewähren, sollte sich der Gesetzgeber aus den bereits genannten wirtschaftspolitischen Erwägungen dennoch zur Gewährung eines solchen Rechtsschutzes entschließen, falls ein solcher nicht schon vorhanden ist, was im folgenden untersucht werden wird.

---

[10] BVerfGE 7, 198, 204f.; 21, 362, 369; 24, 367, 396; BGHZ 63, 196, 198; *Katz*, Rdn. 573; *Lepa*, 12; *von Münch* in: *von Münch*, Vorb. Art. 1-19, Rdn. 16.

[11] BVerfGE 33, 303, 331.

[12] BVerwG, Urt. v. 22.4.1977 - VII C 49/74 = NJW 1985, 842, 843 m.w.N..

[13] BVerwGE 9, 78, 80f..

[14] BVerwGE 1, 159, 161f..

C. Terminologie

Zum besseren Verständnis der Diskussion über den Schutz von Computerprogrammen und -chips erscheint es zweckmäßig, zunächst bestimmte Begriffe, die in diesem Zusammenhang vorkommen, zu erläutern.

I. Hardware

Der Begriff „Hardware“ bezieht sich auf die harten, d.h. physischen, Komponenten eines Computers, wie z.B. auf die *Central Processing Unit* (CPU), d.h. die Zentraleinheit, die internen Speicher, die Eingabeeinheiten[1] und die Ausgabeeinheiten[2].[3]

1. Die CPU ist einer der wesentlichsten Teile der Hardware. Alle Aktivitäten innerhalb des Computers werden von der CPU geleitet. Sie führt die Anweisungen aus, die sie von den Computerprogrammen erhält, beschafft die Informationen, die in den Speichern aufbewahrt sind, addiert, subtrahiert oder vergleicht Informationen und speichert das Resultat in den Speichern.[4] Die CPU ist das Rechen- und Steuerteil eines Computers.

In Mikrocomputern (Personal Computern) wird die CPU „Mikroprozessor“ genannt.[5] Ein Mikroprozessor besteht aus einem winzigen Halbleiterchip.[6] Die Vorteile von Mikroprozessoren liegen in der kompakten Bauweise (keine umständlichen Verdrahtungen) und in der winzigen Größe.[7] Sie sind oft kleiner als ein Daumennagel.[8]

2. Die internen Speicher bewahren Informationen auf. In Mikrocomputern bestehen die Speicher — genauso wie auch die CPU — aus winzigen Halbleiterchips.[9] Es gibt zwei Arten von Speichern in Mikrocomputern. Zum

---

[1] Über die Eingabeeinheiten werden dem Computer Befehle und Daten eingegeben. Eingabeeinheiten sind beispielsweise die Tastatur und die Diskettenlaufwerke.

[2] Über die Ausgabeeinheiten werden dem Benutzer die Ergebnisse erhältlich gemacht. Ausgabeeinheiten sind beispielsweise Bildschirme und Drucker.

[3] *Smolek/Weissenböck*, 62.

[4] *Hanneman*, 16f.; *Toong/Gupta*, Scientific American 247 (Dez. 1982), 87.

[5] Siemens, ABC der Mikroelektronik, 14, 18; *Toong/Gupta*, a.a.O..

[6] *Toong/Gupta*, a.a.O..

[7] *Borking*, 21.

[8] *Boraiko*, Nat'l Geographic 162 (1982), 421, 421, 425.

[9] *Smolek/Weissenböck*, 63.

einen gibt es die sog. *volatile* (flüchtigen) Speicher, zum anderen gibt es die sog. *non-volatile* (nicht-flüchtigen) Speicher.

a) *Volatile* bedeutet, daß der Speicher alle in ihm aufbewahrten Informationen verliert, sobald der Computer ausgeschaltet wird. Ein Beispiel für einen *volatile* Speicher ist das RAM (*Random Access Memory*)[10].

Das RAM ist der Arbeitsspeicher eines Computers. Informationen können fortlaufend in das RAM hineingegeben und wieder aus dem RAM herausgeholt werden. Das RAM hält die Informationen, solange der Computer eingeschaltet ist. Sobald der Computer ausgeschaltet wird, werden alle im RAM enthaltenen Informationen gelöscht.[11]

b) *Non-volatile* bedeutet, daß der Speicher alle in ihm aufbewahrten Informationen behält, unabhängig davon, ob der Computer ein- oder ausgeschaltet ist. Beispiele für *non-volatile* Speicher sind das ROM (*Read Only Memory*)[12], das PROM (*Programable* ROM)[13], das EPROM (*Erasable* PROM)[14] und das EEPROM (*Electrically* EPROM)[15].[16]

Der Speicherinhalt eines ROMs, d.h. das auf einem ROM befindliche Programm, kann von einem Computer nur gelesen, nicht aber auch verändert werden. Das Programm wird im Zeitpunkt der Herstellung des ROMs auf ihm verewigt. Nachdem das ROM fertiggestellt ist, kann man keine neuen Informationen mehr auf das ROM schreiben. Auf PROMS, EPROMS und EEPROMS hingegen kann man auch noch während der Benutzung des Computers zusätzliche Informationen schreiben. Der Speicherinhalt eines PROMs kann jedoch, sobald er sich einmal auf dem PROM befindet, nicht mehr getilgt werden. Die Speicherinhalte der EPROMS und EEPROMs hingegen können getilgt werden. Der Speicherinhalt des EPROMS kann ganz oder teilweise mit ultraviolettem Licht verändert bzw. gelöscht werden. Der Speicherinhalt des EEPROMs kann sogar elektrisch verändert bzw. gelöscht werden.[17]

Die Programme, die sich auf den verschiedenen Arten von ROMs befinden, sind alle im Objektcode[18], einem Code, der direkt vom Computer verstanden werden kann, weil er der Maschinensprache entspricht.

Um die nachfolgende juristische Diskussion des Schutzes von Computerprogrammen und -chips besser verstehen zu können, muß an dieser Stelle die

---

10 *Random Access Memory* = Direktzugriffsspeicher.

11 *Borking*, 8.

12 *Read Only Memory* = Nur-Lese-Speicher.

13 *Programable* ROM = Programmierbares ROM.

14 *Erasable* PROM = Löschbares PROM.

15 *Electrically* EPROM = Elektrisches EPROM.

16 *Borking*, 8f..

17 Comment, Southwestern Univ. L. Rev. 14 (1984), 685, 691f..

18 Siehe Ausführungen unter C. II. 1. b).

Tatsache hervorgehoben werden, daß sich die Computerprogramme auf bzw. in den ROM-Chips befinden und nicht das ROM-Chip selbst sind. Das ROM ist nur der Speicher. Es gibt selbst keine Anweisungen an die CPU bzw. an den Mikroprozessor. Die Anweisungen, die an die CPU bzw. den Mikroprozessor gegeben werden, kommen vielmehr von den Objektprogrammen.[19]

3. Die winzigen Halbleiterchips, die sowohl als Mikroprozessoren[20] als auch als Speicher[21] in Mikrocomputern eingesetzt werden[22], werden auch als „integrierte Schaltung-Chips" bezeichnet, weil sie eine integrierte Schaltung enthalten[23].

Als „Halbleiter" bezeichnet man solche Materialien, die sich unter bestimmten Umständen wie elektrische Leiter, unter anderen Umständen wie Nichtleiter (Isolatoren) verhalten.[24] Halbleiter sind beispielsweise Silizium oder Germanium. Reines Silizium oder Germanium verhält sich wie ein Nichtleiter. Erst eine gezielte Dotierung (Verunreinigung) mit Fremdatomen (z.B. Bor oder Phosphor) bewirkt die Leitfähigkeit.[25]

Ein Halbleiterchip besteht aus mehreren Schichten. Jede Schicht hat eine unterschiedliche Struktur. Die Technik zur Herstellung von Halbleiterchips wird „Planartechnik" genannt. Dieser Begriff wurde gewählt, um zu verdeutlichen, daß diese Technik zu einem schichtweisen, planaren (ebenen) Aufbau aller Schaltungsstrukturen in der Oberfläche eines Halbleiterkristalls führt.[26]

Die Herstellung von Halbleiterchips ist ein langwieriger und mühsamer Vorgang. Der Herstellungsvorgang läuft folgendermaßen ab:

Zuerst wird eine zweidimensionale Zeichnung angefertigt. Diese Zeichnung zeigt, wie die Transistoren auf dem Chip verbunden werden sollen. Für jede Schicht muß eine andere Schaltungsstruktur, d.h. Zeichnung, entwickelt werden. Sobald die Zeichnung erstellt ist, wird sie verkleinert und dann auf eine mit einer Metallschicht überzogene Glasplatte übertragen. Glasplatten, auf die eine Schaltungsstruktur übertragen wurde, heißen „Masken". Die Metallschicht, die sich auf den um die Struktur herumliegenden Flächen befindet, wird dann beseitigt, so daß dort wieder das Glas zu sehen ist. Auf den endgültigen Masken besteht somit nur noch die Struktur aus Metall.

Bevor eine Maske zur Übertragung der Schaltungsstrukturen auf das Halbleitermaterial benutzt wird, wird das Halbleitermaterial, z.B. Silizium, in

---

[19] Comment, Southwestern Univ. L. Rev. 14 (1984), 685, 692.

[20] Mikroprozessoren führen Befehle aus.

[21] Speicher bewahren Befehle auf.

[22] *Boraiko*, Nat'l Geographic 162 (1982), 421.

[23] Siemens, ABC der Mikroelektronik, 6; *Smolek/Weissenböck*, 66.

[24] *Smolek/Weissenböck*, 66.

[25] *Borking*, 22; Siemens, ABC der Mikroelektronik, 6; *Smolek/Weissenböck*, 66f..

[26] Siemens, ABC der Mikroelektronik, 10, 18.

ganz dünne Scheiben geschnitten. Diese Scheiben werden dann oxidiert. Danach werden sie mit einem lichtempfindlichen Lack (Fotolack) behandelt. Anschließend wird die Maske über einer Halbleiterscheibe angeordnet und mit ultraviolettem Licht beleuchtet. Die Maske läßt das ultraviolette Licht nur an den Stellen durch, an denen sich kein Metall befindet. Die Metallstrukturen auf der Maske bewirken, daß die Halbleiterscheibe an diesen Stellen nicht mit ultraviolettem Licht beleuchtet wird.

Nachdem die Halbleiterscheibe durch die Maske hindurch beleuchtet wurde, wird sie mit einem Entwickler behandelt. Dieser Entwickler bewirkt, daß der belichtete Teil des Fotolacks hart wird, währenddessen der nichtbelichtete Teil nicht erhärtet und deshalb zusammen mit dem Oxid weggeätzt werden kann. Nachdem diese Teile weggeätzt sind und auch der restliche Fotolack entfernt wurde, wird die Scheibe in einen Diffusionsofen an den oxidfreien Stellen mit Bor oder Phosphor dotiert. Dadurch werden positiv und negativ leitende Zonen erzeugt.

Damit eine integrierte Schaltung auf der Halbleiterscheibe entsteht, muß man den oben dargestellten Vorgang mit unterschiedlichen Masken wiederholen.[27]

II. Software

„Software" ist der Überbegriff[28] für 1) Computerprogramme, 2) Algorithmen, auf denen die Computerprogramme beruhen, 3) Dokumentationen, die die Arbeitsweise der Computerprogramme erläutern, wie z.B. Systemanalysen, Datenflußpläne, Flußdiagramme und Blockdiagramme.

1. Computerprogramme

Der Begriff „Computerprogramm" wird definiert als „eine in einer beliebigen Sprache abgefaßte vollständige Anweisung (Arbeitsvorschrift) zur Lösung einer bestimmten Aufgabe mittels eines Computers".[29]

Man kann Computerprogramme in verschiedene Gruppen einteilen. Eine Einteilung kann einmal danach erfolgen, in welcher Sprache sie geschrieben sind. Diesbezüglich unterscheidet man zwischen Quellen- und Objektprogrammen. Dann kann eine Klassifizierung auch im Hinblick auf ihre Funktion

---

27 Weitere Informationen zur Herstellung von Halbleiterchips bei *Angell/Terry/Barth*, Scientific American 248 (April 1983), 44, 44ff.; *Boraiko*, Nat'l Geographic 162 (1982), 421, 426f.; *Borking*, 23f.; Comment, South Texas L. J. 24 (1983), 817, 819-822; Comment, Southwestern Univ. L. Rev. 14 (1984), 685, 694f.; Siemens, ABC der Mikroelektronik, 11; *Oxman*, Jurimetrics J. 20 (1980), 405, 408f..

28 *Keplinger*, Emory L. J. 30 (1981), 483, 484f.; *Kolle*, GRUR 1977, 58, 65; *Scott*, § 2.2.

29 Vgl. DIN 44300; siehe ferner *Betten*, Mitt. d. dt. PAW 1983, 62, 64; Deutsche Vereinigung für gewerblichen Rechtsschutz und Urheberrecht, GRUR 1979, 300, 302; *Haberstumpf*, GRUR 1982, 142, 144.

erfolgen. Diesbezüglich unterscheidet man zwischen Betriebs- und Anwendungsprogrammen.

a) Quellenprogramm bzw. Quellencode (*source code*)

Der Begriff „Quellenprogramm" bezieht sich auf ein Programm, das von einem Programmierer in einer sog. höheren Programmiersprache, wie z.B. in BASIC[30], ALGOL[31], FORTRAN[32] oder COBOL[33] geschrieben wurde.[34]

Diese Sprachen werden auch als „Quellencode" bzw. *source code* bezeichnet, weil die Sprachen die Quellen der Programme sind. Die Programme werden von den Programmierern in diesen Sprachen geschrieben, d.h. geschaffen.

Diese Sprachen bestehen aus Abkürzungen englischer Wörter und Symbole und aus Zahlen. Sie sind relativ einfach zu erlernen und zu verstehen.

b) Objektprogramm bzw. Objektcode (*object code*)

Objektprogramme sind im Objektcode geschrieben. Der Objektcode ist ein binärer Code. Er besteht nur aus zwei Symbolen bzw. Zahlen, nämlich „0"en und „1"en. Diese zwei Symbole werden als „bit" (*binary digit*)[35] bezeichnet. Mit einer entsprechenden Anzahl von „bits" kann man alle Zahlen, Buchstaben und Sonderzeichen, wie Punkt, Komma etc. ausdrücken.[36]

Der binäre Code wird im Computer durch entgegengesetzte elektromagnetische Impulse dargestellt. „1" bedeutet, daß ein elektromagnetischer Impuls vorhanden ist, währenddessen „0" bedeutet, daß kein elektromagnetischer Impuls vorhanden ist.[37] Ein Computer kann Anweisungen nur verarbeiten, wenn sie in Form binärer elektromagnetischer Impulse erfolgen. Er versteht nur den Objektcode, nicht den Quellencode. Quellenprogramme müssen daher, um vom Computer verstanden und ausgeführt werden zu können, in Objektprogramme übersetzt werden. Grundsätzlich werden die von einem Programmierer im Quellencode erstellten Programme von einem Computer mit Hilfe eines sog. Compilerprogramms — dies ist ein Übersetzungs- bzw. Umwandlungsprogramm — in den Objektcode übersetzt.[38]

---

[30] BASIC steht für „Beginners All Purpose Symbolic Instruction Code".

[31] ALGOL steht für „Algorithmic Orientated Language". Diese Sprache wurde für mathematische Problemstellungen entwickelt.

[32] FORTRAN steht für „Formula Translation Language". Diese Sprache wurde für den Bereich technischer Probleme konzipiert.

[33] COBOL steht für „Common Business Orientated Language". Diese Sprache wurde hauptsächlich für kaufmännische Problemstellungen entwickelt.

[34] *Borking*, 55, 57; *Brutschke*, 30, 108; *Haberstumpf*, GRUR 1982, 142, 144; *Hanneman*, 23; *Kindermann*, ZUM 1985, 2, 3.

[35] *binary digit* = Binärziffer.

[36] *Brutschke*, 13.

[37] *Moritz/Tybusseck*, Rdn. 4.

Es gibt mehrere Gründe dafür, daß Programmierer Programme grundsätzlich im Quellencode und nicht im Objektcode schreiben und dann den Compiler die Übersetzung vornehmen lassen. Das Programmieren im Quellencode ist erstens einfacher als im Objektcode, da der Quellencode mehr der natürlichen Sprache ähnelt. Es ist einfacher, die Terminologie des Quellencodes als die Zahlenkombinationen des Objektcodes zu behalten. Außerdem geht das Programmieren im Quellencode schneller und ist weniger fehleranfällig als das sofortige Programmieren im Objektcode.[39]

Der Kunde erhält i.d.R. nur das Objektprogramm und nicht auch das Quellenprogramm. Das Quellenprogramm bleibt meistens bei dem Hersteller.[40] Der Grund dafür ist, daß das Objektprogramm zur bloßen Programmnutzung ausreicht. Das Quellenprogramm wird lediglich benötigt, um Änderungen oder Fehlerbeseitungen vorzunehmen. Darum kümmert sich jedoch i.d.R. der Hersteller und nicht der Kunde. Deshalb benötigt der Kunde lediglich das Objektprogramm.[41]

Objektprogramme müssen, damit sie in einem Computer benutzt werden können, in einem Speicher aufbewahrt werden, von dem aus sie von der CPU abgerufen werden können. Es kommen sowohl externe als auch interne Speicher in Betracht. Zu den externen Speichern gehören beispielsweise Disketten, zu den internen Speichern gehören ROMs und RAMs.

Der Vorteil von externen Speichern ist, daß sie relativ preisgünstig sind. Der Nachteil besteht darin, daß Programme, die sich auf externen Speichern befinden, jedes Mal wieder in den Computer eingelesen werden müssen, bevor sie benutzt werden können. Dies nimmt viel Zeit in Anspruch. Interne Speicher haben den großen Vorteil, daß ihr Inhalt dem Computer jederzeit zugänglich ist. Interne Speicher sind allerdings wesentlich teurer als externe Speicher.

c) Betriebsprogramm bzw. Systemprogramm

„Betriebsprogramm" bzw. „Systemprogramm" werden alle diejenigen Programme genannt, die entweder die internen Arbeitsgänge des Computers beeinflussen und kontrollieren (sog. DOS-Programme[42]) oder Quellenprogramme in Objektprogramme übersetzen (sog. Compilerprogramme).[43]

---

38 *Borking*, 57, 454; *Brutschke*, 109; *Hanneman*, 23; *Kindermann*, ZUM 1985, 2, 3; *Moritz/Tybusseck*, Rdn. 102, 104; *Wittmer*, 28, 50.

39 *Borking*, 280; *Brutschke*, 29; Note, Notre Dame L. Rev. 59 (1984), 412, 417.

40 BGH Urt. v. 30.1.1986 - I ZR 242/83 = GRUR 1986, 610, 612 — Programmerstellung; *Erdmann*, CuR 1986, 249, 258; *Freed*, Jurimetrics J. 25 (1985), 347, 357; *Kilian*, CuR 1986, 187, 189; *Kindermann*, ZUM 1985, 2, 9; *Moritz/Tybusseck*, Rdn. 360f.; *Wittmer*, 62.

41 BGH Urt. v. 30.1.1986 — I ZR 242/83 = GRUR 1986, 610, 612 — Programmerstellung.

42 DOS steht für *Disk Operating System* = Diskettenbetriebssystem.

43 *Kindermann*, ZUM 1985, 2, 4; *Moritz/Tybusseck*, Rdn. 18, 19; *Wittmer*, 28; *Zahn*, GRUR 1978, 207, 212.

d) Anwendungsprogramm

Der Begriff „Anwendungsprogramm" bezieht sich auf Programme, die eine bestimmte Aufgabe für den Benutzer übernehmen, wie z.B. Programme zur Textverarbeitung, Lohn- und Gehaltsabrechnung, Kontenführung, Kostenplanung, Inkassoabwicklung, Konstruktions- oder Produktionssteuerung.[44]

Man unterscheidet zwischen Standardanwendungs- und Individualanwendungsprogrammen. Standardanwendungsprogramme sind beispielsweise Programme zur Textverarbeitung oder Lohn- und Gehaltsabrechnung. Sie lösen ein bei vielen Anwendern auftretendes, identisches Problem in gleicher Weise. Sie werden daher „konfektioniert" angeboten. Individualanwendungsprogramme hingegen entstehen auf Bestellung eines Anwenders und sind speziell auf seine Probleme und Bedürfnisse zugeschnitten. Individualanwendungsprogramme sind beispielsweise Programme zur Konstruktions- oder Produktionssteuerung.[45]

2. Algorithmus

Der Begriff „Algorithmus" wird auf den Namen des arabischen Gelehrten *Al Chuwarismi* (um 900 n.Chr.) zurückgeführt.[46]

Ursprünglich verstand man unter einem Algorithmus ganz allgemein das Rechnen mit Dezimalzahlen.[47] Heute bezeichnet man damit eine Folge von Anweisungen, mit deren Hilfe aus gegebenen Anfangswerten in endlich vielen Schritten ein Ergebnis berechnet werden kann[48] bzw. allgemeiner, eine Lösungsvorschrift, die in einer endlichen Zahl von Schritten ausführbar ist[49], und durch deren schematische Befolgung gleichgelagerte Aufgaben lösbar sind (allgemeines Lösungsprinzip)[50].

Algorithmen gehören zu den wertvollsten Elementen, die zur Erstellung von Computerprogrammen benötigt werden.

---

[44] *Kindermann*, ZUM 1985, 2, 4; *Loewenheim*, ZUM 1985, 26, 27; *Zahn*, GRUR 1978, 207, 212.

[45] *Kilian*, CuR 1986, 187, 190; *Moritz/Tybusseck*, Rdn. 21, 22.

[46] *Smolek/Weissenböck*, 27.

[47] Ebd.

[48] Ebd.

[49] *Kolle*, GRUR 1977, 58, 66; *Weik*, 20.

[50] *Hanneman*, 24f.; *Moritz/Tybusseck*, Rdn. 11; *Wittmer*, 26.

3. *Erläuternde Dokumentationen*

a) System- bzw. Problemanalyse

In einer System- bzw. Problemanalyse wird untersucht, welche Ziele erreicht werden sollen und welche Funktionen ein Computerprogramm dabei übernehmen kann. Diese Analyse gibt u.a. an, welche Daten verwendet werden.[51]

b) Datenflußplan

Der Datenflußplan ist eine graphische Darstellung. Er gibt einen Überblick über die beteiligten Speicher, Datenträger und die auszuführenden Arbeiten. Er zeigt, von welchen Geräten für eine bestimmte Aufgabe Daten eingelesen werden, welche Wege diese Daten nehmen, und wo sie schließlich gespeichert werden.[52]

c) Flußdiagramm

Das Flußdiagramm gibt den Lösungsweg in Form einer graphischen Darstellung des Befehls- und Informationsablaufs so wieder, wie ihn eine Datenverarbeitungsanlage erfordert. Der Geschehensablauf wird dabei i.d.R. durch eine Folge von Blöcken, Weichen und Schleifen dargestellt.[53]

d) Blockdiagramm bzw. konkreter Programmablaufplan

Das Blockdiagramm bzw. der konkrete Programmablaufplan stellt unter Verwendung von Symbolen und kurzen Beschreibungen dar, wie der Lösungsweg auf dem konkret in Betracht kommenden Computer verlaufen soll.[54]

III. Firmware

Der Autor, der den Begriff *Firmware* geprägt hat, hat ihn definiert als „Mikroprogramm, das sich im Speicher eines Computers befindet".[55] Der Begriff *Firmware* bezieht sich also auf Programme, die in ROM-Chips gespeichert sind.[56]

---

[51] *Dittrich*, RdW 1983, 39, 39. Ein Beispiel einer Problemanalyse ist abgedruckt bei *Smolek/Weissenböck*, 27ff. und bei *Zahn*, GRUR 1978, 207, 210.

[52] *Dittrich*, RdW 1983, 39, 40. Ein Ausschnitt aus einem Datenflußplan ist abgedruckt bei *Köhler*, 13 und bei *Wittmer*, 172.

[53] BGHZ 94, 276, 282 = BB 1985, 1747, 1749 — Inkasso-Programm. Ein Beispiel eines Flußdiagramms ist abgedruckt bei *Smolek/Weissenböck*, 33 und bei *Zahn*, GRUR 1978, 207, 211.

[54] BGHZ 94, 276, 283 = BB 1985, 1747, 1749 — Inkasso-Programm; *von Gamm*, WRP 1969, 96, 96. Ein Beispiel eines Blockdiagramms ist abgedruckt bei *Köhler*, 15 und bei *Wittmer*, 173.

[55] *Opler*, Datamation 13 (1967), 22.

Es sind zwei Erklärungen dafür denkbar, daß in ROMs gespeicherte Programme als *Firmware* bezeichnet werden, währenddessen auf Disketten gespeicherte Programme als *Software* bezeichnet werden. Zum einen kann *firm* i.S.v. „fest" verstanden werden. ROMs sind nämlich festere Speichermedien als beispielsweise Disketten.[57] Zum anderen kann *firm* i.S.v. „unveränderlich" verstanden werden. Der Speicherinhalt eines ROMs kann nämlich nur gelesen, jedoch nicht auch geändert werden.[58]

Manchmal wird *Firmware* mit *Hardware* verglichen bzw. gleichgesetzt. Der Grund dafür ist, daß sich das ROM zusammen mit dem auf ihm gespeicherten Programm im Inneren des Computers befindet. Diese Gleichsetzung erscheint jedoch nicht ganz richtig.

Wenn man den Begriff *Firmware* mit den Begriffen *Hardware* und *Software* vergleicht und entweder dem Begriff *Hardware* oder dem Begriff *Software* unterordnen sollte, erscheint es richtiger, *Firmware* der *Software* unterzuordnen.[59] Dies läßt sich damit begründen, daß sich sowohl der Begriff *Firmware* als auch der Begriff *Software* auf Computerprogramme bezieht, die in einem Speicher aufbewahrt sind. Für die Tätigkeit eines Computers und die Erzielung eines Endresultats ist es unerheblich, ob Programme in internen Speichern, wie z.B. ROMs, oder aber in externen Speichern, wie z.B. Disketten, gespeichert sind.[60] Der Begriff *Firmware* ist daher irreführend, als er zu verstehen gibt, daß in ROMs gespeicherte Programme sich von denjenigen Programmen unterscheiden, die in externen Speichern untergebracht sind.[61]

---

[56] *Borking*, 66; *Ross*, J. of the Pat. Off. Soc'y 59 (1977), 731, 755 Fn. 140.

[57] *Davidson*, Jurimetrics J. 23 (1983), 337, 389 Fn. 120.

[58] Comment, Golden Gate U. L. Rev. 14 (1984), 281, 286. Siehe auch Ausführungen bei Fn. 12-17 unter C.

[59] *Hanneman*, 25.

[60] *Bates*, Hastings Internat. and Comp. L. Rev. 4 (1981), 473, 477; *Ross*, J. of the Pat. Off. Soc'y 59 (1977), 731, 764f..

[61] Comment, Golden Gate U. L. Rev. 14 (1984), 281, 286f..

D. Schutz von Computerprogrammen und Computerchips in der Bundesrepublik Deutschland

I. Patentrecht

1. Einleitung

Im Mittelalter gab es noch keinen Erfinderschutz im Sinne des heutigen Patentrechts. Das Wirtschaftsleben des Mittelalters war durch die Existenz der Zünfte gekennzeichnet. Jeder Gewerbetreibende gehörte einer Zunft an. Der Betrieb der Gewerbe wurde von den Zunftordnungen bis ins einzelne geregelt. So wurden beispielsweise die herzustellenden Waren, deren Qualität und Produktionsweisen vorgeschrieben. Das Zunftwesen unterdrückte jegliche Art von Gewerbefreiheit und Konkurrenz. Ferner hemmte es die Entwicklung der Technik. Es bestand kein Anreiz, erfinderisch tätig zu werden, da Erfindungen als Gemeingut der Zunft betrachtet wurden.[1]

Anzeichen eines Erfinderschutzes wurden erstmals im Privilegienwesen im späten Mittelalter erkennbar.[2] Die Landesherren versuchten, die technische Entwicklung durch Anregung des Erfindergeistes zu fördern. Um dieses Ziel zu erreichen, erteilten sie Gewerbeprivilegien an Personen, die neue Gewerbezweige oder neue Waren einführten und dadurch zu einer Anhebung des Wohlstandes der Allgemeinheit beitrugen. Neben diesen Gewerbeprivilegien verliehen die Landesherren auch Erfinderprivilegien, z.B. für Wasserkünste (insbesondere für Entwässerungssysteme, um die Überschwemmung der Bergwerke vom Grundwasser zu vermeiden), für Gieß- und Schmelzkünste, Waffen, Maschinen und Instrumente. Die Privilegienurkunden enthielten stets Hinweise auf die Neuheit der Erfindung und fast immer auch auf ihre Nützlichkeit für die Allgemeinheit und den Fortschritt, den sie gegenüber den bekannten Vorrichtungen und Verfahren brachte.[3]

Die Erteilung eines Privilegs bewirkte, daß der Erfinder vom Zunftzwang befreit wurde und ein Monopol für die gewerbliche Benutzung der Erfindung außerhalb der Zunft erhielt. Die Privilegienerteilung war Gnadensache der

---

[1] Vgl. zum Zunftwesen: *Hubmann*, Gewerblicher Rechtsschutz, 10.

[2] Vgl. zum Privilegienwesen: *Beier*, GRUR 1978, 123, 124f., 127; *Bernhardt*, 14f.; *Bruchhausen* in: *Benkard*, Einl. II Rdn. 2; *Hubmann*, Gewerblicher Rechtsschutz, 12ff., 21f.; *Müller*, GRUR 1939, 936, 936ff..

[3] *Pohlmann*, GRUR 1960, 272, 275-278.

Landesherren. Das Interesse der Allgemeinheit wurde dadurch berücksichtigt, daß das Privileg zeitlich begrenzt wurde (i.d.R. auf 5 - 20 Jahre) und der Erfinder dazu verpflichtet wurde, die Erfindung auszuführen oder anderen die Benutzung der Erfindung gegen Entgelt zu gestatten.[4]

In Deutschland wurde die Privilegienerteilung im 16. Jahrhundert gewohnheitsrechtlich anerkannt. Nach der Gründung des Deutschen Bundes wurde die Gewährung von Privilegien für Erfindungen teilweise auch gesetzlich geregelt, so z.B. in Preußen (1815), in Bayern (1825) und in Württemberg (1828). Auf die Verleihung eines Privilegs bestand aber immer noch kein Anspruch. Die Privilegienerteilung blieb weiterhin Gnadensache.

Eine Begrenzung der den Handel beschränkenden Monopole der Erfinder strebte der Zollverein an. Er erreichte dies durch die Übereinkunft der im Zollverein verbundenen Staaten von 1842, in der bestimmt wurde, daß ein Patent kein Recht begründen solle, die Einfuhr, den Verkauf und Gebrauch patentierter Gegenstände (mit Ausnahme von Maschinen und Werkzeugen) zu verbieten. Patentinhabern verblieb dann nur noch das ausschließliche Recht zur Herstellung.[5]

Mitte des 19. Jahrhunderts kam es zu einer heftigen Diskussion über die Vor- und Nachteile der Einräumung von gewerblichen Monopolen. Die Anhänger der sog. Freihandelslehre lehnten jegliche Gewährung von Monopolrechten ab, weil diese zu einer Beschränkung der Gewerbefreiheit führen. Sie setzten sich uneingeschränkt für die Freiheit in Gewerbe und Handel ein. Die Gegner der „Freihandelslehre" erklärten demgegenüber, daß die Einräumung gewerblicher Monopolrechte erforderlich sei, um die Erfindertätigkeit anzuregen und dadurch die Gewerbetätigkeit zu fördern. Sie machten das Fehlen eines ausreichenden Erfinderschutzes dafür verantwortlich, daß viele deutsche Erfinder ins Ausland, insbesondere nach England und in die USA, wo ein Patentrechtsschutz schon seit 1624 (England)[6] bzw. seit 1790 (USA)[7] bestand, gingen, und die deutsche Industrie im Vergleich zum Ausland rückständig war. Die Wirtschaftskrise von 1873 verstärkte die Position der Gegner der „Freihandelsbewegung". Von Bedeutung für den Erlaß des ersten deutschen Patentgesetzes im Jahre 1877[8] waren schließlich die Erfahrungen, die die deutsche Industrie auf der Weltausstellung in Philadelphia (1876) machen mußte. Dort wurde der Vorsprung der amerikanischen Industrie vor der deutschen Industrie deutlich.[9]

---

4 *Hubmann*, Gewerblicher Rechtsschutz, 12ff..

5 *Beier*, GRUR 1978, 123, 129; *Hubmann*, Gewerblicher Rechtsschutz, 22.

6 Vgl. zum Statute of Monopolies von 1624: *Beier*, GRUR 1978, 123, 125f..

7 Siehe Ausführungen bei Fn. 3) unter E. I. 1..

8 Patentgesetz v. 25.5.1877, RGBl. 1877, 501. Das Gesetz trat am 1.7.1877 in Kraft.

9 Vgl. zu der Bewegung für und gegen einen Patentschutz: *Beier*, GRUR 1978, 123, 129ff.; *Bernhardt*, 15f.; *Hubmann*, Gewerblicher Rechtsschutz, 23; *Machlup*, GRUR Int. 1961, 373, 374ff..

Ziel des Patentgesetzes von 1877 war es, die industrielle Entwicklung in Deutschland zu fördern.[10] Die Inaussichtstellung der Gewährung eines Patents, der damit verbundenen Monopolstellung und Erhöhung der Gewinne sollte dazu anspornen, in die Forschung und Entwicklung von Neuerungen zu investieren und dadurch den technischen Fortschritt zum Wohl der Allgemeinheit zu fördern.

Der Gedanke der Schutzwürdigkeit der Person des Erfinders war von untergeordneter Bedeutung. Dies wird insbesondere dadurch deutlich, daß das Patentgesetz von 1877 von dem Anmelderprinzip ausging, wonach nicht dem ersten Erfinder, sondern demjenigen, der die Erfindung zuerst beim Patentamt anmeldete, das Recht auf Erteilung eines Patents und damit auf die Früchte der Erfindung zustanden (vgl. § 3).[11] In den Gesetzesmaterialien wird das Anmelderprinzip damit gerechtfertigt, daß es dazu beitrage, die Geheimhaltung der Erfindungen zu beschränken und deren allgemeine Benutzung zu fördern.[12] Das Anmelderprinzip wurde bei der Patentrechtsreform von 1936 durch das Erfinderprinzip ersetzt. Das Patentgesetz von 1936 bestimmte, daß nicht mehr dem Anmelder, sondern dem Erfinder bzw. seinem Rechtsnachfolger das Recht auf das Patent zusteht (vgl. § 3).[13] Das vom Patentgesetz 1936 eingeführte Erfinderprinzip wurde bis in die Gegenwart aufrechterhalten (vgl. jetzt § 6 PatG). Durch die Einführung des Erfinderprinzips wurde dem Gedanken der Schutzwürdigkeit der Person des Erfinders Rechnung getragen.[14] Der Übergang vom Anmelder- zum Erfinderprinzip wird in den Gesetzesmaterialien zum Patentgesetz von 1936 damit begründet, daß er dazu beitragen soll, die erfinderische Persönlichkeit nach Gebühr zu würdigen und ihr die Anerkennung zu zollen, die als Ansporn zu neuem Schaffen notwendig ist.[15]

Gegenstand von Reformbestrebungen war auch die Regelung von Arbeitnehmererfindungen. Eine solche Regelung erfolgte erstmals durch die Verordnung über die Behandlung von Erfindungen von Gefolgschaftsmitgliedern vom 12.7.1942[16] und die Durchführungsverordnung dazu vom 20.3.1943[17]. Durch die in diesen Verordnungen enthaltenen Bestimmungen sollten die Gefolgschaftsmitglieder zu Erfindungen angespornt werden, wodurch die Leistung der Wirtschaft gesteigert werden sollte. In den Gesetzesmaterialien heißt es, daß die Erfindungen der Gefolgschaftsmitglieder vor allem der Rüstung dienten und deshalb gefördert werden müßten.[18]

---

[10] *Bernhardt*, 16; *Gaul/Bartenbach*, A-22.

[11] Patentgesetz von 1877 (Fn. 8).

[12] Stenographische Berichte des Deutschen Reichstages, Bd. 46, 3. Legislaturperiode, 1. Sess. 1877, Nr. 8, S. 18 zu § 3.

[13] Patentgesetz vom 5.5.1936, RGBl. 1936 II, 117.

[14] *Gaul/Bartenbach*, A-23.

[15] Begr. zum Patentgesetz 1936, Bl.f. PMZ 1936, 103, 104.

[16] RGBl. 1942 I, 466.

[17] RGBl. 1943 I, 257.

Durch den Zusammenbruch des Deutschen Reichs 1945 trat auf dem Gebiet des deutschen Patentwesens ein Stillstand ein. Das Reichspatentamt wurde geschlossen, so daß eine Anmeldung von Patenten nicht mehr möglich war.[19] Zur Wiederherstellung eines geordneten Zustandes auf dem Gebiet des gewerblichen Rechtsschutzes wurden nach dem Zweiten Weltkrieg sechs „Gesetze zur Änderung und Überleitung von Vorschriften auf dem Gebiet des gewerblichen Rechtsschutzes" (sog. Überleitungsgesetze)[20] erlassen.

Aufgrund der durch die Überleitungsgesetze erfolgten Änderungen wurden am 9.5.1961 das Patentgesetz, das Gebrauchsmustergesetz, das Warenzeichengesetz und das Gesetz über die Gebühren des Patentamtes und des Patentgerichts neugefaßt.[21]

Das Recht der Arbeitnehmererfindungen wurde durch das Arbeitnehmererfindungsgesetz vom 25.7.1957 neu geregelt.[22]

Eine weitere Reform des deutschen Patentgesetzes wurde durch die Europäisierung des Patentrechts hervorgerufen. Mit dem Gesetz über Internationale Patentübereinkommen (IntPatÜG)[23] vom 21.6.1976, das am 1.1.1978 in Kraft getreten ist, stimmte die Bundesrepublik Deutschland dem Straßburger Übereinkommen zur Vereinheitlichung gewisser Begriffe des materiellen Rechts der Erfinderpatente (Straßburger Patentübereinkommen)[24] vom 27.11.1963 und dem Europäischen Patentübereinkommen (EPÜ)[25] vom 5.10.1973 zu. Außerdem wurde das deutsche Patentrecht durch das IntPatÜG dem europäischen Patentrecht angepaßt. Auf diese Anpassungen wird in den folgenden Kapiteln näher eingegangen werden. Mit dem Gemeinschaftspatentgesetz[26] vom 26.7.1979 stimmte die Bundesrepublik Deutschland dem Gemeinschaftspatentübereinkommen (GPÜ)[27] vom 15.12.1975 zu und paßte das deutsche Patentrecht in weiteren Bereichen dem europäischen Patentrecht an.

Um das mehrfach geänderte und ergänzte Patentgesetz besser überschaubar zu machen, ist es am 16.12.1980 neu gefaßt und mit neuer Paragraphenfolge am 3.1.1981 im Bundesgesetzblatt bekannt gemacht worden.[28]

---

[18] RGBl. 1942 I, 466.

[19] *Bruchhausen* in: *Benkard*, Einl. II Rdn. 6.

[20] Diese Überleitungsgesetze sind kommentiert bei *Bruchhausen* in: *Benkard*, Einl. II Rdn. 10-13.

[21] BGBl. 1961 I, 549ff..

[22] BGBl. 1957 I, 756.

[23] Gesetz v. 21.7.1976, BGBl. 1976 II, 649.

[24] Das Straßburger Patentübereinkommen ist abgedruckt in BT-Drucks., Bd. 207, 7/3712, 34ff..

[25] Siehe Ausführungen bei Fn. 12, 13 unter A..

[26] BGBl. 1979 I, 1269.

[27] Siehe Ausführungen bei Fn. 14-16 unter A.

[28] Bekanntmachung der Neufassung des Patentgesetzes v. 16.12.1980, BGBl. 1981 I, 1.

Für das erteilte Patent ist allgemein anerkannt, daß es als vermögenswertes Recht vom Schutzbereich des Art. 14 GG umfaßt wird.[29] In den Schutzbereich des Art. 14 GG fällt jedoch nicht nur das bereits erteilte Patent, sondern vielmehr auch die Erfindung, und zwar auch schon vor Patenterteilung.[30] Auch diese ist ein vermögenswertes Recht. Die Erfindung stellt nämlich eine gewerbliche Leistung dar. Die Zuordnung einer gewerblichen Leistung zum Vermögensbestand dessen, der die Leistung erbracht hat, gehört zu den verfassungsrechtlichen Grundsätzen. Die gewerbliche Leistung und damit auch die Erfindung sind deshalb als Eigentum nach Art. 14 GG geschützt.[31]

Die grundsätzliche Anerkennung der Erfindung als Eigentum im Sinne von Art. 14 GG führt jedoch nicht zu einem grenzenlosen Schutz. Die Möglichkeit zur Beschränkung folgt aus der Sozialbindung des Eigentums. Dies bringt Art. 14 GG sowohl in Abs. 1 S. 2 als auch in Abs. 2 zum Ausdruck.[32] In Art. 14 Abs. 1 S. 2 GG wird klargestellt, daß Inhalt und Schranken des Eigentums durch die Gesetze bestimmt werden. In Art. 14 Abs. 2 GG wird ausgeführt, daß das Eigentum verpflichtet, und daß sein Gebrauch zugleich dem Wohle der Allgemeinheit dienen soll.

Die dem Gesetzgeber in Art. 14 Abs. 1 S. 2 GG verliehene Befugnis, das Eigentum durch Inhalts- und Schrankenbestimmungen festzulegen, geht recht weit. Das Bundesverfassungsgericht hat wiederholt die Freiheit des Gesetzgebers bei der Ausgestaltung von Eigentumsrechten betont.[33]

Der Gesetzgeber ist bei der Bestimmung des Inhalts und der Schranken allerdings nicht völlig frei. Sein Ermessen ist durch das Abwägungsgebot begrenzt.[34] Er muß „den Freiheitsraum des Einzelnen im Bereich der Eigentumsordnung und die Belange der Allgemeinheit in einen gerechten Ausgleich bringen".[35] Dabei muß er dem Gebot der Verhältnismäßigkeit Rechnung tragen.[36] Er muß seine Beschränkungen mit vernünftigen und sachgerechten Gründen des Gemeinwohls rechtfertigen.[37] Die Befugnisse des Gesetzgebers zur Ausgestaltung und Beschränkung der Eigentumsrechte sind dabei um so weiter

---

29 Siehe z.B. BGHZ 18, 81, 95; *Bernhardt*, 18; *Schmidt-Bleibtreu/Klein*, Art. 14 Rdn. 3; *Schulte*, GRUR 1985, 772 Fn. 1, 773.

30 So z.B. auch BVerfGE 36, 281, 290ff.; *Bruchhausen* in: *Benkard*, § 13 Rdn. 1; *Bryde* in: *von Münch*, Art. 14 Rdn. 17; *Krabel*, GRUR 1977, 204, 206; *Papier* in: *Maunz/Dürig*, Art. 14 Rdn. 188; *Schulte*, GRUR 1985, 772, 775.

31 *Schulte*, GRUR 1985, 772, 775.

32 *Papier* in: *Maunz/Dürig*, Art. 14 Rdn. 249.

33 So z.B. BVerGE 21, 73, 83; 42, 263, 294.

34 BVerfGE 25, 112, 117f.; 31, 229, 242; 58, 137, 147f.; *Bryde* in: *von Münch*, Art. 14 Rdn. 57; *Papier* in: *Maunz/Dürig*, Art. 14 Rdn. 254.

35 BVerfGE 25, 112, 117.

36 BVerfGE 50, 290, 341; *Hesse*, Rdn. 448; *Papier* in: *Maunz/Dürig*, Art. 14 Rdn. 258.

37 *Papier* in: *Maunz/Dürig*, Art. 14 Rdn. 263.

„je mehr das Eigentumsobjekt in einem sozialen Bezug und einer sozialen Funktion steht".[38]

Neue Erfindungen fördern die industrielle Entwicklung. Sie dienen deshalb dem Wohl der Allgemeinheit und erfüllen daher eine soziale Funktion. Diese Gemeinwohlrelevanz führt dazu, daß die Befugnisse des Gesetzgebers zur Einschränkung der Rechte der Erfinder relativ groß sind.[39]

Die Belange der Allgemeinheit müssen insbesondere dann berücksichtigt werden, wenn diese ebenfalls grundrechtlich gesichert sind. Aus der Einheit der Verfassung und der von ihr geschützten gesamten Wertordnung folgt, daß kollidierende Grundrechte Dritter sogar Grundrechte, die an sich uneinschränkbar sind, in einzelnen Beziehungen begrenzen können.[40]

Grundrechte, die mit dem Schutz von Erfindungen aus Art. 14 GG kollidieren, sind insbesondere Art. 12 GG und Art. 2 GG. Diese Grundrechte schützen u.a. die Freiheit der wirtschaftlichen Betätigung. Eine Begünstigung des Erfinders, insbesondere durch Einräumung einer Monopolstellung, schränkt grundsätzlich die wirtschaftliche Betätigungsmöglichkeiten der Wettbewerber, d.h. der Allgemeinheit, ein. Bei der Ausgestaltung des Schutzes von Erfindungen müssen deshalb die auf Art. 12 und 2 GG beruhenden Rechtspositionen der Wettbewerber berücksichtigt werden.

Der Gesetzgeber hat bei der Fassung des Patentgesetzes an mehreren Stellen den Interessen der Allgemeinheit Rechnung getragen. Dies wird in den folgenden Kapiteln aufgezeigt werden.

2. *Schutzumfang*

a) Schutzdauer

Wie sich aus § 16 Abs. 1 S. 1 PatG ergibt, dauert ein Patent 20 Jahre. Die Patentdauer beginnt mit dem Tage, der auf die Anmeldung der Erfindung folgt.

§ 16 PatG regelt nur die Dauer des Patents, nicht jedoch auch die Dauer des effektiv gewährten Schutzes. Die Schutzwirkungen des Patents treten nicht schon mit dessen Anmeldung ein, sondern erst nachdem die Erteilung eines Patents vom Patentamt beschlossen worden ist, und nachdem die Erteilung und die Patentschrift im Patentblatt veröffentlicht worden sind (vgl. § 58 Abs. 1 PatG). Der Schutz gegen Patentverletzungen ist demnach immer kürzer als die Laufzeit des Patents.[41]

Der Patentschutz endet, wenn das Patent erlischt. Erlöschensgründe sind beispielsweise der Ablauf der 20-jährigen Patentdauer (§ 16), ein Verzicht (§ 20

---

[38] BVerfGE 50, 290, 340.

[39] *Schulte*, GRUR 1985, 772, 778.

[40] BVerfGE 28, 243, 261.

[41] *Ullmann* in: *Benkard*, § 16 Rdn. 2, 3.

Abs. 1 Nr. 1), eine nicht fristgerecht erfolgende Erfinderbenennung (§ 20 Abs. 1 Nr. 2), eine nicht rechtzeitige Bezahlung der Gebühren (§ 20 Abs. 1 Nr. 3) oder eine Zurücknahme (§ 24 Abs. 2).

Das deutsche Patentrecht legt für die Berechnung der Dauer des Patents den Tag der Anmeldung zugrunde. Gegen diese Berechnung ist insbesondere bei den Erörterungen der Gesetzesnovellierungen im Jahre 1936 geltend gemacht worden, daß das Prüfungsverfahren oft einen erheblichen Teil der Patentdauer in Anspruch nehme und der Erfinder in diesem Fall um den vollen Genuß des Patentschutzes komme, obwohl er die Patentjahresgebühren uneingeschränkt zahlen muß. Es wurde deshalb vorgeschlagen, die Patentdauer statt von dem Zeitpunkt der Anmeldung von dem Zeitpunkt der Erteilung des Patents an zu berechnen. Dieser Vorschlag wurde jedoch von dem deutschen Gesetzgeber mit der Begründung abgelehnt, daß der Erfinder bzw. Anmelder dann das Verfahren verschleppen würde. Es wurde daher von einer Änderung der Berechnung der Patentdauer abgesehen.[42] Die Patentdauer wird deshalb nach wie vor von dem Tag an gerechnet, der auf die Anmeldung folgt.

Nach dem Patentgesetz von 1877 war die Patentdauer etwas kürzer als nach dem derzeit geltenden Patentgesetz. Sie betrug lediglich 15 Jahre.[43] Im Jahre 1923 wurde die Patentdauer dann auf 18 Jahre verlängert.[44] Durch das IntPatÜG (Art. IV Nr. 8) wurde die Patentdauer schließlich auf 20 Jahre heraufgesetzt. Damit wurde die Laufzeit deutscher Patente der in Art. 63 EPÜ vorgesehenen 20-jährigen Laufzeit für europäische Patente angeglichen. Durch diese Angleichung sollte eine Ungleichbehandlung und eine damit verbundene Abwertung der vom Deutschen Patentamt erteilten Patente gegenüber europäischen Patenten vermieden werden.[45]

Bei der Ausgestaltung der Patentdauer war der Gesetzgeber bereits im Jahre 1877 darauf bedacht, einen Ausgleich zwischen den sich widerstreitenden Interessen des Erfinders und Patentinhabers an einem möglichst weitreichenden Schutz einerseits und der Mitbewerber und der Allgemeinheit an einer möglichst unbeschränkten Betätigungsfreiheit andererseits zu finden. Die Patentdauer wurde so bemessen, daß das Ziel des Patentschutzes, nämlich zur Förderung des technischen Fortschritts anzuspornen, erreicht wurde. In der amtlichen Begründung zum Patentgesetz von 1877 wird dies wie folgt ausgedrückt:

> Dem Zwecke des Patentschutzes entspricht es, die Dauer der Patente so zu bestimmen, daß der Patentinhaber sicher ist, aus seiner Erfindung einen angemessenen Nutzen zu ziehen. Die Durchführung dieses Grundsatzes findet allerdings in der verschiedenartigen Natur der Erfindungen ihre besonderen Schwierigkeiten. Manche Erfindungen ... spielen in wenigen Jahren ihre Rolle im Verkehrsleben aus und sind daher überhaupt

---

[42] Begr. zum PatG 1936, Bl.f. PMZ 1936, 103, 106 zu § 10.

[43] Vgl. § 7 des Gesetzes vom 25.5.1877, RGBl. 1877, 501, 502.

[44] Gesetz vom 9.7.1923, RGBl. 1923 II, 297.

[45] Begr. zum IntPatÜG, BT-Drucks., Bd. 207, 7/3712, 30 zu Nr. 8.

nur kurze Zeit mit Nutzen zu verwerten; deshalb würde für sie nur ein kurzer Patentschutz erforderlich sein. Bei vielen Erfindungen ist aber gerade das Gegenteil der Fall; teils ist ihre praktische Durchführung mit Schwierigkeiten verknüpft, ..., teils sind die Kosten ihrer Anwendung so beträchtlich, daß sie in weiteren Kreisen nur langsam sich einzubürgern vermögen, teils endlich ist die Gelegenheit zu ihrer Anwendung eine so beschränkte, daß überhaupt nur wenige Bewerber dafür auftreten können. Hier würde der Patentinhaber, ohne einen länger dauernden Schutz, nur selten eine der Bedeutung der Erfindung entsprechende Belohnung aus dem Patent empfangen. Zwischen beiden Extremen liegt endlich eine große Menge von Erfindungen, welche entweder ihren Wert nach und nach durch das Auftreten neuer und besserer Erfindungen verlieren, oder vermöge der umfangreichen Benutzung bereits in einer kurzen Reihe von Jahren dem Patentinhaber eine angemessene Belohnung gewähren. Unter diesen Gruppen zu unterscheiden und für jede die Dauer des Patentschutzes verschieden zu bestimmen, ist unmöglich. ... Von diesen Erwägungen aus hat der Entwurf die Dauer der Patente allgemein auf einen Zeitraum bestimmt, welcher voraussichtlich eine lohnende Verwertung auch der größten und schwierigsten Erfindungen gestattet.[46]

b) Rechte des Patentinhabers

Die §§ 9 - 13 PatG regeln die dem Patentinhaber zustehenden Rechte. Danach hat der Patentinhaber das Recht, die patentierte Erfindung alleine zu benutzen (§ 9 Abs. 1 S. 1 PatG). Das Patent gewährt dem Inhaber somit ein - auf die Schutzdauer begrenztes - Monopol. Der durch das Patentrecht gewährte Schutz wirkt auch gegen solche Personen, die völlig unabhängig von einem bereits existierenden Patent eine gleichartige bzw. identische Erfindung gemacht haben (sog. Doppelerfindung).[47]

Das Patent hat vor allem die (negative) Wirkung eines Verbotrechts. Es ist ein Ausschließlichkeitsrecht.[48] Dieses Ausschließlichkeitsrecht gibt dem Patentinhaber die Möglichkeit über die Preisbeherrschung des Marktes die Kosten, die ihm im Zusammenhang mit der Erfindung entstanden sind, einzubringen und gleichzeitig einen Gewinn zu verdienen.

Dritten ist es gemäß § 9 PatG verboten, ohne Zustimmung des Patentinhabers, (1) ein Erzeugnis, das Gegenstand des Patents ist, herzustellen, anzubieten, in Verkehr zu bringen, zu gebrauchen oder zu den genannten Zwecken einzuführen oder zu besitzen, (2) ein Verfahren, das Gegenstand des Patents ist, anzuwenden oder zur Anwendung anzubieten, (3) das durch ein Verfahren, das Gegenstand des Patents ist, unmittelbar hergestellte Erzeugnis anzubieten, in Verkehr zu bringen, zu gebrauchen oder zu den genannten Zwecken einzuführen oder zu besitzen.

---

[46] Stenographische Berichte des Deutschen Reichstages, Bd. 46, 3. Legislaturperiode, 1. Sess. 1877, Nr. 8, S. 20 zu § 7.

[47] *Borking*, 106; *Kargl*, DB 1969, 159, 160. Siehe auch § 6 S. 3 PatG und die dazu bei Fn. 67 unter D. I. gemachten Ausführungen.

[48] *Bruchhausen* in: *Benkard*, Einl. III Rdn. 29.

Gemäß § 10 PatG sind Dritten auch mittelbare Benutzungshandlungen verboten.

Der Patentinhaber hat allerdings keine Rechte bezüglich solcher Handlungen Dritter, die im privaten Bereich oder zu Versuchszwecken vorgenommen werden (§ 11 PatG). Außerdem hat er keine Rechte gegenüber Dritten, die ein sog. Vorbenutzungsrecht haben, d.h. zur Zeit der Anmeldung die Erfindung im Inland bereits in Benutzung genommen haben oder die dazu erforderlichen Veranstaltungen getroffen haben (§ 12 Abs. 1 S. 1 PatG). Ferner können die Rechte des Patentinhabers im Interesse der öffentlichen Wohlfahrt oder der Sicherheit des Bundes eingeschränkt werden (§ 13 Abs. 1 PatG).

Nach § 24 PatG steht Dritten ein Anspruch auf Erteilung einer Zwangslizenz durch das Patentgericht (§§ 65, 66 Abs. 1 Nr. 2 PatG) zu, wenn die Erteilung der Zwangslizenz im öffentlichen Interesse geboten ist und der Patentsucher oder der Patentinhaber sich weigert, die Benutzung der Erfindung einem anderen zu gestatten, der sich erbietet, eine angemessene Vergütung zu zahlen und Sicherheit dafür zu leisten.

Die Einschränkung des früheren § 15 Abs. 1 S. 1 a.E. PatG, daß eine Zwangslizenz erst erteilt werden dürfe, wenn mindestens drei Jahre seit Bekanntmachung der Erteilung des Patents vergangen sind, ist durch § 1 Nr. 8 des 6. Überleitungsgesetzes[49] im Jahre 1961 beseitigt worden. Nunmehr kann eine Zwangslizenz also sofort erteilt werden. Die Streichung der dreijährigen Wartefrist wurde damit begründet, daß insbesondere auf Gebieten, auf denen sich der technische Fortschritt rasch vollzieht, auch andere Personen als der Patentinhaber die Möglichkeit haben müssen, die Erfindung frühzeitig zu nutzen, falls eine solche Benutzung im öffentlichen Interesse geboten ist.[50]

Die verhältnismäßig geringe Zahl der Zwangslizenzklagen und die noch geringere Zahl der erteilten Zwangslizenzen[51] darf nicht dazu verleiten, die gesetzliche Bestimmung über die Zwangslizenz für bedeutungslos zu halten. Allein das Vorhandensein dieser Bestimmung hat sicherlich die Bereitschaft zum Abschluß von Lizenzverträgen gefördert.[52]

c) Ansprüche des Patentinhabers

Der Patentinhaber hat gegen denjenigen, der den §§ 9-13 PatG zuwider eine Erfindung benutzt, einen Anspruch auf Unterlassung (§ 139 Abs. 1 PatG). Dieser Anspruch ist nicht von einem Verschulden des Störers abhängig.

---

[49] Sechstes Gesetz zur Änderung und Überleitung von Vorschriften auf dem Gebiet des gewerblichen Rechtsschutzes vom 23.3.1961, BGBl. 1961 I, 274.

[50] Begr. zum 6. Überleitungsgesetz, Bl. f. PMZ 1961, 140, 144.

[51] In der Zeit zwischen 1961 und 1979 wurde nur in 8 Fällen ein Verfahren wegen Erteilung einer Zwangslizenz eingeleitet und in keinem Fall eine Zwangslizenz erteilt. Vgl. *Rogge* in: *Benkard*, § 24 Rdn. 5.

[52] *Rogge* in: *Benkard*, § 24 Rdn. 5; *Zeunert* in: *Lindenmaier*, § 15 Anm. 2.

Bei vorsätzlichen oder fahrlässigen Verletzungen der §§ 9 - 13 PatG hat der Patentinhaber auch einen Schadenersatzanspruch (§ 139 Abs. 2 PatG).

Ein Bereicherungsanspruch wurde von der Rechtsprechung früher versagt, falls gegen den Verletzer kein Schuldrechtsvorwurf zu erheben war.[53] Diese Auffassung wurde damit begründet, daß das Patentgesetz eine erschöpfende Regelung der Ansprüche des Patentinhabers enthalte, und daß § 141 S. 3 PatG den Bereichungsanspruch ausdrücklich nur für den Fall der Verjährung des Schadensersatzanspruchs, also nur für den Fall schuldhafter Verletzung, gewähre.[54] Der BGH ist in einer grundlegenden Entscheidung von dieser Ansicht abgerückt.[55] Nunmehr ist also auch bei schuldloser Verletzung des Patentgesetzes ein Anspruch auf Herausgabe der aus der Verletzungshandlung erwachsenen Bereicherung nach §§ 812ff. BGB gegeben.[56]

Um dem Verletzten die Prüfung zu ermöglichen, ob und in welcher Höhe ihm ein Schadensersatzanspruch gegen den Verletzer zusteht, gewährt ihm die Rechtsprechung als Hilfsanspruch auch einen Anspruch auf Auskunftserteilung und Rechnungslegung.[57] Ein solcher wird auch zur Unterstützung des Bereicherungsanspruchs gegeben.[58]

3. *Das Verfahren in Patentsachen*

Durch das 6. Überleitungsgesetz vom 23.3.1961[59] wurden die Verfahrensbestimmungen des Patentgesetzes weitgehend umgestaltet.

Im Gegensatz zu früher wird das Patentamt nunmehr nur noch als erste Instanz tätig. Die Entscheidung über Rechtsmittel und über bestimmte Parteistreitigkeiten ist dem Patentgericht zugewiesen (§ 65 PatG).

Das Patentamt setzt sich zusammen aus sog. Prüfungsstellen, die für die Bearbeitung der Patentanmeldungen und für die Erteilung von Auskünften zum Stand der Technik zuständig sind, und aus sog. Patentabteilungen, die für alle Angelegenheiten, die die erteilten Patente betreffen, zuständig sind (§ 27 Abs. 1 PatG).

Das Verfahren in Patentsachen ist vom Grundsatz der Schriftlichkeit gekennzeichnet. Schriftlichkeit ist erforderlich, weil der Inhalt der beanspruchten Erfindung für später - auch von anderen Personen - geltend gemachte Patentbegehren erheblich ist.[60]

---

[53] RGZ 113, 413, 424; 121, 258, 261.

[54] Ebd..

[55] BGHZ 68, 90, 92ff. = GRUR 1977, 250, 253 f. — Kunststoffhohlprofil.

[56] Ebd.; *Gaul/Bartenbach*, H-31; *Hubmann*, Gewerblicher Rechtsschutz, 178 f.; *Rogge* in: *Benkard*, § 139 Rdn. 82.

[57] RGZ 127, 243, 244f.; BGHZ 10, 385, 386ff..

[58] *Hubmann*, Gewerblicher Rechtsschutz, 179; *Rogge* in: *Benkard*, § 139 Rdn. 88.

[59] BGBl. 1961 I, 274.

[60] *Zeunert* in: *Lindenmaier*, § 33 Anm. 1.

Das Verfahren in Patentsachen wird durch eine Anmeldung beim Patentamt in Gang gesetzt (vgl. § 35 PatG). Nach der Anmeldung nimmt die Prüfungsstelle eine Vorprüfung vor. Diese Vorprüfung erstreckt sich lediglich auf „offensichtliche“ formelle und materielle Mängel der Anmeldung (§ 42 Abs. 1, 2 PatG). Beseitigt der Anmelder die formellen Mängel nicht, oder erhält er die Anmeldung aufrecht, obwohl offensichtliche materielle Mängel vorliegen, so weist die Prüfungsstelle die Anmeldung zurück (§ 42 Abs. 3 PatG). Eine genaue Prüfung erfolgt nur auf Antrag (§ 44 Abs. 1 PatG). Der Antrag kann bis zu 7 Jahren nach Einreichung der Anmeldung vom Patentsucher oder von einem Dritten gestellt werden (§ 44 Abs. 2 PatG). Werden nach der Antragstellung formelle Mängel nicht rechtzeitig beseitigt oder wird die Anmeldung aufrecht erhalten, obwohl eine patentfähige Erfindung nicht vorliegt, so erfolgt eine Zurückweisung der Anmeldung durch Beschluß (§ 48 PatG). Hält die Prüfungsstelle hingegen die formellen und materiellen Voraussetzungen für gegeben, so beschließt sie die Erteilung des Patents (§ 49 PatG).

Dieses Prüfungssystem, das auch „System der verschobenen Prüfung“ genannt wird, wurde durch das Patentänderungsgesetz vom 4.9.1967[61] eingeführt. Nach der bis im Jahre 1967 geltenden Regelung mußte jede Patentanmeldung, ohne Rücksicht auf ihren technischen oder volkswirtschaftlichen Wert oder die Absicht des Patentsuchers zur Ausnutzung seiner Erfindung, von Amts wegen vollständig auf ihre Patentfähigkeit geprüft werden (§ 28 PatG a.F.). Als im Laufe der Zeit die Zahl der Patentanmeldungen ständig anstieg und die Anmeldungen auch komplizierter wurden, kam es aufgrund des umfassenden Prüfungserfordernisses zu einem „Stau“ von unbearbeiteten Patentanmeldungen. Da sich eine verzögerte Prüfung technisch und wirtschaftlich wertvoller Anmeldungen negativ auf den technischen Fortschritt und die wirtschaftliche Entwicklung auswirkt, wollte man Abhilfe schaffen. Dem Mißstand sollte durch die Einführung des „Systems der verschobenen Prüfung“ abgeholfen werden. Nach diesem Prüfungssystem entfällt nämlich die von Amts wegen vorzunehmende vollständige Prüfung einer Anmeldung. Eine Prüfung von Amts wegen wird lediglich auf offensichtliche, der Patenterteilung entgegenstehende Mängel vorgenommen (§ 42 PatG), während die volle Prüfung der Voraussetzungen der Patentfähigkeit nur noch auf einen besonderen gebührenpflichtigen Antrag hin erfolgt (§ 44 Abs. 3 PatG).[62]

Falls die Erteilung des Patents beschlossen wird, werden die Erteilung und die Patentschrift veröffentlicht (§ 58 PatG). Geheimhaltung der Erfindung ist im Patentrecht nicht möglich. Das Patent entfaltet seine Wirkungen nur, wenn bzw. erst nachdem die Patenterteilung veröffentlicht wurde (§ 58 Abs. 1 S. 3 PatG). In den Gesetzesmaterialien zu dem Patentgesetz von 1877 wird die Veröffentlichung damit begründet, daß der „Zweck, der der Patentgesetzgebung u.a. zu

---

[61] BGBl. 1967 I, 953.

[62] Vgl. zum System der verschobenen Prüfung: *Bruchhausen* in: *Benkard*, Einl. II Rdn. 16; *Hubmann*, Gewerblicher Rechtsschutz, 27f..

Grunde liegt, nämlich die Förderung einer raschen Vervollkommung der Technik, nur dann zu erreichen ist, wenn jede technische Verbesserung, welche durch die Erteilung eines Patentes als solche anerkannt wird, unverzüglich zum Gemeingut gemacht und somit als Anregungsmittel für neue Verbesserungen benutzt wird".[63] Der Sinn und Zweck der Veröffentlichung besteht auch heute noch darin, die Allgemeinheit über neue Produkte und Produktionsmethoden zu informieren und ihr dadurch Anregungen für Verbesserungen zu geben. Darüberhinaus bezweckt die Veröffentlichung, die Allgemeinheit in die Lage zu versetzen, die Rechtmäßigkeit der Patenterteilung zu überprüfen und gegen die Patenterteilung Einspruch mit dem Ziel des Widerrufs des Patents einzulegen.[64]

Einspruch kann von jedermann innerhalb von 3 Monaten nach der Veröffentlichung eingelegt werden (§ 59 Abs. 1 S. 1 PatG). Der Einspruch kann auf die Behauptung gestützt werden, daß einer der vier in § 21 PatG genannten Widerrufsgründe vorliegt. Ein solcher Grund liegt vor, wenn (1) der Gegenstand des Patents nach den §§ 1 bis 5 nicht patentfähig ist, (2) das Patent die Erfindung nicht so deutlich und vollständig offenbart, daß ein Fachmann sie ausführen kann, (3) eine widerrechtliche Entnahme der Erfindung vorliegt, oder (4) der Gegenstand des Patents über den Inhalt der Anmeldung in der Fassung hinausgeht, in der sie eingereicht worden ist.

Die Patentabteilung prüft den Einspruch und entscheidet dann durch Beschluß, ob und in welchem Umfang das Patent aufrechterhalten oder widerrufen wird (§ 61 PatG).

Der Sinn und Zweck des Einspruchsverfahrens besteht darin, die Allgemeinheit und insbesondere die Wettbewerber des Erfinders in die kritische Würdigung der Aufrechterhaltung einer Patentrechtsposition mit einzubeziehen[65] und ihnen die Möglichkeit zu geben, ihr Interesse an der Verhinderung einer unberechtigten Einschränkung der Gewerbefreiheit durch nicht stichhaltige Patente in einem verhältnismäßig einfachen und billigen Verfahren geltend zu machen[66].

Außer im Einspruchsverfahren kann die Allgemeinheit die Patentfähigkeit von Erfindungen auch noch im Klageweg durch das Nichtigkeitsverfahren überprüfen lassen. Die Nichtigkeitsklage kann auf die gleichen Gründe wie der Einspruch gestützt werden (vgl. § 22 PatG). Die Nichtigkeitsklage ist dem Einspruch gegenüber insofern subsidiär, als sie erst dann erhoben werden kann, wenn ein Einspruchsverfahren nicht mehr anhängig ist und wegen Ablaufs der Einspruchsfrist auch nicht mehr anhängig gemacht werden kann (§ 81 Abs. 2

---

[63] Stenographische Berichte des Deutschen Reichstages, Bd. 46, 3. Legislaturperiode, 1. Sess. 1877, Nr. 8, S. 24 zu § 19.

[64] Stenographische Berichte des Deutschen Reichstages, Bd. 46, 3. Legislaturperiode, 1. Sess. 1877, Nr. 8, S. 25 zu §§ 22, 23; *Ballhaus* in: *Benkard*, § 58 Rdn. 1.

[65] *Gaul/Bartenbach*, A-90.

[66] *Zeunert* in: *Lindenmaier*, § 32 Anm. 1.

PatG). Für das Nichtigkeitsverfahren ist auch ein anderer Rechtszug als für das Einspruchsverfahren vorgesehen. Für das Nichtigkeitsverfahren ist das Patentgericht (§ 65 Abs. 1 i.V.m. § 66 Abs. 1 Nr. 2 PatG) zuständig, während für das Einspruchsverfahren das Patentamt zuständig ist.

4. Schutzvoraussetzungen

a) Verfahrensrechtliche Voraussetzungen

Verfahrensrechtliche Voraussetzung zur Erlangung des Patentschutzes ist eine schriftliche Anmeldung der Erfindung (§ 35 Abs. 1 S. 1 PatG).

Welchen Erfordernissen die Anmeldungsunterlagen genügen müssen, ist in § 35 PatG ausgeführt. Danach muß die Anmeldung enthalten (1) einen Antrag auf Erteilung des Patents, in dem die Erfindung kurz und genau bezeichnet ist, (2) einen oder mehrere Patentanprüche, in denen angegeben ist, was als patentfähig unter Schutz gestellt werden soll, (3) eine Beschreibung der Erfindung und (4) Zeichnungen, auf die sich die Patentansprüche oder die Beschreibung beziehen. Die in der Anmeldung enthaltenen Bezeichnungen und Beschreibungen müssen so deutlich und vollständig sein, daß sie die Erfindung so offenbaren, daß sie ein Fachmann ausführen kann.

Der Zeitpunkt der Anmeldung hat Bedeutung für die Beurteilung der Neuheit einer Erfindung (vgl. § 3 Abs. 1 S. 2 PatG) und für die Berechnung der Jahresgebühren (vgl. § 17 Abs. 1 PatG).

Außerdem wird durch die Anmeldung der Altersrang (die Priorität) der Erfindung im Verhältnis zu anderen Erfindungen festgelegt. Der Altersrang ist wichtig, weil im Patentrecht der sog. Prioritätsgrundsatz gilt. Dieser Grundsatz besagt, daß dann, wenn mehrere unabhängig voneinander dieselbe Erfindung gemacht haben (sog. identische Doppelerfindung), das Recht auf das Patent demjenigen zusteht, der die Erfindung zuerst bei dem Patentamt angemeldet hat (§ 6 S. 3 PatG).[67] Der Prioritätsgrundsatz bzw. das Verbot von Doppelpatentierungen wird damit begründet, daß das Interesse der Allgemeinheit durch die erste Offenbarung erschöpft ist.[68]

Zusammen mit der Anmeldung ist eine Gebühr i.H.v. DM 100,-- zu entrichten (§ 35 Abs. 3 PatG i.V.m. Anlage zu § 1, A I 1a PatGebG). Die Erlangung des Patentschutzes ist verfahrensrechtlich weiter davon abhängig, daß ein Prüfungsantrag gestellt wird (§ 44 Abs. 1 PatG) und zusammen mit diesem Antrag eine Gebühr i.H.v. DM 400,-- entrichtet wird (§ 44 Abs. 3 PatG i.V.m. Anlage zu § 1, A I 1c PatGebG). Für die Erteilung des Patents ist dann eine weitere Gebühr i.H.v. DM 150,-- zu entrichten (§ 57 Abs. 1 PatG i.V.m.

---

[67] Siehe Ausführungen bei Fn. 47 unter D. I..

[68] Entsch. d. 5. Beschwerdesenats v. 26.11.1954 - 5 B 549/53, Bl.f. PMZ 1955, 25, 26; *Weiss* in: *Lindenmaier*, § 4 Anm. 9.

Anlage zu § 1, A I 1d PatGebG). Ferner ist zur Aufrechterhaltung eines Patents für das dritte und jedes darauffolgende Jahr, gerechnet vom Anmeldetag an, eine Jahresgebühr zu entrichten (§ 17 Abs. 1 PatG). Diese Jahresgebühr steigt mit zunehmender Schutzdauer.[69] Wird die Jahresgebühr nicht entrichtet, dann erlischt das Patent (§ 20 Abs. 1 Nr. 3 PatG).

Die Erhebung der Patentgebühren wird u.a. damit gerechtfertigt, daß sie die Kosten der durch das Patentwesen bedingten Einrichtungen decken sollen. Außerdem sollen sie vor Patentgesuchen für angebliche oder für völlig unnütze Erfindungen, welche der Bevölkerung nur zur Belästigung gereichen, schützen. Mit dem System der steigenden Jahresgebühren wollte der Gesetzgeber schließlich erreichen, daß ein Patent nicht länger aufrechterhalten wird als einerseits seine allgemeine wirtschaftliche Bedeutung dies rechtfertigt und andererseits das besondere Interesse des Patentinhabers es bedingt.[70] Er wollte erreichen, daß Patente für solche Erfindungen beseitigt werden, die sich nachträglich als für die Industrie wertlos erweisen oder die durch die weitere Entwicklung der Verhältnisse ihren ursprünglichen Wert verlieren. Aus diesem Grund sollte der Patentinhaber jedes Jahr erneut dazu bewegt werden, sein Interesse an dem Fortbestand des Schutzes gegenüber einer Freigabe der Erfindung abzuwägen.[71]

Die Regelung, daß Jahresgebühren erst ab dem dritten Patentjahr zu zahlen sind, besteht seit der Gesetzesnovellierung im Jahre 1936. Vor dieser Gesetzesreform mußten Jahresgebühren bereits im ersten Patentjahr, d.h. von der Anmeldung an, gezahlt werden. Mit dieser Gebührenerleichterung sollte dem Umstand Rechnung getragen werden, daß der Patentschutz in der Zeit bis zur Patenterteilung nur beschränkten Wert hat.[72]

b) Materiellrechtliche Voraussetzungen

Wie sich aus § 1 PatG ergibt, werden Patente nur erteilt für Erfindungen, die neu sind, auf einer erfinderischen Tätigkeit beruhen und gewerblich anwendbar sind.

aa) Erfindung

Der Begriff der „Erfindung" ist im Patentgesetz nicht näher definiert. Es ist jedoch allgemein anerkannt, daß unter diesen Begriff nur „technische" Erfindungen fallen.[73]

---

[69] Im dritten Patentjahr beträgt sie beispielsweise DM 100,--, im 15. Patentjahr beläuft sie sich schon auf DM 1.800,-- und im 20. Patentjahr sogar auf DM 3.000,-- (vgl. Anlage zu § 1, A I 2 PatGebG).

[70] Stenographische Berichte des Deutschen Reichstages, Bd. 46, 3. Legislaturperiode, 1. Sess. 1877, Nr. 8, S. 20 zu § 7.

[71] Stenographische Berichte des Deutschen Reichstages, Bd. 46, 3. Legislaturperiode, 1. Sess. 1877, Nr. 8, S. 20f. zu § 8.

[72] Begr. zum PatG 1936, Bl.f. PMZ 1936, 103, 106f. zu § 10 und § 11.

Daß nur „technische“ Erfindungen vom Schutz des Patentgesetzes erfaßt werden, ergibt sich u.a. aus der Entstehungsgeschichte. Das Patentgesetz ist in einer Zeit entstanden ist, in der die Förderung der industriellen Entwicklung durch Anspornung des technischen Fortschritts im Vordergrund stand. Die Befürworter des Patentgesetzes hatten nichts anderes als den Schutz der Technik, wie z.B. den Schutz von neuen Industrieerzeugnissen, Fabrikationsmethoden, Maschinen, Geräten und Werkzeugen gefordert.[74]

Auch die Gesetzesmaterialien zum Patentgesetz von 1877 weisen darauf hin, daß das Patentrecht nur dem Schutz „technischer“ Erfindungen dienen sollte. In den Gesetzesmaterialien wird ausdrücklich gesagt, daß die Patentgesetzgebung die „Förderung einer raschen Vervollkommung der Technik“ bezweckt.[75] Ferner wird dort ausgeführt, daß rein wissenschaftliche Entdeckungen, die Aufstellung neuer Methoden (z.B. für den Ackerbau oder Bergbau) und die Kombination neuer Pläne für Unternehmungen auf dem Gebiet des Handels vom Patentschutz ausgenommen seien.[76] Diese beispielhafte Aufzählung nicht patentfähiger Gegenstände umfaßt lediglich nicht technische Gegenstände. Daraus kann man den Umkehrschluß ziehen, daß nur „technische“ Erfindungen vom Patentschutz erfaßt sind.

Ein Hinweis auf das Erfordernis der Technik ist auch in einigen Vorschriften des Patentgesetzes enthalten. So verlangt das Patentgesetz beispielsweise in §§ 26 Abs. 1, 65 Abs. 2, daß das Patentamt und das Patentgericht mit „technischen“ Mitgliedern besetzt sind. In § 3 Abs. 1 S. 1 ist bestimmt, daß eine Erfindung nur dann als neu gilt, wenn sie nicht zum „Stand der Technik“ gehört, und in § 4 S. 1 ist bestimmt, daß eine Erfindung nur dann als auf einer erfinderischen Tätigkeit beruhend gilt, wenn sie sich für den Fachmann nicht in naheliegender Weise aus dem „Stand der Technik“ ergibt. Das Patentgesetz verlangt auch in § 36 Abs. 2 S. 2, daß der Anmeldung ein Bericht beigefügt wird, der das „technische Gebiet“ der Erfindung angibt.

Das Erfordernis der Technik dient auch als Abgrenzungskriterium gegenüber anderen Leistungen, für die Schutz begehrt wird, insbesondere gegenüber Leistungen, die in den sachlichen Geltungsbereich anderer Schutzsysteme

---

[73] BGHZ 52, 74, 77 = GRUR 1969, 672, 672 - Rote Taube; BGHZ 67, 22, 24 = GRUR 1977, 96, 98 - Dispositionsprogramm; BGH Urt. v. 11.3.1986 - X ZR 65/85 = GRUR 1986, 531, 533 - Flugkostenminimierung; *Beier*, GRUR 1972, 214, 216; *Bruchhausen* in: *Benkard*; § 1 Rdn. 44; *Engel*, GRUR 1978, 201, 201 ff.; *Gall*, Mitt. d. dt. PAW 1985, 182, 185; *Gaul/Bartenbach*, B-9; *Hanneman*, 167 f.; *Hubmann*, Gewerblicher Rechtsschutz, 81; *Kindermann*, GRUR 1969, 509, 509 ff.; *Kindermann*, GRUR 1979, 443, 443 ff.; *Kolle*, GRUR 1977, 58, 59 ff.; *Möhring*, GRUR 1967, 269, 270; *Skaupy*, Mitt. d. dt. PAW 1967, 121, 127.

[74] *Beier*, GRUR 1972, 214, 216. Siehe auch Ausführungen unter D. I. 1..

[75] Stenographische Berichte des Deutschen Reichstages, Bd. 46, 3. Legislaturperiode, 1. Sess. 1877, Nr. 8, S. 24 zu § 19.

[76] Stenographische Berichte des Deutschen Reichstages, Bd. 46, 3. Legislaturperiode, 1. Sess. 1877 Nr. 8, S. 17.

fallen.[77] Es dient vor allem zur Abgrenzung patentfähiger Erfindungen von den als nicht patentfähig erachteten „Anweisungen an den menschlichen Geist"[78] bzw. den Geistestätigkeiten[79].

Die Beschränkung des Begriffs der Erfindung auf den Bereich der Technik soll helfen zu vermeiden, daß das Patentgesetz ein Auffangbecken wird, in dem alle sonst gesetzlich nicht begünstigten geistigen Leistungen einen Schutz finden.[80]

Verfassungsrechtlich ist die Beschränkung des Patentschutzes auf „technische" Erfindungen nicht zu beanstanden. Zwar umfaßt der Schutzbereich des Art. 14 GG nicht nur „technische" Erfindungen, sondern auch andere Erfindungen. Dies bedeutet jedoch nicht, daß der Gesetzgeber auch verpflichtet ist, alle Erfindungen einfachgesetzlich zu regeln. Art. 14 Abs. 1 S. 2 GG verleiht dem Gesetzgeber vielmehr die Befugnis, Inhalt und Schranken des Eigentums zu bestimmen. Der Gesetzgeber kann also festlegen, wer welche Objekte in welchen Formen, unter welchen Bedingungen und in welchen Grenzen „zu eigen" haben kann.[81] Art. 14 GG schreibt dem Gesetzgeber nicht vor, alle Eigentumsobjekte einfachgesetzlich auszugestalten. Dem Gesetzgeber ist es deshalb überlassen, einzelne Eigentumsobjekte, wie z.B. „technische" Erfindungen, herauszugreifen und lediglich diese zu regeln.

Der Begriff der Technik wurde durch die höchstrichterliche Rechtsprechung näher bestimmt. Nach dieser Rechtsprechung ist die Patentfähigkeit zu bejahen, wenn „eine Lehre zum planmäßigen Handeln unter Einsatz beherrschbarer Naturkräfte zur unmittelbaren Erreichung eines kausal übersehbaren Erfolgs" vorliegt.[82]

Der in dieser Formel vorkommende Begriff der „Planmäßigkeit" wurde von der Rechtsprechung nicht näher erläutert. Er kann zweierlei bedeuten. Erstens kann er sich auf die Art und Weise des Schöpfungsvorgangs beziehen. Planmäßigkeit kann daher bedeuten, daß die Erfindung ein Handeln „nach einem bestimmten Plan" lehren muß.[83] Zweitens kann sich der Begriff der „Planmäßigkeit" auf die Ausführbarkeit des Handelns beziehen. Er kann deshalb bedeuten, daß die Erfindung „wiederholbar" sein muß.[84]

---

[77] BGHZ 67, 22, 33 = GRUR 1977, 96, 99 - Dispositionsprogramm; *Gaul/Bartenbach*, B-9; *Kolle*, GRUR 1977, 58, 60, 62.

[78] *Beier*, GRUR 1972, 214, 216.

[79] *Möhring*, GRUR 1967, 269, 271.

[80] BGHZ 67, 22, 23 = GRUR 1977, 96, 99 - Dispositionsprogramm; *Kolle*, GRUR 1977, 58, 62.

[81] *Bryde* in: *von Münch*, Art. 14 Rdn. 48.

[82] BGHZ 52, 74, 79 = GRUR 1969, 672, 673 - Rote Taube; BGHZ 67, 22, 26 = GRUR 1977, 96, 98 - Dispositionsprogramm; BGH Beschl. v. 1.7.1976 - X ZB 10/74 = GRUR 1977, 152, 152 - Kennungsscheibe; BGH Beschl. v. 13.5.1980 - X ZB 19/78 = GRUR 1980, 849, 850 - Antiblockiersystem; BGH Urt. v. 11.3.1986 - X ZR 65/85 = GRUR 1986, 531, 533 - Flugkostenminimierung.

[83] So z.B. *Engel*, GRUR 1978, 201, 203.

Die zweite Interpretation ist vorzuziehen. Die erste Interpretation beachtet nämlich nicht, daß das Patentrecht nur auf das Ergebnis der Erfindung abstellt. Wie die Erfindung entstanden ist, ob per Zufall oder aus einem systematischen Vorgehen heraus, ist unerheblich.[85] Entscheidend ist nur, daß Dritte die Erfindung später ausführen können.[86] Dies ist nur möglich, wenn die Lehre mit gleichbleibendem Erfolg wiederholt werden kann.

Außer einer Lehre zum planmäßigen Handeln wird von der oben zitierten Formel auch noch der „Einsatz beherrschbarer Naturkräfte" gefordert. Der Begriff „Naturkräfte" umfaßt nicht nur Kräfte im eigentlich technisch-physikalischen Sinn, sondern wie die Rechtsprechung[87] bestätigt, alle von Stoffen, Kräften und Energiearten ausgeübten Wirkungen. „Beherrschbar" sind Naturkräfte, wenn sie nach dem Stand der naturwissenschaftlichen Erkenntnisse soweit erforscht sind, daß ihre Gesetzmäßigkeiten und Kausalverläufe bekannt sind, so daß sie berechenbar sind. Außerdem müssen dem handelnden Menschen die Mittel zur Verfügung stehen, mit denen er die Kausalverläufe auslösen und beeinflussen kann.[88] Die höchstrichterliche Rechtsprechung hat mehrfach betont, daß die menschliche Verstandestätigkeit nicht zu den „beherrschbaren Naturkräften" gehört, daß vielmehr zu den „beherrschbaren Naturkräften" nur solche Tätigkeiten gehören, die außerhalb der menschlichen Verstandestätigkeit liegen.[89]

Der Ausdruck „zur Erreichung eines kausal übersehbaren Erfolgs" in der oben zitierten Formel bedeutet, daß Kausalität zwischen Aufgabe, Lösungsmitteln und Ergebnis gegeben sein muß[90] und daß diese Kausalität auch erkannt sein muß[91].

Schließlich wird auch noch „Unmittelbarkeit" verlangt, d.h. der kausal übersehbare Erfolg muß die unmittelbare Folge des Einsatzes beherrschbarer Naturkräfte sein[92]. Er darf nicht die Folge einer zwischengeschalteten menschlichen Verstandestätigkeit sein.[93]

---

[84] So z.B. *Kolle*, GRUR 1977, 58, 60.

[85] *Kolle*, GRUR 1977, 58, 60.

[86] Vgl. § 35 Abs. 2 PatG, in dem festgelegt ist, daß die Erfindung in der Anmeldung so deutlich und vollständig zu offenbaren ist, daß ein Fachmann sie ausführen kann.

[87] BGHZ 52, 74, 77, 79 = GRUR 1969, 672, 673-Rote Taube.

[88] *Engel*, GRUR 1978, 201, 204.

[89] BGHZ 67, 22, 27 = GRUR 1977, 96, 98-Dispositionsprogramm; BGH Beschl. v. 1.7.1976-X ZB 10/74 = GRUR 1977, 152, 153-Kennungsscheibe; BGH Beschl. v. 13.5.1980-X ZB 19/78 = GRUR 1980, 849, 850-Antiblockiersystem; BGH Urt. v. 11.3.1986-X ZR 65/85 = GRUR 1986, 531, 533.

[90] *Engel*, GRUR 1978, 201, 204; *Kolle*, GRUR 1977, 58, 60.

[91] *Engel*, GRUR 1978, 201, 204.

[92] BGH Beschl. v. 1.7.1976-X ZB 10/74 = GRUR 1977, 152, 153-Kennungsscheibe.

[93] BGH Beschl. v. 13.5.1980-X ZB 19/78 = GRUR 1980, 849, 850-Antiblockiersystem.

Der in diesen Grundsätzen enthaltene Kerngedanke ist, daß sich die Erfindung selbst und unmittelbar mit den Erscheinungen der Physik, Chemie und Biologie zu befassen hat.[94]

Aufgrund des IntPatÜG vom 21.6.1976, das das deutsche Patentrecht dem europäischen Patentrecht anpaßte, wird nunmehr in Abs. 2 des § 1 PatG beispielhaft aufgezählt, was nicht als eine Erfindung im Sinne des Patentrechts angesehen wird. In dem Negativkatalog des § 1 Abs. 2 PatG sind folgende Gegenstände und Tätigkeiten aufgezählt: (1) Entdeckungen, sowie wissenschaftliche Theorien und mathematische Methoden; (2) ästhetische Formschöpfungen; (3) Pläne, Regeln und Verfahren für gedankliche Tätigkeiten, für Spiele oder für geschäftliche Tätigkeiten sowie Programme für Datenverarbeitungsanlagen; (4) die Wiedergabe von Informationen.

Der Wortlaut des derzeitigen § 1 Abs. 2 PatG entspricht dem Wortlaut in Art. 52 Abs. 2 EPÜ. In der Begründung zu Art. 52 Abs. 2 EPÜ heißt es, daß die internationale Diskussion gezeigt habe, daß hinsichtlich einiger Gegenstände und Tätigkeiten unterschiedliche Auffassungen darüber bestehen, ob es sich dabei um Erfindungen handele, und daß in den Negativkatalog deshalb nur solche Gegenstände und Tätigkeiten aufgenommen worden seien, die in keinem Fall als Erfindung anzusehen seien. Dadurch sollte erreicht werden, daß möglichst viele Staaten das EPÜ unterzeichnen.[95]

In der Begründung zum IntPatÜG wird im Zusammenhang mit dem in § 1 Abs. 2 PatG enthaltenen Negativkatalog ausgeführt, daß dieser Katalog Gegenstände und Tätigkeiten vom Patentschutz ausschließe, die bereits nach geltendem deutschen Recht allgemein nicht als Erfindungen angesehen werden oder doch jedenfalls von der höchstrichterlichen Rechtsprechung nicht als Erfindung anerkannt seien. Mit der Übernahme des Negativkatalogs des Art. 52 Abs. 2 EPÜ in das deutsche Patentrecht wollte der Gesetzgeber zur Rechtsvereinheitlichung und Rechtssicherheit beitragen. Er wollte sicherstellen, daß der Kreis der patentfähigen Erfindungen derselbe ist, gleichgültig, ob für eine Erfindung die Erteilung eines nationalen Patents beim Deutschen Patentamt oder die Erteilung eines europäischen Patents beim Europäischen Patentamt mit Wirkung für die Bundesrepublik Deutschland beantragt wird.[96]

In der Begründung zum IntPatÜG werden auch Ausführungen zum Erfordernis der „Technik“ gemacht. Es wird ausgeführt, daß künftig das nach bisherigem Recht von der Rechtsprechung und Lehre geforderte Merkmal des technischen Fortschritts der Erfindung nicht mehr gesonderte Voraussetzung der Patentfähigkeit sei. Dieser Satz stiftet Verwirrung. Er widerspricht insbesondere den daran anschließenden Ausführungen, in denen es heißt, daß der technische Fortschritt nicht ohne Belang sei und daß es weiterhin möglich sei, bei der

---

[94] *Kindermann*, GRUR 1979, 443, 445.

[95] BT-Drucks., Bd. 207, 7/3712, 408 zu Art. 52.

[96] BT-Drucks., Bd. 207, 7/3712, 27 zu Nr. 1 Abs. 2 und 3.

Prüfung der Frage, ob die Patentierbarkeitsvoraussetzung einer erfinderischen Tätigkeit vorliegt, auch zu berücksichtigen, daß die Erfindung einen „technischen" Fortschritt darstellt.[97] Außerdem widerspricht dieser Satz auch der Ausführungsordnung zum EPÜ[98], nach deren Regel 27(1)(b) sich die Erfindung auf ein „technisches" Gebiet beziehen muß und nach deren Regel 27(1)(d) der Erfindung eine „technische" Aufgabe zugrunde liegen muß. Auch die vom Europäischen Patentamt herausgegebenen „Richtlinien für die Prüfung im Europäischen Patentamt" in der ab März 1985 geltenden Fassung bestätigen, daß eine Erfindung im Sinne des EPÜ „technischen" Charakter haben muß.[99] Aus den soeben genannten Regeln der Ausführungsordnung zum EPÜ und den Richtlinien für die Prüfung im Europäischen Patentamt folgt, daß man weiterhin davon ausgehen muß, daß eine patentfähige Erfindung nach § 1 PatG auch nach der Anpassung des deutschen Patentrechts an das europäische Patentrecht nur dann vorliegt, wenn es sich um eine „technische" Erfindung handelt.[100]

bb) Neuheit

Der generelle Grundsatz, daß nur Erfindungen, die „neu" sind, patentiert werden können, ist in § 1 Abs. 1 PatG enthalten.

§ 3 PatG geht dann näher auf den Begriff der Neuheit ein. Nach dessen Abs. 1 S. 1 gilt eine Erfindung als neu, wenn sie nicht zum Stand der Technik gehört.[101]

„Zum Stand der Technik" gehören nach § 3 Abs. 1 S. 2 PatG alle Kenntnisse, die vor dem für den Zeitrang der Anmeldung maßgeblichen Tag durch schriftliche oder mündliche Beschreibung, durch Benutzung oder in sonstiger Weise der Öffentlichkeit zugänglich gemacht worden sind. Für die Feststellung der Neuheit kommt es also nicht darauf an, was dem Erfinder bzw. Anmelder bekannt gewesen ist. Es sind vielmehr alle Vorveröffentlichungen zu beachten, ohne Rücksicht darauf, ob der Erfinder bzw. Anmelder sie gekannt hat.[102]

Die Fassung des § 3 PatG beruht auf der Erwägung, daß eine Erfindung, die schon irgendwie, irgendwann oder irgendwo offenbart wurde und damit der Fachwelt zugänglich ist oder zumindest zugänglich werden kann, die Technik nicht mehr bereichert, und ihr Anmelder deshalb keine Belohnung durch ein Ausschließlichkeitsrecht mit den sich daraus ergebenden Gewinnchancen verdient.[103]

---

[97] BT-Drucks., Bd. 207, 7/3712, 27 zu Nr. 1 Abs. 1.

[98] Die Ausführungsordnung zum EPÜ ist abgedruckt in BT-Drucks., Bd. 207, 7/3712, 291 ff..

[99] Amtsbl. EPA 1985, 173, 175 Nr. 12 a = C-IV, 2.1.

[100] *von Hellfeld*, GRUR 1985, 1025, 1025, 1030.

[101] Diese Formulierung stimmt mit Art. 54 Abs. 1 EPÜ überein.

[102] *Bruchhausen* in: *Benkard*, § 3 Rdn. 5.

[103] Begr. zum IntPatÜG, BT-Drucks. Bd. 207, 7/3712, 28; *Hubmann*, Gewerblicher Rechtsschutz, 91 f..

§ 3 Abs. 4 PatG gewährt dem Anmelder eine sechsmonatige Schonfrist. Eine innerhalb von 6 Monaten vor der Anmeldung erfolgte Offenbarung der Erfindung bleibt außer Betracht, wenn sie unmittelbar oder mittelbar zurückgeht entweder auf einen offensichtlichen Mißbrauch zum Nachteil des Anmelders oder seines Rechtsvorgängers, z.B. wenn jemand die Kenntnis der Erfindung vom Erfinder erlangt und gegen dessen Willen offenbart,[104] oder auf die Tatsache, daß der Anmelder oder sein Rechtsvorgänger die Erfindung auf einer internationalen Ausstellung zur Schau gestellt hat.

cc) Erfinderische Tätigkeit

Der Begriff der „erfinderischen Tätigkeit" wurde erstmalig durch das IntPatÜG in das deutsche Patentgesetz eingefügt. Das Erfordernis der „erfinderischen Tätigkeit" ist nun in § 1 PatG gesetzlich verankert. § 4 PatG enthält die dazugehörige Definition. Diese lautet wie folgt:

> Eine Erfindung gilt als auf einer erfinderischen Tätigkeit beruhend, wenn sie sich für den Fachmann nicht in nahe liegender Weise aus dem Stand der Technik ergibt.

Die Aufnahme des Begriffs der „erfinderischen Tätigkeit" in § 1 PatG geht auf Art. 52 EPÜ zurück. Die Definition in § 4 PatG entspricht der in Art. 56 EPÜ gegebenen, diese wiederum geht auf die in Art. 5 des Straßburger Patentübereinkommens enthaltene Definition zurück. In der Denkschrift zum Straßburger Patentübereinkommen wird ausgeführt, daß diese Definition sicherstellen soll, daß der Allgemeinheit durch den Patentschutz nicht die Möglichkeit zu einer nicht erfinderischen Weiterentwicklung des vorbekannten Standes der Technik im Rahmen durchschnittlichen fachlichen Könnens genommen wird, und daß die Belohnung in Form eines Ausschließlichkeitsrechts nur für die Offenbarung solcher technischer Lehren gewährt wird, die auf einer über das durchschnittliche Fachkönnen hinausgehenden Leistung beruhen.[105]

Die Aufnahme des Erfordernisses der „erfinderischen Tätigkeit" in das deutsche Patentgesetz bringt keine Änderung des deutschen Patentrechts. In der Begründung zum IntPatÜG wird ausdrücklich darauf hingewiesen, daß dieses Erfordernis der bereits seit langem in ständiger höchstrichterlicher Rechtsprechung zum früheren § 1 PatG aus dem Begriff der Erfindung hergeleiteten Patentierbarkeitsvoraussetzung der „Erfindungshöhe" entspricht.[106] Auch in der Denkschrift zum Straßburger Patentübereinkommen wird ausgeführt, daß die Definition der „erfinderischen Tätigkeit" im wesentlichen dem in der bisherigen deutschen Rechtspraxis verwendeten Begriff der „Erfindungshöhe" entspricht.[107] Das alte Erfordernis der „Erfindungshöhe", das bisher aus dem

---

[104] *Hubmann*, Gewerblicher Rechtsschutz, 94.

[105] BT-Drucks., Bd. 207, 7/3712, 381 zu Art. 5.

[106] BT-Drucks., Bd. 207, 7/3712, 27 zu § 1.

[107] BT-Drucks., Bd. 207, 7/3712, 381 zu Art. 5.

Begriff der Erfindung hergeleitet wurde, ist nunmehr also als eigenständige Patentierbarkeitsvoraussetzung „erfinderische Tätigkeit“ dem Gesetz unmittelbar zu entnehmen.

Der Begriff der „Erfindungshöhe“ geht auf *Wirth*[108] zurück, der ihn 1906 vorgeschlagen hat.[109] Das Reichsgericht verlangte ab 1914, daß zu Neuheit und Fortschritt hinzukommen müsse, daß „dem Schritte vom Bekannten zum Geschützten die Erfindungshöhe innewohnt“.[110] Diese Rechtsprechung wurde vom BGH fortgeführt.[111]

Nach dieser Rechtsprechung ist die für die Patentfähigkeit erforderliche Erfindungshöhe nur dann gegeben, wenn eine bestimmte Leistung das Können eines Durchschnittfachmanns übersteigt.[112]

Das Erfordernis einer das Können eines Durchschnittfachmanns übersteigenden Leistung trägt dem Interessenwiderstreit der Erfinder einerseits und der Konkurrenten und Verbraucher andererseits Rechnung. Es bringt den Gedanken zum Ausdruck, daß eine Einschränkung der Handlungs-, Gewerbe- und Wettbewerbsfreiheit der Allgemeinheit, die durch die Gewährung des monopolartig ausgestalteten Patents erfolgt, nur dann gerechtfertigt ist, wenn der Erfinder eine angemessene Gegenleistung erbringt.[113]

dd) Gewerbliche Anwendbarkeit

Nach § 1 PatG sind nur solche Erfindungen patentierbar, die gewerblich anwendbar sind. Eine tatsächliche Anwendung im Gewerbe wird nicht verlangt. Eine gewerbliche Anwendbarkeit ist ausreichend.

§ 5 PatG erläutert den Begriff der gewerblichen Anwendbarkeit. Gemäß § 5 Abs. 1 PatG gelten alle Erfindungen als gewerblich anwendbar, deren Gegenstand auf irgendeinem gewerblichen Gebiet unter Einschluß der Landwirtschaft hergestellt oder benutzt werden kann.

Der Wortlaut des § 5 Abs. 1 PatG geht auf Art. 3 des Straßburger Patentübereinkommens zurück und entspricht Art. 57 EPÜ. Inhaltlich stimmt der Begriff der „gewerblichen Anwendbarkeit“ mit dem in der Fassung des in § 1 Abs. 1 des PatG von 1968 enthaltenem Merkmal der „gewerblichen Verwertbarkeit“ überein.[114]

---

[108] *Wirth*, GRUR 1906, 57, 57ff..

[109] *Beier*, GRUR 1985, 606, 615; *Dörries*, GRUR 1985, 627, 628.

[110] Siehe RG Urt. v. 3.3.1923 in MuW 1923, 197, 197 unter Hinweis auf RG Urt. v. 21.3.1914 (I 43/1913/27), (unveröffentlicht).

[111] Siehe z.B. BGH Urt. v. 23.6.1959-I ZR 177/57 = GRUR 1959, 532-Elektromagnetische Rühreinrichtung.

[112] BGH (Fn. 111), 536.

[113] *Dörries*, GRUR 1985, 627, 628.

[114] Begr. zum IntPatÜG, BT-Drucks., Bd. 207, 7/3712, 30.

Der Zweck von § 5 Abs. 1 zusammen mit § 1 Abs. 1 PatG besteht darin, einen Ansporn zum Gewerbefleiß zu geben und dadurch das Gewerbewesen zu fördern.[115]

ee) Offenbarung

Gemäß § 35 Abs. 2 PatG muß die Erfindung in der Anmeldung so deutlich und vollständig „offenbart" werden, daß ein Fachmann sie ausführen kann. Diese Formulierung könnte den Eindruck erwecken, daß die Offenbarung einer Erfindung lediglich ein verfahrensrechtliches Erfordernis der Anmeldung ist. Die Offenbarung einer Erfindung ist jedoch zugleich ein Element des materiellen Rechts und daher systematisch zutreffend auch im Straßburger Patentübereinkommen (Art. 8 Abs. 1, 2) behandelt.[116] Nur das, was in der Anmeldung offenbart ist, kann Patentschutz erlangen.

Die Offenbarung erfüllt mehrere Funktionen. Erstens ermöglicht sie, daß andere nach Ablauf der Schutzfrist oder, falls der Patentinhaber zustimmt, während der Schutzdauer die Erfindung verwerten. Andere können auf Grund der Offenbarung die Erfindung entweder imitieren oder an ihr weiterarbeiten. Außerdem weist sie den an der Verwertung interessierten Dritten den Weg zum Patentinhaber. Ferner vermittelt sie der Allgemeinheit einen Überblick über den neuesten Stand der Technik.[117]

5. *Rechte an Werken von Arbeitnehmern*

Nach den allgemeinen Grundsätzen des Arbeitsrechts steht das Arbeitsergebnis eines Arbeitnehmers grundsätzlich dem Arbeitgeber zu.[118] Die arbeitsrechtlichen Grundsätze sind jedoch bezüglich patentfähiger Erfindungen durch das Arbeitnehmererfindungsgesetz (ArbErfG) abgeändert worden. Das Arbeitnehmererfindungsgesetz geht von dem Erfinderprinzip aus, d.h. die Erfindung steht grundsätzlich dem Arbeitnehmer zu, falls er der Erfinder ist.[119]

Durch das Arbeitnehmererfindungsgesetz sollte ein Spannungsfeld auf sozialem Gebiet beseitigt werden, indem zwischen Arbeitgeber und Arbeitnehmererfinder ein wirtschaftlicher Ausgleich für beide Interessenseiten angestrebt wurde.[120]

---

[115] *Bruchhausen* in: *Benkard*, § 5 Rdn. 2; *Hanneman*, 197; *Hubmann*, Gewerblicher Rechtsschutz, 95.

[116] *Bruchhausen* in: *Benkard*, Einl. III Rdn. 28.

[117] *Beier*, GRUR 1972, 214, 225.

[118] *Kindermann*, GRUR 1985, 1008, 1010; *Kolle*, GRUR 1985, 1016, 1018; *Kunze*, RdA 1975, 42, 44; *Schaub*, 683.

[119] *Reimer/Schade/Schippel*, Einl. II, 85; *Volmer/Gaul*, § 5 Rdn. 1.

[120] Begr. zum ArbErfG, BT-Drucks., Bd. 36, II/1648, 12; Schriftlicher Bericht zum ArbErfG, BT-Drucks., Bd. 50, II/3327, 1 f.; *Volmer/Gaul*, Einl. Rdn. 2.

Das Arbeitnehmererfindungsgesetz unterscheidet zwischen sog. gebundenen Erfindungen und sog. freien Erfindungen (vgl. § 4 ArbErfG). Unter „gebundenen Erfindungen" versteht das Gesetz während der Dauer des Arbeitsverhältnisses gemachte Erfindungen, die entweder (1) aus der dem Arbeitnehmer im Betrieb oder in der öffentlichen Verwaltung obliegenden Tätigkeit entstanden sind oder (2) maßgeblich auf Erfahrungen oder Arbeiten des Betriebs oder der öffentlichen Verwaltung beruhen (§ 4 Abs. 2 ArbErfG). „Freie Erfindungen" sind alle sonstigen während der Dauer des Arbeitsverhältnisses gemachten Erfindungen, die die unter (1) und (2) genannten Qualifikationsmerkmale nicht erfüllen (§ 4 Abs. 3 ArbErfG).[121]

Gebundene Erfindungen sind mit einem dinglich wirkenden Optionsrecht des Arbeitgebers belastet.[122] Der Arbeitgeber kann solche Erfindungen nach § 6 ArbErfG durch einseitige schriftliche Erklärung unbeschränkt oder beschränkt in Anspruch nehmen. Mit einer unbeschränkten Inanspruchnahmeerklärung gehen alle Rechte an der Erfindung auf den Arbeitgeber über, ohne daß es irgendeiner vertraglichen Regelung oder Zustimmung des Arbeitnehmers bedürfte (§ 7 Abs. 1 ArbErfG). Hierin zeigt sich der Charakter der gebundenen Erfindung. Sie ist nach Entstehung an den Betrieb gebunden.[123] Die Bezeichnung des Optionsrechts des Arbeitgebers als „dingliche Belastung" wird benutzt, um auszudrücken, daß das Aneignungsrecht auch Dritten gegenüber wirksam ist.[124] Gibt der Arbeitgeber nur eine beschränkte Inanspruchnahmeerklärung ab, so erwirbt er lediglich ein nicht ausschließliches Benutzungsrecht an der Erfindung, während die Erfindung selbst frei bleibt (§§ 7 Abs. 2, 8 Abs. 1 Nr. 2 ArbErfG).

Sowohl bei unbeschränkter als auch bei beschränkter Inanspruchnahme hat der Arbeitnehmer gegen den Arbeitgeber einen Anspruch auf angemessene Vergütung (§§ 9, 10 ArbErfG). Dieser Anspruch besteht neben dem Arbeitslohnanspruch. Für die Bemessung der Vergütung sind insbesondere die wirtschaftliche Verwertbarkeit der Diensterfindung, die Aufgaben und die Stellung des Arbeitnehmers im Betrieb sowie der Anteil des Betriebs am Zustandekommen der Erfindung maßgebend (§§ 9 Abs. 2, 10 Abs. 1 ArbErfG).

6. Patentschutz für Algorithmen[125]

Algorithmen können nur dann vom Patentschutz erfaßt werden, wenn es sich bei ihnen um „technische" Erfindungen handelt.[126] „Technisch" sind nach

---

121 *Volmer/Gaul*, § 4 Rdn. 131-135.

122 *Reimer/Schade/Schippel*, Einl. II, 85; *Volmer/Gaul*, § 5 Rdn. 1, § 6 Rdn. 10.

123 *Reimer/Schade/Schippel*, Einl. II, 85.

124 *Reimer/Schade/Schippel*, § 6 Rdn. 3.

125 Siehe Ausführungen unter C. II. 2..

126 Siehe Ausführungen unter D. I. 4. b) aa).

ständiger Rechtsprechung, wie bereits oben[127] ausgeführt wurde, alle diejenigen Erfindungen, die unter dem Einsatz beherrschbarer Naturkräfte entstehen.

Algorithmen entstehen aufgrund rein geistiger Tätigkeiten. Die menschliche Verstandes- bzw. Geistestätigkeit gehört jedoch nach ständiger Rechtsprechung gerade nicht zu den beherrschbaren Naturkräften.[128] Bei der Erstellung von Algorithmen fehlt es deshalb an einem Einsatz beherrschbarer Naturkräfte. Das Gebiet der Technik wird somit bei der Erstellung eines Algorithmus nicht beschritten. Ein Algorithmus ist völlig untechnisch.[129] Ein Patentschutz scheidet daher schon aus diesem Grund aus.

Seit der Neufassung des Patentgesetzes Ende 1980 aufgrund des IntPatÜG vom 21.6.1976 ergibt sich nunmehr auch aus der in § 1 Abs. 2 Nr. 1 PatG enthaltenen Regelung, die Art. 52 Abs. 2 a) EPÜ entspricht, daß Algorithmen vom Patentschutz ausgeschlossen sind.[130] Diese Vorschrift bestimmt nämlich, daß „wissenschaftliche Theorien" und „mathematische Methoden" nicht als Erfindungen i.S.v. Absatz 1 angesehen werden.[131] Algorithmen sind wissenschaftliche Theorien bzw. mathematische Methoden.[132] Sie werden daher von dieser Vorschrift erfaßt[133], d.h. sie sind nicht Erfindungen i.S.d. Patentgesetzes. Damit scheidet ein Patentschutz eindeutig aus.

Der Ausschluß des Patentschutzes ergab sich zwar auch schon vor der gesetzlichen Neuformulierung daraus, daß wissenschaftliche Theorien und mathematische Methoden nicht die von der Rechtsprechung aufgestellte Definition der Technik erfüllen. Mit der ausdrücklichen Aufnahme wissenschaftlicher Theorien und mathematischer Methoden in den Negativkatalog des § 1 Abs. 2 PatG bestätigte der Gesetzgeber die bisherige Rechtsprechung. Außerdem trug er damit auch zur Rechtsvereinheitlichung bei, da § 1 Abs. 2 Nr. 1 PatG der Formulierung in Art. 52 Abs. 2a) EPÜ entspricht.

7. Patentschutz für Computerprogramme

Voraussetzung für einen Patentschutz für Computerprogramme ist, daß sie „technische" Erfindungen sind[134]. Die erfinderische Neuheit müßte sich auf dem Gebiet der Technik niederschlagen. Nach der ständigen Rechtsprechung setzt der Begriff der „technischen" Erfindung ein Handeln unter dem Einsatz

---

[127] Siehe Ausführungen bei Fn. 82 unter D. I..

[128] Siehe Ausführungen bei Fn. 89 unter D. I..

[129] *Beier*, GRUR 1972, 214, 219; *Kindermann*, GRUR 1979, 501, 506; *Kolle*, GRUR 1982, 443, 446; *Röttinger*, IUR 1986, 293, 299.

[130] *Borking*, 440.

[131] Siehe Ausführungen unter D. I. 4. b) aa).

[132] *Kindermann*, GRUR 1979, 501, 509. Siehe ferner Ausführungen bei Fn. 51 - 53 unter C..

[133] *Kindermann*, GRUR 1979, 501, 509.

[134] Siehe Ausführungen unter D. I. 4. b) aa).

beherrschbarer Naturkräfte, welches zur unmittelbaren Erreichung eines kausal übersehbaren Erfolges führt, voraus.[135] Zu den beherrschbaren Naturkräften gehört nach der Rechtsprechung nicht die geistige Tätigkeit.[136] Die Erstellung von Computerprogrammen erschöpft sich jedoch, genauso wie die Erstellung von Algorithmen, i.d.R. in einer geistigen Tätigkeit.[137] Daher können auch Computerprogramme als solche nicht als technische Erfindungen und damit nicht als patentfähig angesehen werden.[138]

Man könnte jedoch daran denken, die Patentfähigkeit von Computerprogrammen dann zu bejahen, wenn die Ergebnisse, die mit ihrer Hilfe erzielt werden, auf technischem Gebiet liegen.[139] Dagegen spricht jedoch, daß die durch die Anwendung von Computerprogrammen erzielten Ergebnisse nicht mehr zu dem Gegenstand der Erfindung gehören. Das Merkmal der Unmittelbarkeit[140] ist in diesem Fall nicht gegeben. Es handelt sich um einen bloß „nachtechnischen Effekt", der nicht zum Patentschutz der Computerprogramme als solchen führen kann.[141]

Man könnte nun aber versuchen, den Patentschutz für Computerprogramme damit zu begründen, daß sie, und zwar insbesondere die Betriebsprogramme[142], die Schaltungsvorgänge im Computer steuern.[143] Aber auch diese Begründung ist nicht überzeugend. Der Computer wird dabei nämlich i.d.R. nur bestimmungsgemäß benutzt. Durch die Programmierung wird nicht verändernd auf die Eigenschaften oder die Arbeitsweise des Computers eingewirkt. Das Neue und Erfinderische liegt daher nicht im Technischen. Die einzige Beziehung eines Computerprogramms zum Bereich des Technischen besteht i.d.R. in der Benutzbarkeit eines bekannten Computers für dessen bestimmungsgemäßen Gebrauch. Dafür kommt ein Patentschutz jedoch nicht in Betracht.[144]

---

[135] Siehe Ausführungen bei Fn. 82 unter D. I..

[136] Siehe Ausführungen bei Fn. 89 unter D. I..

[137] *Braun*, BB 1971, 1343, 1345; *Hanneman*, 168f.; *Kolle*, GRUR 1974, 7, 17; *Möhring*, GRUR 1967, 269, 272.

[138] BGHZ 67, 22, 27 = GRUR 1977, 96, 98-Dispositionsprogramm; *Beier*, GRUR 1972, 214, 219; Deutsche Vereinigung für gewerblichen Rechtsschutz und Urheberrecht, GRUR 1979, 300, 301; *Gall*, Mitt. d. dt. PAW 1985, 182, 185; *Hanneman*, 169, 200; *Kolle*, GRUR 1977, 58, 69; *Kolle*, GRUR 1982, 443, 446; *Möhring*, GRUR 1967, 269, 272f.; *Moser*, GRUR 1967, 639, 641; *Öhlschlegel*, GRUR 1968, 679, 680; *Pakuscher*, UFITA 80 (1977), 35, 37; *Skaupy*, Mitt. d. dt. PAW 1967, 121, 127; *Weyer*, ÖVD 1982, 72, 72; *Windisch*, GRUR 1980, 587, 589; a.A. *Huber*, GRUR 1969, 642, 642f.; *Zipse*, GRUR 1973, 123, 130ff..

[139] So z.B. *Betten*, Mitt. d. dt. PAW 1986, 10, 11; *Skaupy*, Mitt. d. dt. PAW 1967, 121, 128f..

[140] Siehe Ausführungen bei Fn. 82, 92 unter D. I..

[141] *Kolle*, GRUR 1982, 443, 446.

[142] Siehe Ausführungen bei Fn. 46 unter C..

[143] So z.B. *Zipse*, GRUR 1973, 123, 130.

[144] BGHZ 67, 22, 31 = GRUR 1977, 96, 99-Dispositionsprogramm; Deutsche Vereinigung für gewerblichen Rechtsschutz und Urheberrecht, GRUR 1979, 300, 301; *Kolle*,

Eine Regel, die als solche eine fertige gedanklich logische Anweisung darstellt, wird nicht dadurch technisch, daß zu ihrer Ausführung technische Mittel benutzt werden. Dies ist ein in Rechtsprechung[145] und Lehre[146] seit langem anerkannter Grundsatz. Ein Computerprogramm wird daher auch nicht dadurch technisch und damit patentfähig, daß zu seiner Ausführung ein Computer, der als Maschine zum Gebiet der Technik gehört, benutzt wird. Der BGH hat entschieden, daß Patentschutz nur dann erhältlich ist, wenn das Programm nicht schon eine für sich fertige Problemlösung ist, sondern auch einen „neuen Aufbau eines Computers erfordert und lehrt"[147] bzw. „wenn dem Programm eine Anweisung zu entnehmen ist, den Computer auf eine neue, bisher nicht übliche und auch nicht naheliegende Art und Weise zu benutzen"[148]. Nur in diesen Fällen liegt das Neue und Erfinderische auch im Technischen.

Die Formulierung des BGH in den soeben angeführten Zitaten ist jedoch mißverständlich. Sie erweckt den Eindruck, daß in diesen Fällen das Computerprogramm selbst vom Patentschutz erfaßt ist. Dies kann jedoch nicht sein. Das Computerprogramm selbst bleibt als untechnischer Gegenstand außerhalb des Schutzes. Der Patentschutz beschränkt sich, auch in den oben genannten Fällen, auf den neuen technischen Gegenstand bzw. auf das neue technische Verfahren.[149] Dies hat der BGH dann auch in einer anderen Entscheidung[150] klargestellt. In dieser Entscheidung heißt es, daß die Angabe einer mathematischen Formel zur Kennzeichnung des Gegenstandes einer Erfindung dessen Patentierbarkeit (zwar) nicht entgegenstehe, daß sich in solchen Fällen der patentrechtliche Schutz jedoch ausschließlich auf den durch die mathematische Formel umschriebenen Gegenstand beziehe.[151]

Seit der Neufassung des Patentgesetzes Ende 1980 aufgrund des IntPatÜG vom 21.6.1976 ist nun auch in § 1 Abs. 2 Nr. 3 PatG gesetzlich bestimmt, daß Programme für Datenverarbeitungsanlagen nicht Erfindungen i.S.d. § 1 Abs. 1 PatG sind. Die jetzige Fassung von § 1 Abs. 2 Nr. 3 PatG entspricht Art. 52 Abs. 2 c) EPÜ. In der Begründung zum IntPatÜG wird ausgeführt, daß Absatz 2 solche Gegenstände und Tätigkeiten ausschließt, die bereits nach

---

GRUR 1977, 58, 69; *Kolle*, GRUR 1982, 443, 446; *Möhring*, GRUR 1967, 269, 272f.; *Moser*, GRUR 1967, 639, 641; *Pakuscher*, UFITA 80 (1977), 35, 37; *Skaupy*, Mitt. d. dt. PAW 1967, 121, 128; *Weyer*, ÖVD 1982, 72, 72.

[145] BGHZ 67, 22, 27 = GRUR 1977, 96, 98 - Dispositionsprogramm; BGH Urt. v. 11.3.1986 - X ZR 65/85 = GRUR 1986, 531, 533 - Flugkostenminimierung.

[146] *Beier*, GRUR 1972, 214, 219; *Gaul/Bartenbach*, B-10; *Kindermann*, GRUR 1969, 509, 510, 511; *Kolle*, GRUR 1974, 7, 16; *Kolle*, GRUR 1982, 443, 446.

[147] BGHZ 67, 22, 29 = GRUR 1977, 96, 98 - Dispositionsprogramm; BGH Beschl. v. 14.2.1978 - X ZB 3/76 = GRUR 1978, 420, 422 - Fehlerortung.

[148] BGHZ 67, 22, 29 = GRUR 1977, 96, 98 - Dispositionsprogramm.

[149] *Kindermann*, GRUR 1969, 509, 512, 517; *Kindermann*, GRUR 1979, 443, 446, 449; *Kindermann*, GRUR 1979, 501, 506; *Moser*, GRUR 1967, 639, 641.

[150] BGH Beschl. v. 21.4.1977 - X ZB 24/74 = GRUR 1977, 657 - Straken.

[151] BGH (Fn. 150), 658.

geltendem deutschen Recht allgemein nicht als Erfindungen angesehen wurden oder doch jedenfalls von der höchstrichterlichen Rechtsprechung bisher nicht als Erfindungen anerkannt wurden. Als Beispiel dafür werden in der Begründung ausdrücklich Computerprogramme genannt.[152] Dadurch wird klar gestellt, daß Computerprogramme weder vor noch nach Inkrafttreten des IntPatÜG vom Patentschutz erfaßt wurden bzw. werden.

Gemäß § 1 Abs. 3 PatG beschränkt sich die Ausschlußwirkung des Absatz 2 allerdings auf Programme „als solche". Die Möglichkeit, Patentschutz in den beiden oben genannten Fällen[153] zu erlangen, bleibt demnach auch nach der Neuregelung des Patentgesetzes bestehen. Patentschutz ist also möglich, wenn aus einem Computerprogramm eine neue erfinderische Brauchbarkeit eines in seinen Elementen und in seinem Aufbau bekannten Computers bzw. ein neuer erfinderischer Aufbau eines Computers hervorgeht.[154] Dies wird auch durch die seit März 1985 geltende Fassung der vom Europäischen Patentamt herausgegebenen „Richtlinien für die Prüfung im Europäischen Patentamt" bestätigt. Dort wird ausgeführt, daß in dem Fall, in dem ein Computerprogramm in Verbindung mit einer Datenverarbeitungsanlage bewirkt, daß die Anlage in technischer Sicht andersartig arbeitet, die Verbindung patentfähig sein kann.[155]

Im großen und ganzen sind jedoch die Möglichkeiten, Patentschutz für eine computerprogrammbezogene Erfindung zu erlangen, sehr gering. Patentschutz kann allenfalls für solche Erfindungen erlangt werden, die sich auf die internen Arbeitsweisen des Computers auswirken, beispielsweise dann, wenn ein Computerprogramm bewirkt, daß der Computer in einer neuen Art und Weise benutzt werden kann.[156] Dieser Fall wird jedoch selten vorkommen.

8. *Patentschutz für Computerchips*

Computerchips sind im Gegensatz zu Computerprogrammen nicht in dem Negativkatalog des § 1 Abs. 2 PatG erwähnt, in dem aufgezählt wird, was nicht als Erfindung angesehen wird.

Aus der Nichterwähnung kann allerdings nicht ohne weiteres der Umkehrschluß gezogen werden, daß Computerchips deshalb automatisch vom Patentschutz erfaßt werden. Der Negativkatalog in Absatz 2 des § 1 PatG hat nicht die Bedeutung, daß alle nicht in ihm genannten Gegenstände und Tätigkeiten per se patentfähig sind. Der Negativkatalog des § 1 Abs. 2 PatG ist nicht abschließend. Er zählt nur beispielhaft einige Gegenstände und Tätigkeiten auf, die als nicht

---

152 BT-Drucks., Bd. 207, 7/3712, 27 zu Nr. 1 Abs. 2 und 3.

153 Siehe Ausführungen bei Fn. 147, 148 unter D. I..

154 *Borking*, 168; *Häußer*, Mitt. d. dt. PAW 1983, 123, 127; *Kolle*, GRUR 1982, 443, 448; *Röttinger*, IUR 1986, 293, 298.

155 Amtsbl. EPA 1985, 173, 175 Nr. 12 c) = C-IV, 2.3; *von Hellfeld*, GRUR 1985, 1025, 1030.

156 *Hanneman*, 203.

patentfähig angesehen werden. Dies ergibt sich vor allen Dingen aus dem Wort „insbesondere“ in dem Einleitungssatz des Absatzes 2[157] und auch aus den Gesetzesmaterialien[158].

Außerdem ist zu beachten, daß die Fassung des § 1 Abs. 2 PatG auf die Formulierung in Art. 52 Abs. 2 EPÜ zurückgeht, und daß das EPÜ bereits 1973 geschlossen wurde. Die Entwicklung von Computerchips begann zwar schon 1962[159], gesteigerte Bedeutung hat die Entwicklung von Chips und insbesondere die Piraterie von Chips jedoch erst in den letzten Jahren erlangt. Bei der Abfassung des EPÜ im Jahre 1973 war die Frage des Patentschutzes für Computerchips daher noch nicht akut. Dies kann ein Grund dafür sein, warum Computerchips nicht in dem Negativkatalog des Art. 52 Abs. 2 EPÜ und dementsprechend auch nicht in dem des § 1 Abs. 2 PatG erwähnt sind.

Man muß daher die Patentfähigkeit von Computerchips anhand der üblichen Patentrechtskriterien beurteilen. Erforderlich ist also, daß es sich um eine technische Erfindung handelt, die neu ist und auf einer erfinderischen Tätigkeit beruht (§ 1 Abs. 1 PatG).

Das Merkmal der „technischen“ Erfindung wirft bei Computerchips weniger Probleme auf als bei Computerprogrammen. Die Entwicklung von Computerchips bezieht sich nämlich auf die Bereiche der Physik und Chemie, d.h. es kommt zu einem unmittelbaren Einsatz beherrschbarer Naturkräfte[160]. Daher liegen die von der Rechtsprechung an den Begriff der Technik gestellten Voraussetzungen vor.[161]

Problematisch ist allerdings, ob es sich bei einer Erfindung von Computerchips auch um eine Erfindung handelt, die „neu“ ist und auf einer „erfinderischen Tätigkeit“ beruht. Eine Erfindung gilt nur dann als „neu“, wenn sie nicht bereits zum Stand der Technik gehört, d.h. wenn sie nicht bereits vor Anmeldung irgend jemandem bekannt war (§ 3 PatG).[162] Sie gilt als auf einer „erfinderischen Tätigkeit beruhend“, wenn sie sich für den Durchschnittsfachmann nicht in naheliegender Weise aus dem Stand der Technik ergibt (§ 4 PatG).[163]

Diese Voraussetzungen werden bei Chips oft nicht erfüllt sein. Ihre Entwicklung und Herstellung ist zwar mit einem hohen Kapitalaufwand verbunden. Dieser Aufwand ist jedoch i.d.R. nicht dadurch verursacht, daß etwas völlig „Neues“ erfunden wird oder dadurch, daß eine das Können eines Durchschnitt-

---

[157] Der Einleitungssatz lautet wie folgt: „Als Erfindungen im Sinne des Absatzes 1 werden insbesondere nicht angesehen ... “.

[158] Siehe Begr. zum IntPatÜG, BT-Drucks., Bd. 207, 7/3712, 27 zu Abs. 2 und 3.

[159] Siemens, ABC der Mikroelektronik, 14.

[160] Siehe Ausführungen bei Fn. 94 unter D. I..

[161] Siehe Ausführungen unter D. I. 4. b) aa).

[162] Siehe Ausführungen unter D. I. 4. b) bb).

[163] Siehe Ausführungen unter D. I. 4. b) cc).

fachmanns übersteigende Leistung vorliegt, sondern lediglich dadurch, daß es schwierig und zeitaufwendig ist, die vielen Schaltungen auf so kleinem Raum unterzubringen. Computerchips werden daher i.d.R. nicht die vom Patentgesetz an die Neuheit und erfinderische Tätigkeit gestellten Anforderungen erfüllen. Ein Patentschutz scheidet daher meistens aus.[164]

9. *Schlußfolgerung*

Seit der Neufassung des Patentgesetzes Ende 1980 aufgrund des IntPatÜG vom 21.6.1976 ist nun ausdrücklich in § 1 Abs. 2 PatG geregelt, daß wissenschaftliche Theorien und mathematische Methoden (Nr. 1), d.h. auch Algorithmen, sowie Programme für Datenverarbeitungsanlagen (Nr. 3), d.h. Computerprogramme, als solche nicht als Erfindungen i.S.d. Patentgesetzes angesehen werden. Dadurch scheidet ein Patentschutz für sie nun definitiv aus.

Aber bereits vor der Neufassung des Patentgesetzes stand fest, daß weder Algorithmen noch Computerprogramme vom Patentschutz erfaßt wurden. Dies wurde damit begründet, daß sie nicht technisch seien.

Patentschutz ist lediglich für neue technische Gegenstände bzw. Verfahren möglich, die aus Computerprogrammen hervorgehen. Patentschutz kommt demnach z.B. dann in Betracht, wenn ein Computerprogramme bewirkt, daß ein Computer in einer neuen Art und Weise benutzt werden kann. Diese Situation wird jedoch in den wenigsten Fällen gegeben sein. Im großen und ganzen sind daher die Möglichkeiten, Patentschutz für computerprogrammbezogene Erfindungen zu erlangen, sehr gering.

Computerchips sind im Gegensatz zu Computerprogrammen, wissenschaftlichen Theorien und mathematischen Methoden nicht in dem Negativkatalog des § 1 Abs. 2 PatG erwähnt, in dem beispielhaft Gegenstände und Tätigkeiten aufgezählt sind, die nicht als Erfindungen i.S.d. Patentgesetz angesehen werden. Dies bedeutet allerdings nicht, daß sie deshalb automatisch vom Patentschutz erfaßt werden. Um vom Patentschutz erfaßt zu werden, müssen sie vielmehr sowohl das Merkmal der „technischen Erfindung" als auch die Merkmale der „Neuheit" und „erfinderischen Tätigkeit" erfüllen. Das Merkmal der „technischen Erfindung" werden sie i.d.R. erfüllen, da die Erfindung unmittelbar auf dem Einsatz beherrschbarer Naturkräfte beruht. Das Merkmal der „Neuheit" und der „erfinderischen Tätigkeit" werden sie jedoch in den meisten Fällen nicht erfüllen. Aus diesem Grund bietet das Patentrecht auch für sie keinen ausreichenden Schutz.

Das Patentrecht ist daher kein wirksames Rechtssystem zum Schutz von Computerprogrammen und -chips.

---

164 *Kindermann/Körber/Kolle*, GRUR Int. 1986, 329, 331; *Kolle*, GRUR Int. 1985, 29, 32.

Es gibt auch noch andere Gründe, die den Schluß nahelegen, daß das Patentrecht kein ideales Schutzsystem für Computerprogramme und -chips ist, selbst wenn diese für den Patentschutz in Frage kämen.

Ein Nachteil des Patentrechts ist insbesondere, daß die Erlangung und Erhaltung eines Patents mit sehr hohen Verwaltungskosten verbunden sind.

Ferner wird der Wert eines Patentschutzes dadurch gemindert, daß das Patentprüfungs- bzw. Patenterteilungsverfahren lange dauert und die Schutzwirkungen des Patents erst nach Erteilung des Patents eintreten.

II. Urheberrecht

1. Einleitung

Ein Urheberrechtsschutz bestand weder im Altertum noch im Mittelalter. Die Vervielfältigung von Werken in Form von Abschriften, die meistens in Klöstern oder später auch an Universitäten erfolgte, war frei.[1]

Die ersten Ansätze zur Ausbildung eines Urheberrechts wurden um die Wende des Mittelalters zur Neuzeit sichtbar. Das Bedürfnis nach einem Schutz gegen Nachdrucke entstand mit der Erfindung des Buchdrucks, weil dadurch der Nachdruck in großem Umfang ermöglicht wurde. Ein Schutz gegen Nachdruck wurde anfangs durch Erteilung von Privilegien gewährt. Überwiegend wurden Privilegien an Drucker verliehen. Die Drucker erhielten dadurch das Recht zur ausschließlichen Ausübung des Buchdruckergewerbes in einer bestimmten Stadt oder in einem bestimmten Territorium. Die Druckprivilegien dienten der Förderung des Gewerbes und hatten daher patentähnlichen Charakter. Obwohl diese Privilegien hauptsächlich den Druckern und Verlegern einen Lohn sichern sollten, kamen sie mittelbar auch den Autoren insofern zugute, als die Privilegien die Drucker bzw. Verleger in die Lage versetzten, den Autoren ein Honorar zu bezahlen. Neben den Druckprivilegien gab es aber auch noch Autorenprivilegien. Diese wurden den Autoren zur Anerkennung ihrer Leistungen gewährt.[2]

Entscheidend für die Entwicklung eines Urheberrechtsschutzes waren auch die auf der Naturrechtslehre aufbauende Lehre vom geistigen Eigentum einerseits und die Theorie vom Persönlichkeitsrecht andererseits.

Die Lehre vom geistigen Eigentum ging davon aus, daß die Stellung des Urhebers zu seinem Werk dem Eigentum an Sachen vergleichbar sei. Sie faßte das Geisteswerk des Urhebers als selbständiges Rechtsgut auf und betonte den Vorrang des Autors vor dem Verleger. Im Vordergrund stand der Schutz der

---

[1] *Hubmann*, Urheber- und Verlagsrecht, 8f.; *Ulmer*, Urheber- und Verlagsrecht, 50f..

[2] Vgl. zum Privilegienwesen: *Bappert*, 178ff.; *Hubmann*, Urheber- und Verlagsrecht, 10f.; *Ulmer*, Urheber- und Verlagsrecht, 51f.; *Vogel*, GRUR 1973, 303, 304.

Vermögensinteressen der Autoren. Vertreter dieser Lehre waren in Deutschland insbesondere *Böhmer*, *Thurneisen*, *Pütter* und *Ehlers*.[3]

Demgegenüber versuchte die Lehre vom Persönlichkeitsrecht, die u.a. von *Bluntschli* und *Otto von Gierke* vertreten wurde, das Urheberrecht mit der Persönlichkeit des Verfassers zu begründen. Sie vertrat die Auffassung, daß das Recht des Urhebers aus der geistigen Schöpfung fließe, die ihrerseits auf die Persönlichkeit des Autors zurückgehe, und daß dem Urheber mit dem Recht an dem Werk die Herrschaft über einen Bestandteil der eigenen Persönlichkeitssphäre gegen jedermann gesichert werde. Die Vertreter der Persönlichkeitsrechtslehre sprachen sich auch dafür aus, daß das Autorrecht zeitlich begrenzt sei. Sie trafen insofern eine Unterscheidung zu dem Sacheigentum, das keiner zeitlichen Beschränkung unterliegt. Die zeitliche Begrenzung wurde damit begründet, daß die Beziehungen, die ein Geisteswerk zum Persönlichkeitsgut machten, vergänglich seien. Da die Persönlichkeit eines Verfassers jedoch nicht unmittelbar mit seinem Tod erlösche, sondern im Kreise seiner Angehörigen fortbestehe, müsse das Werk noch eine Zeit lang nach Todeseintritt geschützt bleiben. Das Autorrecht solle allerdings nur so lange bestehen, bis die über den Tod fortwirkende geistige Individualität nicht mehr dem engeren Kreis der Angehörigen, sondern nur noch der Allgemeinheit zu gehören scheint. Es wurde eine Schutzdauer von 50 Jahren nach Todeseintritt für angemessen erachtet.[4]

Die Lehre vom Persönlichkeitsrecht bildete einen wichtigen Gegenpol zur Lehre vom geistigen Eigentum. Sie betonte die persönlichen und ideellen Interessen und trug damit wesentlich zur Ausbildung des Urheberpersönlichkeitsrechts, des *droit moral*, bei.

Die nach der Reichsgründung von 1871 erlassenen Urheberrechtsgesetze haben zu diesen Theorien nicht Stellung genommen. Zwar wurde in der *Bismarck*'schen Verfassung (Art. 4 Nr. 6) der Begriff des „geistigen Eigentums" verwandt. Die Urheberrechtsgesetze benutzten jedoch den neutralen Begriff des Urheberrechts. Sie gingen auch nicht auf das Verhältnis von vermögenswerten und persönlichkeitsbezogenen Befugnissen ein.

Im Jahre 1871 wurde das Urheberrechtsgesetz des Norddeutschen Bundes von 1870[5] zum Reichsgesetz erhoben.[6] Dieses wurde durch das Literatururhebergesetz (LUG) von 1901[7] ersetzt, zu dem korrespondierend das Verlagsgesetz[8] hinzutrat.

---

[3] Vgl. zur Lehre vom geistigen Eigentum: *Bappert*, 255ff.; *von Gamm*, UFITA 94 (1982) 73, 74; *Hubmann*, Urheber- und Verlagsrecht, 13ff.; *Ulmer*, Urheber- und Verlagsrecht, 54ff.; *Vogel*, GRUR 1973, 303, 309ff..

[4] Vgl. zur Lehre vom Persönlichkeitsrecht: *Bappert*, 245ff.; *Hubmann*, Urheber- und Verlagsrecht, 18.

[5] Gesetz des Norddeutschen Bundes betr. das Urheberrecht an Schriftwerken, Abbildungen, musikalischen Kompositionen und dramatischen Werken vom 11.6.1870 (BGBl. 1870, 339).

[6] RGBl. 1871, 63.

Der Schutz für die Werke der bildenden Künste und der Photographie wurde 1876 getrennt voneinander[9] und auch getrennt von dem Schutz der Literaturwerke geregelt. Im Jahre 1907 wurden die Regelungsbereiche der bildenden Künste und der Photographie dann in dem Kunsturhebergesetz (KUG)[10] zusammengefaßt. Der Schutz der Literaturwerke blieb allerdings weiterhin getrennt in dem LUG von 1901 geregelt.

Erst das 1965 vom Bundestag und Bundesrat beschlossene Urheberrechtsgesetz (UrhG)[11] vereinigte die vorher getrennten Materien in einem Gesetz. Es paßte außerdem das deutsche Recht dem Stand der internationalen Entwicklung an, der in den verschiedenen Fassungen der Revidierten Berner Übereinkunft (RBÜ)[12] und dem Welturheberrechtsabkommen (WUA)[13] zum Ausdruck kommt.[14]

Weitere wichtige Urheberrechtsreformen fanden in den Jahren 1972[15] und 1985[16] statt.

Ziel des 1965 beschlossenen Urheberrechtsgesetzes war es, ein modernes Urheberrecht zu schaffen, das die neuen Verwertungsmöglichkeiten für die Werke von Urhebern, insbesondere Film, Funk, Fernsehen und die modernen Vervielfältigungsverfahren der Tonbandaufnahme, der Fotokopie und der Mikrokopie, berücksichtigte.[17] Außerdem verfolgte das Urheberrechtsgesetz von 1965 nach der ausdrücklichen Erklärung des Gesetzgebers bei der Abgrenzung des Urheberrechts gegenüber den Interessen der Allgemeinheit das Ziel, die Rechtsposition des Urhebers zu verstärken.[18] Letzteres gilt auch für die Novellen 1972 und 1985.[19] Durch die Urheberrechtsreformen sollte eine materielle Besserstellung des Urhebers[20], d.h. eine wirtschaftliche Beteiligung

---

[7] Gesetz betr. das Urheberrecht an Werken der Literatur und Tonkunst (LUG) vom 19.6.1901 (RGBl. 1901, 227).

[8] Verlagsgesetz vom 19.6.1901 (RGBl. 1901, 217).

[9] Es gab das Gesetz betr. Urheberrechte an Werken der bildenden Künste vom 9.1.1876 (RGBl. 1876, 4) und das Gesetz betr. des Schutzes der Photographien gegen unbefugte Nachbildung vom 10.1.1876 (RGBl. 1876, 8).

[10] Gesetz betr. das Urheberrecht an Werken der bildenden Künste und der Photographie (KUG) vom 9.1.1907 (RGBl. 1907, 7).

[11] Gesetz v. 9.9.1965 über das Urheberrecht und verwandte Schutzrechte, BGBl. 1965 I, 1273.

[12] Siehe Ausführungen bei Fn. 17, 18 unter A..

[13] Siehe Ausführungen bei Fn. 19 unter A..

[14] *Hubmann*, Urheber- und Verlagsrecht, 26.

[15] Siehe Gesetz v. 10.11.1972 zur Änderung des Urheberrechtsgesetzes, BGBl. 1972 I, 2081.

[16] Siehe Gesetz v. 24.6.1985 zur Änderung von Vorschriften auf dem Gebiet des Urheberrechts, BGBl. 1985 I, 1137.

[17] Begr. zum UrhG 1965, BT-Drucks., Bd. 77, IV/270, 27.

[18] Begr. zum UrhG 1965, BT-Drucks., Bd. 77, IV/270, 30.

[19] Bericht des Rechtsausschusses v. 15.3.1972, BT-Drucks., Bd. 160, VI/3264, 1 und Bericht v. 17.5.1985, BT-Drucks., Bd. 318, 10/3360, 17f..

des Urhebers an der Nutzung seiner Werke in weiteren Bereichen erreicht werden[21].

Seit der Urheberrechtsreform von 1965 geht das Urheberrechtsgesetz davon aus, daß das Urheberrecht ein umfassendes und einheitliches Immaterialgüterrecht ist[22], das sowohl das Verwertungsrecht als auch das Persönlichkeitsrecht umfaßt. In der Begründung zum Urheberrechtsgesetz von 1965 ist ausgeführt, daß die Aufgabe des Urheberrechts darin besteht, den Schöpfer eines Werkes der Literatur, Musik oder der bildenden Künste sowohl gegen eine unbefugte wirtschaftliche Auswertung seiner schöpferischen Leistung als auch gegen Verletzungen seiner ideellen Interessen am Werk zu schützen.[23] Ferner ist ausgeführt, daß das Urheberrecht sowohl dem Schutz der Vermögensinteressen des Urhebers als auch dem Schutz der geistigen und persönlichen Beziehungen des Urhebers zu seinem Werk dienen soll.[24] Das Urheberrechtsgesetz trägt diesem Gedanken in § 11 Rechnung, wo es heißt: „Das Urheberrecht schützt den Urheber in seinen geistigen und persönlichen Beziehungen zum Werk und in der Nutzung des Werkes".

Der Urheberrechtsschutz ist auch verfassungsrechtlich abgesichert. Hinsichtlich seiner vermögenswerten Elemente ist das Urheberrecht durch Art. 14 GG geschützt[25], hinsichtlich seiner persönlichkeitsbezogenen (ideellen) Elemente durch Art. 1 Abs. 1 GG (Menschenwürde) und Art. 2 Abs. 1 GG (freie Entfaltung der Persönlichkeit).[26]

Diese verfassungsrechtliche Absicherung garantiert jedoch keinen uneingeschränkten Schutz. Das Bundesverfassungsgericht hat mehrfach entschieden, daß die grundsätzliche Zuordnung der vermögenswerten Seite des Urheberrechts an den Urheber zur freien Verfügung nicht bedeutet, daß damit jede nur denkbare Verwertungsmöglichkeit verfassungsrechtlich gesichert ist. Die Institutsgarantie gewährleistet nämlich nur einen Grundbestand von Normen, der gegeben sein muß, um das Recht als „Privateigentum" bezeichnen zu können.[27] Da es keinen vorgegebenen und absoluten Begriff des Urheberrechts gibt, ist es gemäß Art. 14 Abs. 1 S. 2 GG Aufgabe des Gesetzgebers, den Inhalt dieses Rechts und seine Schranken, insbesondere den Umfang der verwertungsrechtli-

---

20 Bericht des Rechtsausschusses v. 15.3.1972, BT-Drucks., Bd. 160, VI/3264, 1.

21 Begr. zum UrhG 1965, BT-Drucks., Bd. 77, IV/270, 30; Reg.entwurf 1983, BT-Drucks.; Bd. 299, 10/837, 1.

22 *von Gamm*, UFITA 94 (1982), 73, 79.

23 Begr. zum UrhG 1965, Bd. 77, IV/270, 27.

24 Begr. zum UrhG 1965, Bd. 77, IV/270, 28.

25 BVerfGE 31, 229, 239f.; 31, 270, 272; 31, 248, 251; 49, 382, 392; *Bryde* in: *von Münch*, Art. 14 Rdn. 17; *Maunz*, GRUR 1973, 107, 107ff.; *Papier* in: *Maunz/Dürig*, Art. 14 Rdnr. 187; *Schmidt-Bleibtreu/Klein*, Art. 14 Rdn. 3; *Ulmer*, Urheber- und Verlagsrecht, 65.

26 *Hertin* in: *Fromm/Nordemann*, vor § 12 Rdn. 4 a; *Ulmer*, Urheber- und Verlagsrecht, 65.

27 BVerfGE 31, 229, 241.

chen Befugnisse des Urhebers festzulegen.[28] Der Gesetzgeber steht bei der Erfüllung des ihm durch Art. 14 Abs. 1 S. 2 GG erteilten Auftrags, Inhalt und Schranken des geistigen Eigentums zu bestimmen, vor der Aufgabe, nicht nur die Individualbelange des Urhebers zu sichern, sondern auch den individuellen Berechtigungen und Befugnissen die im Interesse des Gemeinwohls erforderlichen Grenzen zu ziehen. Er muß den verfassungsrechtlich garantierten Anspruch auf eine angemessene Nutzung der schöpferischen Leistung und die schutzwürdigen Interessen der Allgemeinheit in einen gerechten Ausgleich und ein ausgewogenes Verhältnis bringen.[29]

Das Bundesverfassungsgericht hat jedoch auch betont, daß eine Einschränkung des Nutzungsrechts des Urhebers nicht durch jede Gemeinwohlerwägung gerechtfertigt werden kann, daß dafür vielmehr ein gesteigertes öffentliches Interesse gegeben sein muß. Dies wird damit begründet, daß das dem Urheber zustehende Nutzungsrecht das Ergebnis einer eigenen persönlichen Leistung und nicht eines lediglich unverdienten Vermögenszuwachses sei.[30]

Vergleicht man den Schutz von Erfindungen mit dem Schutz von Werken, dann kann man feststellen, daß der Schutz von Erfindungen durch das Patentgesetz in größerem Maße eingeschränkt wird als der Schutz von Werken durch das Urheberrechtsgesetz.[31] Ein Grund für die unterschiedliche gesetzliche Ausgestaltung kann die unterschiedliche Sozialgebundenheit sein. Erfindungen sind i.d.R. stärker gemeinwohlrelevant als Werke i.S.d. Urheberrechtsgesetzes. Sie dienen dem technischen Fortschritt und spielen deshalb eine besondere Rolle in unserer von Technik geprägten und vom Fortschritt abhängigen Kultur.[32] Da die Befugnisse des Gesetzgebers zur Inhalts- und Schrankenbestimmung um so weiter sind, je mehr das Eigentumsobjekt sozialgebunden ist[33], ist eine Einschränkung des Schutzes von Erfindungen eher möglich als eine Einschränkung des Schutzes von Werken.

Wie der Urheberrechtsschutz im einzelnen ausgestaltet ist und welchen Einschränkungen er unterliegt, wird im folgenden dargestellt werden.

2. *Schutzumfang*

a) Schutzdauer

Das Urheberrecht entsteht automatisch mit der Schöpfung des Werkes. Es erlischt erst 70 Jahre nach dem Tod des Urhebers (§ 64 Abs. 1 UrhG).

---

[28] BVerfGE 31, 229, 241; 31, 270, 272; 31, 248, 251.

[29] BVerfGE 49, 382, 394.

[30] BVerfGE 49, 382, 400.

[31] *Schulte*, GRUR 1982, 772, 778.

[32] Ebd..

[33] BVerfGE50, 290, 340.

Diese außerordentlich lange Schutzdauer von Lebenszeit plus 70 Jahren besteht seit der Urheberrechtsreform von 1965. Bis 1934 erstreckte sich die Schutzdauer auf 30 Jahre nach dem Tod des Urhebers.[34] 1934 wurde dann die Dauer des Schutzes auf 50 Jahre nach dem Tod des Urhebers verlängert.[35] Aus den Gesetzesmaterialien ergibt sich, daß Anlaß für die nochmalige Verlängerung im Jahre 1965 zum einen die gestiegene durchschnittliche Lebenserwartung war, die zur Folge hatte, daß immer häufiger bei Ablauf der 50 Jahre nach dem Tod des Urhebers noch nahe Angehörige des Urhebers lebten, denen der Gesetzgeber die Einnahmen aus der Werknutzung nicht entziehen wollte. Zum anderen sollte ein Ausgleich für die Streichung der von den Urhebern geforderten und in §§ 73-79 des Regierungsentwurfs vorgesehenen Urhebernachfolgevergütung[36] geschaffen werden.[37]

Fraglich ist, ob dem Urheberrecht neben einer belohnenden Wirkung auch eine Anspornwirkung zur Schaffung neuer Werke zukommt. Diese Frage stellt sich insbesondere im Hinblick auf die Gewährung der außerordentlich langen Schutzdauer.

Die Tatsache, daß der Hauptumsatz (ca. 90%) eines Buches, dem Prototyp eines urheberrechtlich geschützten Werkes, in den ersten 12-15 Jahren nach Veröffentlichung getätigt wird[38], spricht dafür, daß die Mehrheit der Autoren insbesondere durch den in diesen ersten Jahren zu erzielenden Hauptteil des Gewinns angeregt wird zu schreiben und nicht durch die marginalen Gewinne der folgenden Jahre.[39]

Selbst bei erfolgreichen Autoren, deren Werke sogar bis nach ihrem Tod gefragt sind, bestehen Bedenken dagegen, daß die lange Schutzdauer einen Anreiz auf sie hat, ihr schöpferisches Potential vermehrt zur Förderung der Entwicklung der Literatur, Wissenschaft und Kunst einzusetzen. Da der Nutzen des Grenzeinkommens eines Individuums mit steigendem Gesamteinkommen sinkt, wird der Anreiz, durch Mehrarbeit neue Werke zu schaffen, bei einem bestimmten Gesamteinkommen gleich Null, bei einer darüberhinausgehenden Einkommenserhöhung sogar negativ sein.[40] Nach ökonomischen Grundsätzen muß deshalb davon ausgegangen werden, daß die bis nach Lebensende

---

[34] Vgl. § 29 des Gesetzes betr. das Urheberrecht an Werken der Literatur und Tonkunst (LUG) vom 19.6.1901, RGBl. 1901, 227, 233.

[35] Vgl. § 1 des Gesetzes zur Verlängerung der Schutzfristen im Urheberrecht vom 13.12.1934, RGBl. 1934 II, 1395.

[36] Unter der Urhebernachfolgevergütung ist eine Vergütung zu verstehen, die aus einem Urheberfonds für die Verwertung aller urheberrechtlich nicht (mehr) geschützten Werke zu zahlen ist. (BT-Drucks., Bd. 77, IV/270, 33, 81 ff.).

[37] Bericht des Rechtsausschusses, BT-Drucks., Bd. 98, zu IV/3401, 12 zu § 67.

[38] Vgl. die von *G.F. Boals* durchgeführte Studie in: The Economics of Book Publishing, PH.D. Dissertation, Princeton 1970, 120 = teilweise abgedruckt bei *Prosi*, Fn. 149, 169.

[39] *Prosi*, 102.

[40] *Prosi*, 96f..

gesicherten hohen Einkommen eher zu einer Minderung als zu einer Steigerung der Tätigkeit eines erfolgreichen Autors führen. Sie bewirken, daß ein solcher Autor eher von den Früchten seiner bereits erbrachten Leistung lebt, als seine Leistung zu wiederholen. Ein Zwang und damit ein Ansporn, das schöpferische Potential weiterhin einzusetzen und neue schutzfähige Werke zu schaffen, besteht bei erfolgreichen Autoren deshalb nur dann, wenn die Gewinne lediglich kurzfristig gesichert sind.[41]

Diese Überlegungen scheinen bei der Ausgestaltung der Urheberrechtsschutzfrist nicht maßgebend gewesen zu sein.

Die Gewährung des außerordentlich langen Urheberrechtsschutzes führt dazu, daß das Urheberrecht nur bedingt als Mittel der Entwicklungsförderung geeignet ist. Dem Urheberrecht kommt weniger eine Anreizwirkung zur Schaffung neuer Werke als vielmehr eine Belohnungswirkung für bereits geschaffene Werke zu.

b) Rechte des Urheberrechtsinhabers

Die vom Urheberrechtsgesetz gewährten Rechte können in zwei Gruppen eingeteilt werden. Die erste Gruppe besteht aus den sog. Verwertungsrechten, die zweite Gruppe besteht aus den sog. Urheberpersönlichkeitsrechten (*moral rights* bzw. *droit moral*). Während die Verwertungsrechte dem Schutz der Vermögensinteressen des Urhebers dienen sollen, soll das Urheberpersönlichkeitsrecht dem Schutz der geistigen und persönlichen Beziehungen des Urhebers zu seinem Werk, d.h. seinen ideellen Interessen, dienen.[42]

aa) Verwertungsrechte

In § 15 UrhG wird dem Urheber ein allgemeines Verwertungsrecht gewährt. Dieses ist wie das Patentrecht als ausschließliches Recht ausgestaltet, d.h. es wirkt gegenüber jedermann. Es unterscheidet sich jedoch insofern von dem patentrechtlichen Verwertungsrecht, als es keinen Schutz gegen die Verwertung einer unabhängig entstandenen, zufällig aber identischen Doppelschöpfung gewährt.[43] Schaffen zwei Personen unabhängig voneinander zwei identische, urheberrechtsfähige Werke, so werden beide Werke nebeneinander geschützt. Dies folgt daraus, daß das Urheberrecht, im Gegensatz zum Patentrecht[44], keinen Prioritätsgrundsatz kennt. Geschützt wird die im Schöpfungsakt liegende persönliche Leistung. Liegt sie bei beiden Werken vor, so genießen beide den gleichen Schutz.[45] Ihre Schöpfer erhalten die gleichen Rechte.

---

[41] *Prosi*, 97f., 103.

[42] Begr. zum UrhG 1965, BT-Drucks., Bd. 77, IV/270, 28, 43.

[43] *Betten*, Mitt. d. dt. PAW 1986, 10, 12; *Kargl*, DB 1969, 159, 160.

[44] Siehe Ausführungen bei Fn. 47, 67 unter D. I..

[45] *Borking*, 210; *Vinck* in: *Fromm/Nordemann*, § 24 Anh. Rdn. 11.

§ 15 UrhG zählt einige besondere Verwertungsrechte auf, die von dem allgemeinen Verwertungsrecht umfaßt sind. Dabei wird zwischen der Verwertung in körperlicher Form (§ 15 Abs. 1) und in unkörperlicher Form (§ 15 Abs. 2) unterschieden. Das Recht zur Verwertung in körperlicher Form umfaßt das Vervielfältigungs-, das Verbreitungs- und das Ausstellungsrecht. Das Recht zur Verwertung in unkörperlicher Form umfaßt das Vortrags-, Aufführungs- und Vorführungsrecht, das Senderecht, das Recht der Wiedergabe durch Bild- oder Tonträger und das Recht der Wiedergabe von Funksendungen. Diese in § 15 UrhG besonders aufgeführten Verwertungsrechte werden in den §§ 16-24 UrhG noch näher behandelt. Im Zusammenhang mit der Frage des Schutzes für Computerprogramme und -chips sind insbesondere das Vervielfältigungs- und das Verbreitungsrecht von Bedeutung.

Das Vervielfältigungsrecht ist in § 16 Abs. 1 UrhG definiert als das Recht, Vervielfältigsstücke des Werkes herzustellen, gleichviel in welchem Verfahren und in welcher Zahl.

Unter Vervielfältigung versteht man jede erneute körperliche Festlegung des geschützten Werkes, die geeignet ist, das Werk den menschlichen Sinnen auf irgendeine Weise unmittelbar oder mittelbar wahrnehmbar zu machen.[46]

Die Vervielfältigung kann durch ein mechanisches Verfahren, wie z.B. Druck oder Fotokopie, oder eigenhändig erfolgen.[47] Entscheidend ist, daß ein mit dem Original identisches Werkstück hergestellt wird.[48]

Das Vervielfältigungsrecht des Urhebers ist durch § 53 UrhG eingeschränkt. Danach ist u.a. erlaubt, ohne Einverständnis des Urhebers oder desjenigen, der das Vervielfältigungsrecht innehat, einzelne Vervielfältigungsstücke zum privaten Gebrauch oder zum eigenen wissenschaftlichen Gebrauch herzustellen bzw. herstellen zu lassen. Dadurch wird den Interessen der Allgemeinheit in gewissem Umfang Rechnung getragen.

§ 53 Abs. 4 S. 2 UrhG bestimmt allerdings, daß die Vervielfältigung eines Programms für die Datenverarbeitung stets nur mit Einwilligung des Berechtigten zulässig ist. Diese Bestimmung befindet sich seit der Urheberrechtsreform von 1985 im Urheberrechtsgesetz. Sie führt dazu, vorausgesetzt Computerprogramme sind urheberrechtlich geschützt, daß ein Lizenznehmer sogar für die Erstellung von Sicherungskopien (*back-up copies*) einer Erlaubnis bedarf.[49] Eine

---

[46] St. Rspr., z.B. BGH Urt. v. 1.7.1982-I ZR 119/80 = GRUR 1983, 28, 29-Presseberichterstattung und Kunstwerkwiedergabe II; Begr. zum UrhG 1965, BT-Drucks., Bd. 77, IV/270, 47 zu § 16; *Betten*, Mitt. d. dt. PAW 1984, 201, 203; *Erdmann*, CuR 1986, 249, 256; *Mestmäcker/Schulze*, § 16 Anm. 2; *Ulmer*, Urheber- und Verlagsrecht, 230; *Ulmer/Kolle*, GRUR Int. 1982, 489, 498; *Vinck* in: *Fromm/Nordemann*, § 16 Rdn. 1.

[47] *Ulmer*, Urheber- und Verlagsrecht, 230.

[48] *Borking*, 456; *Brutschke*, 100; *Möhring/Nicolini*, § 3 Anm. 3.

[49] *Bauer*, CuR 1985, 5, 8.

solche Regelung ist jedoch verfehlt.[50] Rechtmäßige Programmbesitzer haben ein berechtigtes Interesse daran, Sicherungskopien zu erstellen.

Das Verbreitungsrecht ist in § 17 Abs. 1 UrhG definiert als das Recht, das Original oder Vervielfältigungsstücke des Werkes der Öffentlichkeit anzubieten oder in Verkehr zu bringen. Als „Angebot an die Öffentlichkeit" wird nicht nur das Angebot zum Verkauf angesehen, sondern auch das Angebot zur sonstigen Besitzüberlassung, insbesondere zum Verleih oder zur Vermietung.[51] Der Begriff „Öffentlichkeit" ist entsprechend der in § 15 Abs. 3 UrhG enthaltenen Definition für die „öffentliche Wiedergabe" zu bestimmen.[52] Es genügt daher, daß ein Angebot an eine Mehrheit von Personen vorliegt, deren Kreis weder bestimmt abgegrenzt noch durch gegenseitige Beziehungen oder durch Beziehungen zum Anbietenden miteinander verbunden ist. Auch das Inverkehrbringen kann nicht nur durch Veräußerung, sondern auch durch sonstige Besitzüberlassung, insbesondere durch Verleih oder Vermietung, erfolgen.[53] Diese weitreichende Definition besteht seit der Urheberrechtsreform von 1965. Das Urheberrechtsgesetz von 1965 schaffte damit die in § 11 Abs. 1 S. 1 LUG[54] und in § 15 Abs. 1 S. 1 KUG[55] vorgesehene Einschränkung ab, wonach sich das Recht des Urhebers „nicht auf das Verleihen" erstreckte. Dadurch sollte die Rechtsposition des Urhebers verbessert werden.

Das sog. Erlöschen des Verbreitungsrechts ist in § 17 Abs. 2 UrhG geregelt. Nach dieser Vorschrift erlischt das Verbreitungsrecht bezüglich solcher Werkstücke, die mit Zustimmung des zur Verbreitung Berechtigten im Wege der Veräußerung in Verkehr gebracht worden sind. Der Urheber darf also nicht in den Weitervertrieb von Werkstücken eingreifen, die er veräußert hat oder zu deren Veräußerung er seine Zustimmung erteilt hat. Der Verleih oder die Vermietung von Werkexemplaren führt hingegen nicht zum Erlöschen des Verbreitungsrechts. Dies wird damit begründet, daß der Urheber in den Fällen des Verleihs oder der Vermietung, im Gegensatz zu dem Fall der Veräußerung, zu erkennen gibt, daß er die Kontrolle über den Verbleib der Werkstücke behalten will.[56] Wären Computerprogramme und -chips urheberrechtlich geschützt, so hätte dies zur Folge, daß die Urheber von diesen Programmen und Chips deren Weiterverbreitung nach einem Verkauf wegen § 17 Abs. 2 UrhG nicht mehr beeinflussen, d.h. auch nicht unterbinden, könnten. Programm- und Chiphersteller haben jedoch ein starkes Interesse daran, auch nach dem Verkauf

---

[50] Ebd..

[51] Begr. zum UrhG 1965, BT-Drucks., Bd. 77, IV/270, 48 zu § 17; *Ulmer*, Urheber- und Verlagsrecht, 233, 234.

[52] *Ulmer*, a.a.O..

[53] Begr. zum UrhG 1965, BT-Drucks., Bd. 77, IV/270, 48 zu § 17; *Ulmer*, a.a.O., 234.

[54] RGBl. 1901, 227, 229.

[55] RGBl. 1907, 7, 10.

[56] Begr. zum UrhG 1965, BT-Drucks., Bd. 77, IV/270, 48 zu § 17; *Erdmann*, CuR 1986, 249, 257.

die Verbreitung an Dritte zu kontrollieren. Aufgrund von § 17 Abs. 2 UrhG wird dieses Interesse im Urheberrecht aber gerade nicht geschützt.

bb) Urheberpersönlichkeitsrechte (sog. *Moral Rights*)

Die Entwicklung der Lehre vom Urheberpersönlichkeitsrecht beruht auf der Erkenntnis, daß das Werk auch nach seiner Fertigstellung, seiner Veröffentlichung, ja selbst nach Weggabe aller Nutzungsrechte und des letzten eigenen Exemplars des Urhebers untrennbar mit seinem Schöpfer verbunden und Ausdruck seiner Persönlichkeit ist.[57]

Zu den wichtigsten Urheberpersönlichkeitsrechten, die dem Werkschöpfer zustehen, gehören das Veröffentlichungsrecht (§ 12 UrhG), das Recht auf Anerkennung der Urheberschaft (§ 13 UrhG), das Recht, Entstellungen und Verschandelungen zu verbieten (§ 14 UrhG), das Recht auf Zugang zu Werkstücken, soweit dies zur Herstellung von Vervielfältigungsstücken oder Bearbeitungen des Werkes erforderlich ist und nicht berechtigte Interessen des Besitzers entgegenstehen (§ 25 UrhG), das Änderungsverbot (§ 39 UrhG) und das Rückrufsrecht wegen gewandelter Überzeugung (§ 42 UrhG).

Die Anerkennung von Urheberpersönlichkeitsrechten entspricht den in der Revidierten Berner Übereinkunft (RBÜ) niedergelegten Prinzipien (Art. 6 RBÜ).[58]

c) Ansprüche des Urheberrechtsinhabers

Die sich aus einer Urheberrechtsverletzung ergebenden Ansprüche sind überwiegend in den §§ 97 ff. UrhG geregelt.

§ 97 Abs. 1 S. 1, 1. Hs. UrhG gewährt einen Anspruch auf Beseitigung der Beeinträchtigung und bei Wiederholungsgefahr auf Unterlassung. Dieser Anspruch ist von einem Verschulden des Verletzers unabhängig.

Fällt dem Verletzer Vorsatz oder Fahrlässigkeit zur Last, dann hat der Urheberrechtsinhaber gemäß § 97 Abs. 1 S. 1, 2 UrhG zwei weitere Ansprüche. Er kann dann entweder Schadensersatz oder Herausgabe des Gewinns verlangen.

Gemäß § 98 Abs. 1 UrhG hat der Urheberrechtsinhaber außerdem noch einen Anspruch auf Vernichtung rechtswidrig hergestellter, verbreiteter oder zur rechtswidrigen Verbreitung bestimmter Vervielfältigungsstücke. Nach § 98 Abs. 2 UrhG kann er ferner verlangen, daß die ausschließlich zur rechtswidrigen Herstellung von Vervielfältigungsstücken bestimmten Vorrichtungen unbrauchbar gemacht oder vernichtet werden.

---

[57] *Hertin* in: *Fromm/Nordemann*, vor § 12 Rdn. 1.

[58] *Ulmer*, GRUR Int. 1986, 229, 231. Siehe auch Ausführungen bei Fn. 20 unter A..

§ 99 Abs. 1 UrhG gewährt ihm auch noch einen Anspruch auf Überlassung der Vervielfältigungsstücke und Vorrichtungen gegen eine angemessene Vergütung.

Ferner hat der Urheberrechtsinhaber gegen denjenigen, der auf seine Kosten durch die Rechtsverletzung einen Vermögensvorteil erlangt hat, einen Anspruch auf Herausgabe der ungerechtfertigten Bereicherung nach §§ 812 ff. BGB.[59] Der Vermögensvorteil liegt in der ersparten Lizenzgebühr.[60] Der Bereicherungsanspruch ist vor allem deshalb wichtig, weil er auf Zahlung gerichtet ist, ohne ein Verschulden des Verletzers vorauszusetzen.[61]

Zur Unterstützung des Schadenersatzanspruchs und des Bereicherungsanspruchs steht dem Berechtigten analog §§ 687 Abs. 2, 681, 666 i.V.m. § 242 BGB ein Anspruch auf Auskunftserteilung und Rechnungslegung über den Gewinn oder die Bereicherung des Beklagten zu.[62]

3. *Schutzvoraussetzungen*

a) Verfahrensrechtliche Voraussetzungen

Die Erlangung des Urheberrechtsschutzes ist nicht an die Erfüllung verfahrensrechtlicher Voraussetzungen geknüpft. Das Urheberrecht entsteht automatisch mit der Schöpfung des Werkes. Seine Entstehung ist weder von einer Anmeldung, Zahlung einer Gebühr, Registrierung, Hinterlegung noch einer anderen Formalität, wie z.B. eines Urheberrechtvermerks, abhängig. Der im deutschen Urheberrecht verankerte Grundsatz der Formfreiheit entspricht auch den Grundsätzen der Revidierten Berner Übereinkunft. Diese Übereinkunft gewährleistet die Formfreiheit des Urheberrechtsschutzes seit der Berliner Revisionskonferenz (1908)[63].

b) Materiellrechtliche Voraussetzungen

aa) Werke der Literatur, Wissenschaft und Kunst (§§ 1, 2 UrhG)

Das Urheberrechtsgesetz schützt Werke der Literatur, Wissenschaft und Kunst. Dies wird in § 1 UrhG klargestellt. § 2 UrhG zählt sieben Werkarten auf, die unter die Kategorien Literatur, Wissenschaft oder Kunst fallen und daher

---

[59] RGZ 121, 258, 259; BGHZ 5, 116, 123; 15, 338, 348; *Schulze* BGHZ 185, 1, 7 f.; Begr. zum UrhG 1965, BT-Drucks., Bd.77, IV/270, 104 zu § 107; *Hubmann*, Urheber- und Verlagsrecht, 268; *Nordemann* in: *Fromm/Nordemann*, § 97 Rdn. 12; *Ulmer*, Urheber- und Verlagsrecht, 559.

[60] *Hubmann*, Urheber- und Verlagsrecht, 268; *Nordemann* in: *Fromm/Nordemann*, § 97 Rdn. 12.

[61] *Nordemann* in: *Fromm/Nordemann*, § 97 Rdn. 12.

[62] RGZ 153, 1, 27 f.; *Schulze* BGHZ 6, 1, 11; 15, 1, 38; 185, 1, 11; *Ulmer*, Urheber- und Verlagsrecht, 561.

[63] *Ulmer*, Urheber- und Verlagsrecht, 129. Siehe auch Ausführungen bei Fn. 20 unter A.

vom Urheberrechtsschutz erfaßt werden können.[64] Im Rahmen der Diskussion um den Schutz für Computerprogramme und -chips sind vor allen Dingen die in Nr. 1 aufgeführte Werkart der „Sprachwerke" und die in Nr. 7 aufgeführte Werkart der „Darstellungen wissenschaftlicher oder technischer Art" von Bedeutung.

Bis zur Urheberrechtsreform von 1985 waren unter Nr. 1 genannt „Sprachwerke, wie Schriftwerke und Reden". Seit der Urheberrechtsreform von 1985 sind in Nr. 1 nunmehr neben „Schriftwerken und Reden" auch „Programme für die Datenverarbeitung" genannt.

Ein Sprachwerk i.S.v. § 2 Abs. 1 Nr. 1 UrhG liegt vor, wenn sich eine Schöpfung des Ausdrucksmittels der Sprache bedient.[65] Die die Sprache kennzeichnenden Elemente sind Buchstaben, Zahlen, Zeichen und Symbole.[66] „Sprache" kann als ein System von Regeln bezeichnet werden, das festlegt, welche Zeichen und Zeichenkombinationen zulässige Ausdrücke darstellen und welcher Ausdruck bzw. welche Ausdruckskombination welche Bedeutung hat.[67]

Nr. 7 des § 2 UrhG nennt als für den Urheberrechtsschutz in Betracht kommende Werkart „Darstellungen wissenschaftlicher oder technischer Art, wie Zeichnungen, Pläne, Karten, Skizzen, Tabellen und plastische Darstellungen". Dabei ist zu beachten, daß sich der von Nr. 7 gewährte Urheberrechtsschutz nur auf die Darstellung selbst, nicht aber auf den dargestellten Gegenstand bezieht.[68]

Dies folgt daraus, daß die Darstellungen wissenschaftlicher oder technischer Art i.S.v. Nr. 7 Unterarten der vom Urheberrecht geschützten Werke der Literatur oder Wissenschaft sind und sich daher im Rahmen dieses Oberbegriffs

---

[64] § 2 Abs. 1 UrhG lautet wie folgt:
Zu den geschützten Werken der Literatur, Wissenschaft und Kunst gehören insbesondere:
1. Sprachwerke, wie Schriftwerke und Reden, sowie Programme für die Datenverarbeitung;
2. Werke der Musik;
3. pantomimische Werke einschließlich der Werke der Tanzkunst;
4. Werke der bildenden Künste einschließlich der Werke der Baukunst und der angewandten Kunst und Entwürfe solcher Werke;
5. Lichtbildwerke einschließlich der Werke, die ähnlich wie Lichtbildwerke geschaffen werden;
6. Filmwerke einschließlich der Werke, die ähnlich wie Filmwerke geschaffen werden;
7. Darstellungen wissenschaftlicher oder technischer Art, wie Zeichnungen, Pläne, Karten, Skizzen, Tabellen und plastische Darstellungen.

[65] BGH Urt. v. 25.11.1958 - I ZR 15/58 = GRUR 1959, 251, 251 - Einheitsfahrschein; *Ulmer*, Urheber- und Verlagsrecht, 134.

[66] BGH Urt. v. 27.3.1963 - Ib ZR 129/61 = GRUR 1963, 633, 634 - Rechenschieber; *Kolle*, GRUR 1982, 443, 450; *Köhler*, 50, 72.

[67] *Haberstumpf*, GRUR 1982, 142, 144, 145; *Haberstumpf*, UFITA 95 (1983), 221, 225.

[68] BGH Urt. v. 10.5.1984 - I ZR 85/82 = GRUR 1985, 129, 131 - Elektrodenfabrik; *Reimer*, GRUR 1980, 572, 580; *Ulmer*, Urheber- und Verlagsrecht, 138, 139.

halten müssen. Eine dem Urheberrecht fremde Ausdehnung des Schutzes auf Bereiche außerhalb der Literatur, Wissenschaft und Kunst soll nicht über § 2 Abs. 1 Nr. 7 UrhG erreicht werden.[69]

So erstreckt sich ein nach Nr. 7 bestehendes Urheberrecht beispielsweise nur auf die Zeichnung einer Maschine oder auf einen Bebauungsplan, nicht jedoch auch auf die nach der Zeichnung hergestellte Maschine oder auf die nach dem Bebauungsplan angefertigten Bauten.[70]

bb) Persönliche geistige Schöpfung (§ 2 Abs. 2 UrhG)

Um vom Urheberrechtsschutz erfaßt zu werden, genügt es nicht, daß eine der in § 2 Abs. 1 UrhG genannten Werkarten vorliegt. Urheberrechtsschutz besteht vielmehr nur dann, wenn zusätzlich noch die in § 2 Abs. 2 UrhG genannte Voraussetzung erfüllt ist. § 2 Abs. 2 UrhG verlangt, daß es sich um eine „persönliche geistige Schöpfung" handelt.

Das Erfordernis der „geistigen" Schöpfung hat zur Folge, daß sog. Zufallwerke, die ohne eigentliche geistige Leistung entstehen, vom Urheberrechtsschutz ausgeschlossen sind. Werke, die beispielsweise auf Grund gedankenloser Spielerei oder eines Naturereignisses entstehen, sind nicht geschützt.[71]

Das Erfordernis der „persönlichen" Schöpfung bringt den personenbezogenen Zweck des Urheberrechtsgesetzes zum Ausdruck. Es zeigt, daß Werke nur deshalb geschützt werden, weil sie Teil der Persönlichkeit des Urhebers sind.[72]

Das Erfordernis der „persönlichen" Schöpfung bedeutet zweierlei.

Erstens bedeutet es, daß nur solche Werke vom Urheberrechtsschutz erfaßt werden, deren Schöpfer eine Person, d.h. ein Mensch ist.[73] Werke, die beispielsweise von Robotern[74] oder anderen selbständigen technischen Apparaten[75] fabriziert werden, sind keine persönlichen Schöpfungen i.S.d. § 2 Abs.2 UrhG.

Zweitens bedeutet es, daß die Schöpfung von der Persönlichkeit ihres Urhebers geprägt sein muß.[76]

In Rechtsprechung[77] und Literatur[78] war man sich bisher weitgehend einig, daß an den Grad der Persönlichkeit nicht allzu hohe Anforderungen zu stellen

---

[69] *Reimer*, GRUR 1980, 572, 580, 581.

[70] *Reimer*, GRUR 1980, 572, 581; *Ulmer*, Urheber- und Verlagsrecht, 140.

[71] *Vinck* in: *Fromm/Nordemann*, § 2 Rdn. 4.

[72] *Möhring/Nicolini*, § 11 Anm. 2.

[73] *Vinck* in: *Fromm/Nordemann*, § 2 Rdn. 5a.

[74] *Gerstenberg*, 59.

[75] *Erdmann*, CuR 1986, 249, 251.

[76] *Vinck* in: *Fromm/Nordemann*, § 2 Rdn. 5b.

[77] Siehe z.B. BGH Urt. v. 3.11.1967 - Ib ZR 123/65 = GRUR 1968, 321, 324 - Haselnuß.

sind, daß auch die sog. kleine Münze urheberrechtlichen Schutz genießen kann. Sogar in den Gesetzesmaterialien wird ausdrücklich daraufhin hingewiesen, daß auch die sog. kleine Münze urheberrechtsfähig ist.[79] Es wurde immer wieder betont, daß ein Werk schon dann die erforderliche Individualität besitze, wenn es sich von dem rein Schablonenmäßigen abhebe[80], wenn ein anderer denselben Gegenstand möglicherweise anders behandelt hätte[81].

Bei wissenschaftlichen Werken scheint der BGH neuerdings allerdings strengere Anforderungen an die Persönlichkeitsprägung zu stellen. In zwei vor kurzem ergangenen Entscheidungen führte der BGH aus, daß die untere Grenze der urheberrechtlichen Schutzfähigkeit erst in einem „erheblich weiten Abstand" zum Handwerksmäßigen und zum Durchschnittskönnen beginne, und daß die Gestaltungstätigkeit das allgemeine Durchschnittskönnen „deutlich überragen" müsse.[82] Diese strengen Anforderungen werden mit der langen Schutzfrist des Urheberrechtsgesetzes gerechtfertigt.[83] Sie werden als „Gegenleistung" für die Gewährung des langen Schutzes verlangt.

cc) Kommunikationsbestimmung bzw. -wirkung

Teilweise wird die Auffassung vertreten, daß nur solche Werke vom Urheberrechtsschutz erfaßt werden, die eine Kommunikation, d.h. Mitteilung der Gedanken an andere Menschen, bezwecken bzw. über eine Kommunikationswirkung verfügen.[84] Zur Begründung dieser Auffassung wird auf die *Einheitsfahrschein*-Entscheidung des BGH[85] verwiesen.[86] Der BGH hatte in dieser Entscheidung den Urheberrechtsschutz für einen Einheitsfahrschein u.a. deshalb abgelehnt, weil die schöpferischen Gedankengänge und Anweisungen, die der äußeren Ausgestaltung (parallele Striche, abgeteilte und durchnumerierte Leerfelder) des Fahrscheins zugrunde lagen, aus dem Fahrscheinformular nicht zu ersehen waren.[87]

---

78 Deutsche Vereinigung für gewerblichen Rechtsschutz und Urheberrecht, GRUR 1979, 300, 303; *Haberstumpf*, UFITA 95 (1983), 221, 228; *Kolle*, GRUR 1974, 7, 8; *Möhring*, GRUR 1967, 269, 275; *Reimer*, GRUR 1980, 572, 573 f.; *Vinck* in: *Fromm/Nordemann*, § 2 Rdn. 6e.

79 Begr. zum UrhG 1965, BT-Drucks., Bd. 77, IV/270, 38 zu § 2.

80 Deutsche Vereinigung für gewerblichen Rechtsschutz und Urheberrecht, GRUR 1979, 300, 303; *Haberstumpf*, GRUR 1982, 142, 147; *Haberstumpf*, UFITA 95 (1983), 221, 228.

81 *Vinck* in: *Fromm/Nordemann*, § 2 Rdn. 6e.

82 BGHZ 94, 276, 287 = BB 1985, 1747, 1750 - Inkasso-Programm; BGH Urt. v. 17.4.1986 - I ZR 213/83, S. 8.

83 *Erdmann*, CuR 1986, 249, 254.

84 So z.B. *Axster/Axster*, BB 1967, 606, 611.

85 BGH Urt. v. 25.11.1958 - I ZR 15/58 = GRUR 1959, 251 - Einheitsfahrschein.

86 *Axster/Axster*, BB 1967, 606, 611.

87 BGH (Fn. 85), 252.

Als Referenz für das Erfordernis einer Kommunikationsbestimmung oder -wirkung kann diese Entscheidung jedoch nicht verwandt werden. In dieser Entscheidung geht es nicht um das Erfordernis einer Kommunikationsbestimmung, sondern vielmehr um das Erfordernis einer „niedergelegten" schöpferischen geistigen Leistung. Der BGH stellt in dieser Entscheidung klar, daß ein Fahrschein, d.h. ein Formular, nur dann urheberrechtsfähig ist, wenn die schöpferische geistige Leistung in dem Formular selbst niedergelegt ist[88], und daß schöpferische Leistungen, die nicht niedergelegt sind, bei der Beurteilung der Schutzfähigkeit des Formulars außer Betracht bleiben müssen[89]. Der Urheberrechtsschutz wurde verneint, weil das im Fahrschein Niedergelegte, die Striche und Leerfelder, keine schöpferische Leistung darstellte.[90]

Aus dieser Entscheidung kann man lediglich den Grundsatz ableiten, daß eine schöpferische Leistung einen wahrnehm*baren* Niederschlag gefunden haben muß. Wahrnehmbarkeit liegt aber schon vor, wenn die Möglichkeit der Wahrnehmung, z.B. durch schriftliche Niederlegung, gegeben ist. Das Werk muß jedoch nicht dazu „bestimmt" sein, seinen Inhalt auch anderen wahrnehmbar zu machen oder mitzuteilen.

Außerdem verlangt auch das Urheberrechtsgesetz nirgends eine Kommunikationswirkung.

Ferner ist auch anerkannt, daß Tagebücher, die ihr Verfasser geheimzuhalten beabsichtigt, unter den Urheberrechtschutz fallen.[91]

Auf eine Kommunikationswirkung oder -bestimmung kann es daher nicht ankommen. Urheberrechtlich schutzfähige Werke müssen somit nicht die Zweckbestimmung haben, die in ihnen enthaltenen Gedanken ausschließlich oder in erster Linie Menschen mitzuteilen.[92]

dd) Ästhetischer Gehalt bzw. ästhetische Wirkung

Teilweise wird auch die Auffassung vertreten, Werke i.S.d. Urheberrechtsgesetzes müßten über eine besondere ästhetische Wirkung oder einen besonderen ästhetischen Gehalt verfügen.[93]

---

[88] BGH (Fn. 85), 251.

[89] BGH (Fn. 85), 252.

[90] Ebd..

[91] BGHZ 15, 249, 255 = GRUR 1955, 201, 203 - Cosima Wagner; *Dittrich*, RdW 1983, 39, 40; *Ulmer/Kolle*, GRUR Int. 1982, 489, 498, *Vinck* in: *Fromm/Nordemann*, § 2 Rdn. 10b.

[92] *Brutschke*, 110; Deutsche Vereinigung für gewerblichen Rechtsschutz und Urheberrecht, GRUR 1979, 300, 302; *Kolle*, GRUR 1982, 443, 452; *Skaupy*, BB 1967, 945, 946; *Skaupy*, Mitt. d. dt. PAW 1967, 121, 125; *Ulmer/Kolle*, GRUR Int. 1982, 489, 498.

[93] OLG Frankfurt Urt. v. 6.11.1984 - 14 U 188/81 = BB 1985, 139, 140 - Baustatikprogramm; LG Mannheim Urt. v. 12.6.1981 - 7 O 143/81 = BB 1981, 1543, 1543 - Inkassoprogramm; *von Gamm*, Urheberrechtsgesetz, § 2 Rdn. 4 ff.; *von Gamm*, WRP 1969, 96, 97; *Troller*, UFITA 50 (1967), 385, 386.

In der höchstrichterlichen Rechtsprechung wurde der Begriff des ästhetischen Gehaltes bisher hauptsächlich zur Charakterisierung von Kunstwerken i.S.d. § 2 Abs. 1 Nr. 4 UrhG verwandt. Nach dieser Rechtsprechung muß es sich bei einem Kunstwerk um eine Schöpfung handeln, deren ästhetischer Gehalt wenigstens einen solchen Grad erreicht hat, daß nach der im Leben herrschenden Anschauung noch von Kunst gesprochen werden könne.[94]

Im Bereich der Kunst kann man das Erfordernis eines ästhetischen Gehaltes damit begründen, daß es zur Unterscheidung zwischen urheberrechtlich geschützten Werken einerseits und rein technischen Produkten andererseits dient.[95] Als allgemeines Kriterium für den Urheberrechtsschutz der anderen Werkgattungen kann diese Formel jedoch nicht herangezogen werden. Dem Urheberrechtsgesetz ist das Erfordernis einer ästhetischen Wirkung oder eines ästhetischen Gehaltes nicht zu entnehmen. Der Begriff der ästhetischen Wirkung ist insbesondere auch nicht tauglich für wissenschaftliche Werke.[96] Bei wissenschaftlichen Werken kommt es auf ästhetische Gesichtspunkte nicht an. Wissenschaftliche Werke werden nicht geschrieben, um eine ästhetische Wirkung zu erzeugen, sondern um Informationen zu vermitteln.[97]

ee) Bearbeitungen (§ 3 UrhG)

Das Urheberrecht schützt nicht nur Originalwerke, sondern auch „Bearbeitungen eines Werkes, die persönliche geistige Schöpfungen des Bearbeiters sind" (§ 3 UrhG).

Bearbeitungen werden wie selbständige Werke geschützt.[98] Das Bearbeiterurheberrecht erstreckt sich allerdings nur auf die Bearbeitung selbst, d.h. den eigentlichen Beitrag des Bearbeiters[99], und nicht auch auf das Originalwerk.

Der Begriff der „Bearbeitung" kann definiert werden als Umgestaltung oder Veränderung eines vorhandenen Werkes.[100] Das Urheberrechtsgesetz nennt in § 3 als besonderes Beispiel einer Bearbeitung die Übersetzung.

Zu beachten ist, daß nur solche Bearbeitungen geschützt sind, die „persönliche geistige Schöpfungen des Bearbeiters" sind. Das Erfordernis der persönlichen Leistung schließt die Möglichkeit aus, Robotern oder deren Erfindern

94 St. Rspr., z.B. BGHZ 16, 4, 6-Mantelmodell; vgl. aus jüngster Zeit BGH Urt. v. 23.1.1981-I ZR 48/79 = GRUR 1981, 517, 519-Rollhocker.

95 *Vinck* in: *Fromm/Nordemann*, § 2 Rdn. 6b.

96 *Borking*, 280; *Dittrich*, RdW 1983, 39, 42; *Haberstumpf*, UFITA 95 (1983), 221, 229 f.; *Köhler*, 50 f.; *Kolle*, GRUR 1982, 443, 451; *Nordemann*, Festschrift für Roeber 1982, 297, 300; *Reimer*, GRUR 1980, 572, 576; *Ulmer/Kolle*, GRUR Int. 1982, 489, 492 f.; *Vinck* in: *Fromm/Nordemann*, § 2 Rdn. 6h.

97 *Vinck* in: *Fromm/Nordemann*, § 2 Rdn. 6h.

98 *Vinck* in: *Fromm/Nordemann*, § 3 Rdn. 7.

99 *Vinck* in: *Fromm/Nordemann*, § 3 Rdn. 8.

100 *von Gamm*, Urheberrechtsgesetz, § 3 Rdn. 5; *Hubmann*, Urheber- und Verlagsrecht, 103.

Urheberrechtsschutz für die von ihnen produzierten Bearbeitungen zuzubilligen.[101]

ff) Freiheit der Gedanken, Ideen, Lehren

Gedanken, Ideen und wissenschaftliche Lehren werden als Gemeingut angesehen. Sie sind als solche nicht urheberrechtsfähig. Sie können von jedermann frei benutzt werden.[102] Die Versagung des Urheberrechtsschutzes wird damit begründet, daß nur so eine freie geistige Auseinandersetzung und eine wissenschaftliche Weiterentwicklung gewährleistet seien.[103]

Das Prinzip der Freiheit der Gedanken, Ideen und Lehren ist ein grundlegendes Prinzip des Urheberrechts. Das Urheberrechtsgesetz enthält allerdings keinen diesbezüglichen Hinweis. Allerdings wird in der amtlichen Begründung zu § 1 UrhG darauf mit folgender Bemerkung hingewiesen: „Eine sachliche Erweiterung des Kreises der geschützten Werke gegenüber dem geltenden Recht ist nicht beabsichtigt, insbesondere soll ein Schutz wissenschaftlicher Ideen und Erkenntnisse dadurch nicht begründet werden. Nur die persönliche Formgebung wissenschaftlicher Werke unterliegt dem Urheberrechtsschutz, der Gedankeninhalt bleibt frei.“[104]

Diese Formulierung, insbesondere der zweite Satz, mag Mißverständnisse hervorrufen. Der zweite Satz könnte den Eindruck erwecken, daß eine Abgrenzung zwischen der Form und dem Inhalt vorgenommen werden soll, d.h. daß nur die Form, nicht jedoch auch der Inhalt für die Schutzfähigkeit in Betracht zu ziehen ist. Eine solche Folgerung wäre jedoch übereilt. In der amtlichen Begründung zu § 2 UrhG wird nämlich ausdrücklich erwähnt, daß als „persönliche geistige Schöpfungen“ solche Erzeugnisse anzusehen sind, die durch ihren Inhalt *oder* durch ihre Form oder durch die Verbindung von Inhalt und Form etwas Neues und Eigentümliches darstellen.[105] Der amtlichen Begründung liegt daher die Auffassung zugrunde, daß sich die urheberrechtliche Beurteilung sowohl nach der Form als auch nach dem Inhalt richtet.

Von *Kohler*[106] wurde jedoch die Lehre begründet, daß nur die Form geschützt sei, währenddessen der Inhalt frei sei. Dieser Auffassung ist aber nunmehr durch

---

[101] *Vinck* in: *Fromm/Nordemann*, § 3 Rdn. 2b.

[102] Begr. zum UrhG 1965, BT-Drucks., Bd. 77, IV/270, 37 zu § 1; st. Rspr., z.B. BGH Urt. v. 27.2.1981 - I ZR 29/79 = GRUR 1981, 520, 521 f. — Fragensammlung; *Betten*, Mitt. d. dt. PAW 1984, 201, 207; Deutsche Vereinigung für gewerblichen Rechtsschutz und Urheberrecht, GRUR 1979, 300, 304; *Erdmann*, CuR 1986, 249, 253; *Hubmann*, Urheber- und Verlagsrecht, 29, 33; *Reimer*, GRUR 1980, 572, 578; *Ulmer*, Urheber- und Verlagsrecht, 119, 275; *Vinck* in: *Fromm/Nordemann*, § 2 Rdn. 8a.

[103] *Hubmann*, Urheber- und Verlagsrecht, 33; *Reimer*, GRUR 1980, 572, 578; *Ulmer*, Urheber- und Verlagsrecht, 275.

[104] Begr. zum UrhG 1965, BT-Drucks., Bd. 77, IV/270, 37 zu § 1.

[105] Begr. zum UrhG 1965, BT-Drucks., Bd. 77, IV/270, 38 zu § 2.

[106] *Kohler*, 128 ff..

die amtliche Begründung zu § 2 UrhG der Boden entzogen worden. Auch von der Rechtsprechung[107] und einem großen Teil der Lehre[108] wird nun übereinstimmend die Meinung vertreten, daß sowohl die Form als auch der Inhalt eines Werkes urheberrechtlich von Bedeutung sind. Dieser Meinung ist zuzustimmen. Diese Meinung läßt sich u.a. damit begründen, daß die Formgestaltung eines Werkes oft durch dessen Inhalt beeinflußt wird.[109] Hinzu kommt, daß bei vielen Werken, und insbesondere bei wissenschaftlichen Werken, der Inhalt im Vordergrund steht. Er ist oft wichtiger als die Form. Gerade wissenschaftliche Werke müssen möglichst exakt und präzise dargestellt werden, um Mißverständnisse zu vermeiden. Würde man den Urheberrechtsschutz für wissenschaftliche Werke lediglich auf Grund der Form beurteilen, so müßten Wissenschaftler, um Urheberrechte an ihren Werken zu erwerben, ihre Erkenntnisse und Darstellungen in möglichst feuilletonistische Ausdrucksformen kleiden.[110] Dies ist nicht vom Urheberrechtsgesetz bezweckt. Wissenschaftliche Werke sollen nicht aus urheberrechtlichen Erwägungen „verkleidet“ werden.

Es kommt daher nicht nur auf die Form, sondern auch auf den Inhalt an. Die Grenze verläuft nicht zwischen Form und Inhalt, sondern zwischen persönlicher geistiger Schöpfung und Freiheit der Gedanken, Ideen und Lehren bzw. zwischen den individuellen und den gemeinfreien Zügen des Werkes.[111]

Die Grenzziehung bei wissenschaftlichen Werken läßt sich in der Weise vornehmen, daß neue Erkenntnisse, Grundsätze und Formeln unter die Freiheit der Lehre fallen und deshalb nicht vom Urheberrecht geschützt werden. Die konkrete Art der Darstellung, in der diese neuen wissenschaftlichen Erkenntnisse gebracht werden, sowie der sonstige Gedankeninhalt werden hingegen vom Urheberrecht geschützt, sofern darin eine persönliche geistige Schöpfung zum Ausdruck kommt.[112]

---

107 OLG Koblenz Urt. v. 13.8.1981-6 U 294/80 = BB 1983, 992, 992 ff.; OLG Frankfurt Urt. v. 6.11.1984-14 U 188/81 = BB 1985, 139, 140.

108 *Braun*, BB 1971, 1343, 1346; *Brutschke*, 97 f.; Deutsche Vereinigung für gewerblichen Rechtsschutz und Urheberrecht, GRUR 1979, 300, 303; *Erdmann*, CuR 1986, 249, 253; *Haberstumpf*, UFITA 95 (1983), 221, 235; *Hubmann*, Urheber- und Verlagsrecht, 35; *Köhler*, 51; *Kolle*, GRUR 1974, 7, 8; *Kolle*, GRUR Int. 1974, 129, 131; *Kolle*, GRUR 1982, 443, 453; *Möhring*, GRUR 1967, 269, 275; *Plander*, UFITA 76 (1976), 25, 45 f.; *Reichel*, GRUR 1963, 124, 125; *Reimer*, GRUR 1980, 572, 579; *Ulmer*, Urheber- und Verlagsrecht, 123, 136; *Vinck* in: *Fromm/Nordemann*, § 2 Rdn. 8a.

109 OLG Karlsruhe Urt. v. 9.2.1983-6 U 150/81 = GRUR 1983, 300, 306-Inkassoprogramm; *Plander*, UFITA 76 (1976), 25, 45 f.; *Ulmer*, Urheber- und Verlagsrecht, 106 f..

110 *Haberstumpf*, UFITA 95 (1983), 221, 236 f.; *Reimer*, GRUR 1980, 572, 580.

111 *Brutschke*, 98; *Hubmann*, Urheber- und Verlagsrecht, 32; *Köhler*, 53; *Möhring*, GRUR 1967, 269, 275; *Reimer*, GRUR 1980, 572, 578; *Ulmer*, Urheber- und Verlagsrecht, 122.

112 *Möhring*, GRUR 1967, 269, 275.

4. *Rechte an Werken von Arbeitnehmern*

Das Arbeitnehmererfindungsgesetz[113] regelt nur die Rechte von Arbeitnehmern und Arbeitgebern bezüglich patentfähiger und gebrauchsmusterfähiger Arbeitnehmererfindungen.[114] Die Bestimmungen dieses Gesetzes können daher nicht auf urheberrechtsfähige Werke angewandt werden.[115]

Ein Spezialgesetz, das die Rechte von Arbeitnehmern und Arbeitgebern an urheberrechtsfähigen Werken regelt, besteht nicht. Wem welche Rechte zustehen, richtet sich vielmehr nach dem Urheberrechtsgesetz.

§ 7 UrhG bestimmt, daß (nur) der Schöpfer eines Werkes als Urheber anzusehen ist. Hat also der Arbeitnehmer ein Werk i.S.d. Urheberrechtsgesetzes geschaffen, so ist der Arbeitnehmer und nicht der Arbeitgeber als dessen Urheber anzusehen.[116]

Eine Übertragungsvereinbarung bezüglich der Urheberschaft selbst kann auch nicht getroffen werden.[117] § 29 S. 2 UrhG bestimmt nämlich, daß das Urheberrecht unübertragbar ist.

Diese Bestimmungen bringen zum Ausdruck, daß das Urheberrechtsgesetz hauptsächlich den Schutz der Person des Schöpfers bezweckt. Sie widersprechen den arbeitsrechtlichen Grundsätzen, nach denen das Arbeitsergebnis eines Arbeitnehmers dem Arbeitgeber zusteht.[118] Bezüglich der Rechte an urheberrechtlichen Werken haben die Vorschriften des Urheberrechtsgesetzes jedoch Vorrang.

Es stellt sich die Frage, wie sich dies auf die Nutzungsrechte auswirkt. Fraglich ist insbesondere, ob, wenn schon nicht die Urheberschaft auf den Arbeitgeber übertragen werden kann, dann aber wenigstens doch die Nutzungsrechte auf den Arbeitgeber übergehen können.

§ 43 UrhG enthält eine Regelung über das Urheberrecht in Arbeits- und Dienstverhältnissen. Er erklärt die Vorschriften über Nutzungsrechte (§§ 31 ff. UrhG) für anwendbar, wenn der Urheber das Werk in Erfüllung seiner Verpflichtungen aus einem Arbeits- oder Dienstverhältnis geschaffen hat. Nach § 43 i.V.m. § 31 Abs. 1 UrhG dürfte der Arbeitgeber die von seinem Beschäftig-

---

[113] Siehe Ausführungen unter D. I. 5..

[114] Siehe §§ 1 - 3 ArbErfG.

[115] *Däubler*, ArbuR 1985, 169, 172; *Reimer/Schade/Schippel*, § 2 Rdn. 9.

[116] BAG Urt. v. 13.9.1983 - AZR 371/81 = GRUR 1984, 429, 431 - Statikprogramme; OLG Koblenz Urt. v. 13.8.1981 - 6 U 294/80 = BB 1983, 992, 993; *Däubler*, ArbuR 1985, 169, 171; *Hubmann*, Urheber- und Verlagsrecht, 111; *Kindermann*, GRUR 1985, 1008, 1010; *Koch*, CuR 1985, 86, 87; *Kolle*, GRUR 1985, 1016, 1019; *Kunze*, RdA 1975, 42, 47; *Moritz/Tybusseck*, Rdn. 529; *Ulmer*, Urheber- und Verlagsrecht, 184; *Ulmer*, GRUR 1984, 432, 433; *Ulmer/Kolle*, GRUR Int. 1982, 489, 500; *Weyer*, ÖVD 1982, 72, 73; *Rupp*, ZUM 1986, 12, 13.

[117] *Schwaiger/Kockler*, WiR 1973, 353, 365; *Vinck*, RdA 1975, 162, 162.

[118] *Kindermann*, GRUR 1985, 1008, 1010; *Kolle*, GRUR 1985, 1016, 1018; *Schaub*, 683.

ten geschaffenen urheberrechtlich geschützten Werke nur dann nutzen, wenn der Arbeitnehmer einer solchen Nutzung ausdrücklich zugestimmt hat. § 43 UrhG bestimmt jedoch, daß dies ausnahmsweise dann nicht gilt, wenn sich aus dem Inhalt oder Wesen des Arbeits- oder Dienstverhältnisses etwas anderes ergibt. Diese Ausnahmeregelung bedeutet, daß der Arbeitnehmer dem Arbeitgeber Nutzungsrechte auch ohne ausdrückliche Erklärung einräumen kann.[119] Die Frage, ob eine Einräumung der Nutzungsrechte vorliegt, richtet sich nicht nach dem Willen des Arbeitnehmers, sondern nach der Natur des Arbeitverhältnisses.[120] Soweit ein Arbeitnehmer ein Werk in der Arbeitszeit und mit Betriebsmitteln entwickelt hat, wird man davon ausgehen können, daß der Arbeitnehmer die Nutzungsrechte daran, wenn schon nicht ausdrücklich, dann aber zumindest stillschweigend, seinem Arbeitgeber einräumt.[121] Man kann die Arbeitsentlohnung als Gegenleistung für die Arbeitsleistung und die Einräumung der Nutzungsrechte ansehen.[122]

Dem Arbeitnehmer-Urheber steht, im Gegensatz zum Arbeitnehmer-Erfinder[123], grundsätzlich keine gesonderte Vergütung für das Werk zu.[124] Der Arbeitnehmer-Urheber kann lediglich dann eine gesonderte Vergütung verlangen, wenn das von ihm geschaffene Werk zu so hohen Erträgen führt, daß der Arbeitslohn in „grobem Mißverhältnis" dazu steht (§ 36 Abs. 1 UrhG[125] — sog. Bestsellerparagraph).[126]

Erstellt ein Arbeitnehmer ein Werk jedoch in seiner Freizeit und mit eigenen Mitteln, so wird man wohl kaum nach dem Inhalt des Arbeitsverhältnisses von

---

[119] OLG Koblenz Urt. v. 13.8.1981 - 6 U 294/80 = BB 1983, 992, 993; *Kindermann*, GRUR 1985, 1008, 1010 f..

[120] OLG Koblenz (Fn. 119); *Rupp*, ZUM 1986, 12, 13.

[121] BAG Urt. v. 13.9.1983 - 3 AZR 371/81 = GRUR 1984, 429, 431 - Statikprogramme; OLG Koblenz (Fn. 119), 993, 994; *Betten*, Mitt. d. dt. PAW 1986, 10, 12; *Bollack*, GRUR 1976, 74, 77; *Brutschke*, 113; *Däubler*, ArbuR 1985, 169, 172; *Hubmann*, AP Nr. 2 zu § 43 UrhG; *Koch*, CuR 1985, 86, 87; *Kindermann*, GRUR 1985, 1008, 1012; *Möhring*, GRUR 1967, 269, 276 f.; *Moritz/Tybusseck*, Rdn. 530 ff.; *Rupp*, ZUM 1986, 12, 13; *Ulmer*, GRUR 1984, 432, 433; *Vinck* in: *Fromm/Nordemann*, § 43 Rdn. 3a; *Vinck*, RdA 1975, 162, 162; *Weyer*, ÖVD 1982, 72, 73.

[122] *Kindermann*, GRUR 1985, 1008, 1013; *Koch*, CuR 1985, 86, 89; *Kolle*, GRUR 1985, 1016, 1024; *Kunze*, RdA 1975, 42, 48; *Moritz/Tybusseck*, Rdn. 540.

[123] Siehe Ausführungen unter D. I. 5..

[124] *Däubler*, ArbuR 1985, 169, 172; *Kolle*, GRUR 1985, 1016, 1024; *Moritz/Tybusseck*, Rdn. 536.

[125] § 36 Abs. 1 UrhG lautet wie folgt: Hat der Urheber einem anderen ein Nutzungsrecht zu Bedingungen eingeräumt, die dazu führen, daß die vereinbarte Gegenleistung unter Berücksichtigung der gesamten Beziehungen des Urhebers zu dem anderen in einem groben Mißverhältnis zu den Erträgnissen aus der Nutzung des Werkes steht, so ist der andere auf Verlangen des Urhebers verpflichtet, in eine Änderung des Vertrages einzuwilligen, durch die dem Urheber eine den Umständen nach angemessene Beteiligung an den Erträgnissen gewährt wird.

[126] *Däubler*, ArbuR 1985, 169, 172; *Kolle*, GRUR 1985, 1016, 1024; *Kunze*, RdA 1975, 42, 47; *Moritz/Tybusseck*, Rdn. 538; *Vinck*, RdA 1975, 162, 163.

einer stillschweigenden Einräumung der Nutzungsrechte ausgehen können.[127] In einem solchen Fall umfaßt die Arbeitsvergütung keine Einräumung der Nutzungsrechte. Eine Nutzungseinräumung kann in einem solchen Fall nur bei ausdrücklicher Vereinbarung angenommen werden.

Der Arbeitgeber muß also, um mit einer Klage bezüglich der Nutzungsrechte in einem Prozeß durchzudringen, entweder beweisen, daß der Arbeitnehmer die Entwicklung voll während der vergüteten Arbeitszeit und mit Betriebsmitteln erbracht hat, oder daß, bei mit eigenen Mitteln in der Freizeit erstellten Werken, eine ausdrückliche Vereinbarung zur Einräumung der Nutzungsrechte vorliegt.[128]

Der Umfang eines stillschweigend oder ausdrücklich eingeräumten Nutzungsrechts bestimmt sich in Zweifelsfällen gemäß der sog. Zweckübertragungstheorie nach dem mit der Einräumung verfolgten Zweck (§ 43 i.V.m. § 31 Abs. 5 UrhG).[129] Danach wird ein Nutzungsrecht i.d.R. in dem Umfang eingeräumt, in dem es für die betriebliche Auswertung des Werkes erforderlich ist.[130]

Auch § 31 Abs. 4 UrhG ist für den Umfang eines eingeräumten Nutzungsrechts von Bedeutung. Aus dieser Vorschrift ergibt sich, daß sich die Nutzungseinräumung allenfalls auf Nutzungsarten erstreckt, die im Zeitpunkt der Einräumung schon bekannt waren. Alle nach dem Einräumungszeitpunkt auftretenden, nicht vorhersehbaren, wesentlichen Änderungen der Nutzungsarten werden nicht von der (ursprünglichen) Nutzungsübertragung erfaßt.[131] Die Einräumung dieser Nutzungsarten erfordert den Abschluß ergänzender Vereinbarungen.[132]

§ 31 Abs. 4 UrhG ist von besonderer Relevanz im Bereich von Computerprogrammen und -chips, vorausgesetzt, daß diese urheberrechtlich geschützt sind und § 31 Abs. 4 UrhG deshalb dann auch angewendet wird. Im Bereich von Computerprogrammen und -chips läßt sich nämlich im Zeitpunkt der Einräumung von Nutzungsrechten selten übersehen, welche anderen Nutzungsmöglichkeiten sich noch ergeben werden.[133] Die sich erst später ergebenden Nutzungsmöglichkeiten wären nicht von der ursprünglichen Nutzungseinräumung erfaßt. Die Arbeitgebern zustehenden Rechte sind daher ziemlich begrenzt.

---

127 *Däubler*, ArbuR 1985, 169, 174 f.; *Kindermann*, GRUR 1985, 1008, 1015; *Koch*, CuR 1985, 86, 89; *Vinck* in: *Fromm/Nordemann*, § 43 Rdn. 3b; *Vinck*, RdA 1975, 162, 163 f..

128 *Koch*, CuR 1985, 86, 89.

129 *Kolle*, GRUR 1985, 1016, 1021; *Vinck* in: *Fromm/Nordemann*, § 43 Rdn. 3b.

130 *Vinck* in: *Fromm/Nordemann*, § 43 Rdn. 3b.

131 *Kindermann*, GRUR 1985, 1008, 1013.

132 *Koch*, CuR 1985, 86, 90; *Koch*, CuR 1985, 146, 151.

133 *Brutschke*, 114.

Eine weitere Begrenzung erfahren die Arbeitgebern zustehenden Rechte nach Beendigung des Arbeitsverhältnisses. Die Begrenzung besteht darin, daß der Arbeitgeber dem Arbeitnehmer für die Nutzungseinräumung nach Beendigung des Arbeitsverhältnisses eine gesonderte Vergütung in Form eines Nutzungsentgelts gewähren muß.[134] Dies ist zwar nicht ausdrücklich in den §§ 31 ff. UrhG geregelt. Die Verpflichtung des Arbeitgebers zur Zahlung eines Nutzungsentgelts nach Beendigung des Arbeitsverhältnisses ergibt sich jedoch aus dem Sinn und Zweck des Urheberrechts. Der Sinn und Zweck des Urheberrechts besteht darin, dem Urheber eines Werkes dessen Nutzung bzw. einen Anspruch auf eine der Nutzung angemessene Gegenleistung zu gewähren. Dies kommt insbesondere in den §§ 15 ff. UrhG (Verwertungsrechte) und in § 36 Abs. 1 UrhG (Beteiligungsrecht)[135] zum Ausdruck.

Die Einräumung der Nutzungsrechte während der Dauer des Arbeitsverhältnisses wird durch die Arbeitsvergütung mit abgegolten.[136] Eine Verpflichtung zur Zahlung einer besonderen Vergütung entfällt, weil dem Sinn und Zweck des Urheberrechts bereits in Form der Arbeitsvergütung Rechnung getragen wird. Nach Beendigung des Arbeitsverhältnisses erhält der Arbeitnehmer-Urheber jedoch keine Arbeitsvergütung mehr. Um dem Sinn und Zweck des Urheberrechts Rechnung zu tragen, muß der Arbeitgeber den Arbeitnehmer-Urheber dann durch Zahlung eines Nutzungsentgelts für die Nutzungseinräumung entschädigen.

Das BAG ist allerdings in einem von ihm kürzlich verkündeten Urteil[137], in dem es um Nutzungsrechte an Statikprogrammen ging, zu einem anderen Ergebnis gelangt. Es entschied, daß die Übertragung der Nutzungsrechte auch für die Zeit nach Beendigung des Arbeitsverhältnisses unentgeltlich sei.[138] Diese Entscheidung mag auf die besonderen Umstände des zu beurteilenden Falls zurückzuführen sein.[139] So wurde beispielsweise bei dem Ausscheiden des Arbeitnehmers noch ein Sonderhonorar für die Berechnung von Gesamtstatiken vereinbart, ohne daß die Parteien dabei auf die Weiterbenutzung der Programme zu sprechen kamen.[140] Es ist möglich, daß das BAG einen Anspruch auf Nutzungsentgelt für die Zeit nach Beendigung des Arbeitsverhältnisses auf Grund dieses besonderen Umstandes verneint hat. Ein genereller Ausschluß eines Nutzungsentgeltanspruchs ist jedoch mit den Grundsätzen des Urheberrechts nicht vereinbar.

---

134 LAG Schleswig-Holstein Urt. v. 24.6.1981 - 2 Sa 605/81 = BB 1983, 994, 995; *Hubmann*, AP Nr. 2 zu § 43 UrhG; *Loewenheim*, ZUM 1985, 26, 32; *Ulmer*, GRUR 1984, 432, 434.

135 Siehe Ausführungen bei Fn. 125.

136 Siehe Ausführungen bei Fn. 122.

137 BAG Urt. v. 13.9.1983 - 3 AZR 371/81 = GRUR 1984, 429 - Statikprogramme.

138 BAG (Fn. 137), 432.

139 *Loewenheim*, ZUM 1985, 26, 32; *Ulmer*, GRUR 1984, 432, 434.

140 *Ulmer*, GRUR 1984, 432, 434.

Wären Computerprogramme oder -chips urheberrechtlich geschützt, so müßte der Arbeitgeber dem Arbeitnehmer, der Programme oder Chips entwickelt, somit nach Beendigung des Arbeitsverhältnisses ein Nutzungsentgelt zahlen.

5. Urheberrechtsschutz für Algorithmen[141]

Es entspricht den Grundsätzen des deutschen Urheberrechts, daß die in einem Werk der Literatur, Wissenschaft oder Kunst verwendeten wissenschaftlichen Erkenntnisse, Ideen und Theorien, mathematischen Lehrsätze, Prinzipien und Formeln im Interesse der Allgemeinheit frei und jedermann zugänglich sind und deshalb vom Urheberrechtsschutz ausgeschlossen sind.[142]

Daher sind auch Algorithmen, als dem Computerprogramm immanente Rechenregeln bzw. deren mathematische Prinzipien, vom Urheberrechtsschutz ausgeschlossen.[143]

Algorithmen können daher frei für die Schaffung eigenständiger Programme verwendet werden.[144]

6. Urheberrechtsschutz für Computerprogramme

Computerprogramme können in zwei Gruppen unterteilt werden, zum einen in die Gruppe der Quellenprogramme, zum anderen in die Gruppe der Objektprogramme.[145] Unter „Quellenprogrammen" versteht man die von einem Programmierer in einer sog. höheren Programmiersprache, wie z.B. BASIC, ALGOL, FORTRAN oder COBOL erstellten Programme.[146] Unter „Objektprogrammen" versteht man Programme, die lediglich aus den Ziffern „1" und „0" bestehen, und die meistens auf Grund maschineller Übersetzung der Quellenprogramme erzeugt werden.[147]

---

[141] Siehe Ausführungen unter C. II. 2..

[142] Siehe Ausführungen bei Fn. 102, 103.

[143] BGHZ 94, 276, 285 = BB 1985, 1747, 1750-Inkassoprogramm; OLG Karlsruhe Urt. v. 9.2.1983-6 U 150/81 = GRUR 1983, 300, 305-Inkassoprogramm; OLG Frankfurt Urt. v. 13.6.1983-6 W 34/83 = GRUR 1983, 753, 755-Pengo; OLG Frankfurt Urt. v. 4.8.1983-6 U 19/83 = WRP 1984, 79, 84-Donkey Kong Junior II; *Betten*, Mitt. d. dt. PAW 1984, 201, 207; *Betten*, Mitt. d. dt. PAW 1986, 10, 12; Deutsche Vereinigung für gewerblichen Rechtsschutz und Urheberrecht, GRUR 1979, 300, 303, 304; *Erdmann*, CuR 1986, 249, 253; *Köhler*, 71; *Kolle*, GRUR 1974, 7, 10; *Kolle*, GRUR Int. 1974, 129, 131; *Loewenheim*, ZUM 1985, 26, 27; *Schulze*, GRUR 1985, 997, 1005; *Ulmer*, Urheber- und Verlagsrecht, 141; *Ulmer/Kolle*, GRUR Int. 1982, 489, 497; *Weyer*, ÖVD 1982, 72, 73; *Zahn*, GRUR 1978, 207, 218.

[144] *Betten*, Mitt. d. dt. PAW 1984, 201, 209; *Betten*, Mitt. d. dt. PAW 1986, 10, 12; *Kolle*, GRUR 1973, 611, 618; *Kolle*, GRUR 1974, 7, 10; *Kolle*, GRUR Int. 1985, 29, 30.

[145] Siehe Ausführungen unter C. II. 1..

[146] Siehe Ausführungen bei Fn. 34 unter C..

[147] Siehe Ausführungen bei Fn. 38 unter C..

Die Gerichte und Autoren, die sich bisher zu dem Thema des Urheberrechtsschutzes für Computerprogramme geäußert haben, haben bei ihrer Erörterung des Themas i.d.R. nicht zwischen dem Urheberrechtsschutz für Quellenprogramme einerseits und für Objektprogramme andererseits unterschieden. Sie haben vielmehr eine generelle Beurteilung der Computerprogramme vorgenommen. Eine differenzierende Betrachtung ist jedoch erforderlich. Die Unterschiede zwischen Quellen- und Objektprogrammen wirken sich auch urheberrechtlich aus. Dies wird in den folgenden Abschnitten dargestellt.

a) Urheberrechtsschutz für Quellenprogramme

Quellenprogramme sind urheberrechtlich geschützt, wenn sie die Voraussetzungen von § 2 UrhG erfüllen, d.h. in eine der von § 2 Abs. 1 UrhG genannten Werkkategorien fallen und persönliche geistige Schöpfungen i.S.v. § 2 Abs. 2 UrhG sind.

Bis zur Urheberrechtsreform 1985 bestand Uneinigkeit darüber, ob Computerprogramme in die Werkkategorie der „Sprachwerke“ gemäß § 2 Abs. 1 Nr. 1 UrhG eingeordnet werden können. Überwiegend wurde allerdings die Meinung vertreten, daß Computerprogramme als Sprachwerke im Sinne dieser Vorschrift qualifiziert werden können.[148] Diese Meinung wurde u.a. damit begründet, daß Programmiersprachen die eine „Sprache“ kennzeichnenden Elemente (Buchstaben, Zahlen, Zeichen und Symbole)[149] enthalten.[150] Außerdem legen bestimmte Regeln fest, welche Zeichen und -kombinationen zulässige Ausdrücke darstellen. Ferner wird jedem zulässigen Ausdruck bzw. jeder zulässigen Ausdruckskombination eine bestimmte Bedeutung zugeordnet.[151] Programmiersprachen unterscheiden sich von „natürlichen“ Sprachen lediglich dadurch, daß sie nicht historisch gewachsen sind, sondern zur Programmierung von Computern künstlich geschaffen wurden. Ansonsten sind sie jedoch „natürlichen“ Sprachen durchaus vergleichbar.[152]

---

[148] BGHZ 94, 276, 283 = BB 1985, 1747, 1749 - Inkassoprogramm; BAG Urt. v. 13.9.1983 - 3 AZR 371/81 = GRUR 1984, 429, 430 - Statikprogramme; OLG Karlsruhe Urt. v. 9.2.1983 - 6 U 150/81 = BB 1983, 986, 988; OLG Frankfurt Urt. v. 13.6.1983 - 6 W 34/83 = GRUR 1983, 753, 755 - Pengo; OLG Frankfurt Urt. v. 6.11.1984 - 14 U 188/81 = BB 1985, 139, 140 - Baustatikprogramm; LG München I Urt. v. 21.12.1982 - 7 O 2490/82 = BB 1983, 273, 273; *Borking*, 275; *Braun*, BB 1971, 1343, 1346; *Brutschke*, 96 f., 108; *Erdmann*, CuR 1986, 249, 251; *von Gamm*, WRP 1969, 96, 97; *Haberstumpf*, GRUR 1982, 142, 145; *Köhler*, 71; *Kolle*, GRUR 1982, 443, 449 f.; *Loewenheim*, ZUM 1985, 26, 30; *Möhring*, GRUR 1967, 269, 273; *Öhlschlegel*, GRUR 1968, 679, 681; *Rupp*, ZUM 1986, 12, 12; *Sieber*, BB 1983, 977, 978; *Ulmer/Kolle*, GRUR Int. 1982, 489, 494.

[149] Siehe Ausführungen bei Fn. 66.

[150] *Brutschke*, 97; *Haberstumpf*, UFITA 95 (1983), 221, 226; *Kolle*, GRUR 1982, 443, 450.

[151] Siehe Ausführungen bei Fn. 67.

[152] *Haberstumpf*, UFITA 95 (1983), 221, 226.

Daß Programmiersprachen nur Fachkundigen verständlich sind, kann ihre Spracheigenschaft nicht in Frage stellen[153], denn auch „natürliche" Sprachen sind nur denjenigen verständlich, die die Sprache gelernt haben. Auf die Allgemeinverständlichkeit einer Sprache kommt es nicht an.[154]

Die Sprachwerkseigenschaft von Computerprogrammen kann nicht mit der von dem LG Mannheim gewählten Begründung abgelehnt werden, daß es sich bei dem im Streit befindlichen Programm um eine „endlose Aneinanderreihung von Zeilen" handele, „die mit aus sich heraus nicht verständlichen Buchstaben- und Zahlenkombinationen gefüllt" seien.[155] Ein beispielsweise in spanischer Sprache geschriebener Roman ist ebenfalls für jemanden, der nicht Spanisch kann, eine „endlose Aneinanderreihung von Zeilen, die mit aus sich heraus nicht verständlichen Buchstabenkombinationen gefüllt sind." Dies ändert jedoch nichts an seiner Sprachwerkseigenschaft.[156] Das gleiche muß auch für Computerprogramme gelten.

Der Bundestag scheint diese Erwägungen ebenfalls befürwortet zu haben, denn er hat im Rahmen der Urheberrechtsreform 1985 in § 2 Abs. 1 Nr. 1 UrhG „Programme für die Datenverarbeitung" ausdrücklich als Unterfall der Sprachwerke aufgenommen.

Man könnte nun die Meinung vertreten, die ausdrückliche Einordnung der Programme für die Datenverarbeitung als Unterfall der Sprachwerke sei als Signal des Gesetzgebers dahin zu verstehen, daß Computerprogramme nunmehr generell nach § 2 UrhG urheberrechtlich geschützt sein sollen. Dies wäre jedoch ein Trugschluß.[157] Computerprogramme müssen nach wie vor wie alle anderen in § 2 Abs. 1 UrhG genannten Werkarten eine „persönliche geistige Schöpfung" i.S.v. § 2 Abs. 2 UrhG darstellen, um urheberrechtsfähig zu sein.[158] Die Gesetzesnovelle hat das Erfordernis der „persönlichen geistigen Schöpfung" nicht beseitigt. Mit der Gesetzesnovelle sollte lediglich klargestellt werden, daß Computerprogramme als Sprachwerke eingeordnet werden können, daß sie nicht schon von vornherein als Werke der Technik vom Urheberrechtsschutz ausgeschlossen sind.[159]

---

[153] BAG Urt. v. 13.9.1983 - 3 AZR 371/81 = GRUR 1984, 428, 431; *Haberstumpf*, GRUR 1982, 142, 145; *Köhler*, 72; *Kolle*, GRUR 1982, 443, 450.

[154] OLG Karlsruhe Urt. v. 9.2.1983 - 6 U 150/81 = GRUR 1983, 300, 305 - Inkassoprogramm; OLG Frankfurt Urt. v. 4.8.1983 - 6 U 19/83 = WRP 1984, 79, 84 - Donkey Kong Junior II; *Däubler*, ArbuR 1985, 169, 170; *Sieber*, BB 1983, 977, 978.

[155] LG Mannheim Urt. v. 12.6.1981 - 7 O 143/81 = BB 1981, 1543, 1543 - Inkassoprogramm.

[156] *Nordemann*, Festschrift für Roeber 1982, 297, 299 f.; *Nordemann*, ZUM 1985, 10, 12; ebenso *Zahrnt*, BB 1981, 1545, 1545 für ein chinesisches Gedicht.

[157] *Schulze*, GRUR 1985, 997, 997.

[158] *Flechsig*, NJW 1985, 1991, 1992.

[159] Beschlußempfehlung, BT-Drucks., Bd. 318, 10/3360, 18 zu § 2 Abs. 1 Nr. 1; *Erdmann*, CuR 1986, 249, 251; *Schulze*, GRUR 1985, 997, 998.

Das Erfordernis der „geistigen Schöpfung“ wird i.d.R. bei Quellenprogrammen erfüllt sein. Es wird selten vorkommen, daß sie auf Grund einer gedankenlosen Spielerei entstehen. I.d.R. sind der Einsatz von profunder Sachkenntnis, analytischer Fähigkeiten und planerisch-konstruktivem Denken, d.h. eine hohe geistige Leistung zur Erstellung von Quellenprogrammen erforderlich.[160]

Ob Quellenprogramme auch das Erfordernis der „persönlichen Schöpfung“ erfüllen, ist schon fraglicher. Das Erfordernis der persönlichen Schöpfung bedeutet zweierlei. Zum einen bedeutet es, daß der Schöpfer des Werkes eine Person, d.h. ein Mensch sein muß.[161] Zum anderen bedeutet es, daß die Schöpfung von der Persönlichkeit des Urhebers geprägt sein muß.[162]

Da das Quellenprogramm von einem Programmierer, einem Menschen, erstellt wird, ist der ersten Bedeutung auf jeden Fall Rechnung getragen.

Ob jedoch auch die zweite Bedeutung, d.h. eine ausreichende Persönlichkeitsprägung, vorliegt, wird unterschiedlich beurteilt.

In der Literatur wird teilweise die Auffassung vertreten, bei der Erstellung eines Computerprogramms bestehe i.d.R. keine Möglichkeit für eine individuelle Ausgestaltung.[163] Die meisten Vertreter dieser Auffassung gehen — zusammengefaßt — davon aus, daß mit dem Fortschreiten des Entwicklungsprozesses (Systemanalyse, Datenflußplan, Flußdiagramm und Blockdiagramm)[164] bis zur Erreichung des Endprodukts „Quellenprogramm“ immer mehr Tätigkeiten und Ergebnisse vorgegeben sind, so daß sich nach und nach der erforderliche Spielraum für eine eigenpersönliche Gestaltung verengt, und daß in der letzten Entwicklungsphase, d.h. des Schreibens des Quellenprogramms, nur noch von einem routinemäßigen, nachschaffenden Vollzug der Ergebnisse der ersten Programmierungsphasen ausgegangen werden kann.[165]

Diese Auffassung, die die Persönlichkeitsprägung des Quellenprogramms wegen der vorangegangenen Entwicklungsstufen verneint, kann in mehrfacher Weise kritisiert werden. Ihr kann entgegengehalten werden, daß Quellenprogramme oft unter Auslassung von einigen Phasen geschrieben werden.[166] Die Vorgehensweise bei der Erstellung eines Quellenprogramms hängt u.a. ab vom

---

[160] *Kindermann*, GRUR 1983, 150, 155; *Kolle*, GRUR 1982, 443, 453; *Loewenheim*, ZUM 1985, 26, 27 f.; *Nordemann*, Festschrift für Roeber 1982, 297, 302; *Nordemann*, ZUM 1985, 10, 13; *Ulmer/Kolle*, GRUR Int. 1982, 489, 494.

[161] Siehe Ausführungen bei Fn. 73.

[162] Siehe Ausführungen bei Fn. 76.

[163] *Brutschke*, 108; *von Gamm*, WRP 1969, 96, 98; *Link*, GRUR 1986, 141, 142 f.; *Möhring*, GRUR 1967, 269, 276; *Troller*, UFITA 50 (1967), 385, 416 f..

[164] Siehe Ausführungen unter C. II. 3..

[165] *Brutschke*, 108; *von Gamm*, WRP 1969, 96, 98; *Link*, GRUR 1986, 141, 142 f.; *Möhring*, GRUR 1967, 269, 276.

[166] *Ulmer/Kolle*, GRUR Int. 1982, 489, 493; *Wittmer*, 38, 39.

Umfang und der Überblickbarkeit eines Projekts und der Routine des Programmierers. Ferner kommt es vor, daß die zu lösenden Probleme zwischen den Phasen verschoben werden, so z.B. wenn sie erst später erkannt werden.[167] Außerdem werden Fehler und Lücken vorhergehender Phasen oft erst bei der Niederschrift des Quellenprogramms erkannt und dann richtiggestellt.[168] In der Phase der Niederschrift des Quellenprogramms ist somit, den tatsächlichen Gegebenheiten gemäß, die Möglichkeit für eine persönliche Prägung gegeben.

Ein großer Teil der Literatur vertritt daher auch die Meinung, daß bei der Erstellung eines Computerprogramms grundsätzlich Spielraum für die Entfaltung persönlicher Züge besteht, und daß Urheberrechtsfähigkeit gegeben ist, falls dieser Spielraum ausgenutzt wird.[169]

Auch die Rechtsprechung vertritt größtenteils die Auffassung, daß ein Computerprogramm von der Persönlichkeit seines Herstellers geprägt sein kann.[170]

Dies wurde auch in der bisher einzigen BGH-Entscheidung (sog. *Inkassoprogramm*-Entscheidung), die zu diesem Thema ergangen ist, betont.[171] Der BGH hob in dieser Entscheidung hervor, daß sich die Persönlichkeitsprägung insbesondere aus der Auswahl, Sammlung, Anordnung und Einteilung der Informationen ergeben könne.[172] In dem konkreten Fall war eine Persönlichkeitsprägung für den BGH allerdings nicht ersichtlich. Er verwies die Sache daher zu weiterer tatrichterlicher Aufklärung zurück.[173]

---

167 *Wittmer*, 38.

168 *Wittmer*, 39.

169 Deutsche Vereinigung für gewerblichen Rechtsschutz und Urheberrecht, GRUR 1979, 300, 303; *Dittrich*, RdW 1983, 39, 40 ff.; *Haberstumpf*, UFITA 95 (1983), 221, 228; *Haberstumpf*, GRUR 1986, 222, 234; *Hubmann*, Urheber- und Verlagsrecht, 91; *Kolle*, GRUR 1974, 7, 9,; *Kolle*, GRUR Int. 1974, 129, 130; *Kolle*, GRUR 1982, 443, 453 f.; *Nordemann*, Festschrift für Roeber 1982, 297, 303 f.; *Nordemann*, ZUM 1985, 10, 14 f.; *Rupp*, ZUM 1986, 12, 12 f.; *Sieber*, BB 1981, 1547, 1551; *Ulmer*, Urheber- und Verlagsrecht, 141; *Ulmer/Kolle*, GRUR Int. 1982, 489, 495 f.; *Vinck* in: *Fromm/Nordemann*, § 2 Rdn.16b.

170 BGHZ 94, 276, 286 ff. = BB 1985, 1747, 1750 - Inkassoprogramm; BAG Urt. v. 13.9.1983 - 3 AZR 371/81 = GRUR 1984, 429, 431 - Statikprogramme; OLG Koblenz Urt. v. 13.8.1981 - 6 U 294/80 = BB 1983, 992, 993; OLG Karlsruhe Urt. v. 9.2.1983 - 6 U 150/81 = GRUR 1983, 300, 306 - Inkassoprogramm; OLG Frankfurt Urt. v. 13.6.1983 = 6 W 34/83 = GRUR 1983, 753, 755 - Pengo; OLG Nürnberg Urt. v. 8.5.1984 - 3 U 652/83 = GRUR 1984, 736, 736 - Glasverschnitt-Programm; OLG Frankfurt Urt. v. 6.11.1984 - 14 U 188/81 = BB 1985, 139, 140 - Baustatikprogramm; LG Mosbach Urt. v. 13.7.1982 - KfH O 35/82 = BB 1982, 1443, 1444; LG München I Urt. v. 21.12.1982 - 7 O 2490/82 = BB 1983, 273, 273; a.A. nur LG Mannheim Urt. v. 12.6.1981 - 7 O 143/81 = BB 1981, 1543, 1543.

171 BGHZ 94, 276, 286 ff. = BB 1985, 1747, 1750 - Inkassoprogramm.

172 Ebd.

173 BGHZ 94, 276, 290 = BB 1985, 1747, 1751 - Inkassoprogramm.

Die vom BGH in der *Inkassoprogramm*-Entscheidung an das Maß der Persönlichkeitsprägung von Computerprogrammen gestellten Anforderungen sind relativ hoch. Der BGH führt aus, daß die untere Grenze der urheberrechtlichen Schutzfähigkeit erst in einem „erheblich weiten Abstand" zum Handwerksmäßigen und zum Durchschnittskönnen beginne. Er verlangt ein „deutliches Überragen" der Gestaltungstätigkeit in Auswahl, Sammlung, Anordnung und Einteilung der Informationen gegenüber dem allgemeinen Durchschnittskönnen.[174]

Wenige Monate nach der *Inkassoprogramm*-Entscheidung nahm der BGH in dem vom OLG Frankfurt entschiedenen *Baustatikprogramm*-Fall[175] die Revision nicht an.[176] Daraus ist zu schließen, daß der BGH die vom OLG Frankfurt ergriffene Methode zur Prüfung und Ermittlung der Urheberrechtsfähigkeit eines Computerprogramms akzeptiert.[177] Das OLG Frankfurt verlangte, genauso wie der BGH in der *Inkassoprogramm*-Entscheidung, ein „bedeutendes schöpferisches Überragen" der Gestaltungstätigkeit gegenüber dem allgemeinen Durchschnittskönnen.[178]

Die Tendenz in der Rechtsprechung bezüglich der Urheberrechtsfähigkeit von Computerprogrammen scheint somit dahin zu gehen, daß hohe Anforderungen an die Persönlichkeitsprägung gestellt werden. Die meisten Quellenprogramme werden diese hohen Anforderungen allerdings nicht erfüllen und daher vom Urheberrechtsschutz ausgeschlossen bleiben.[179]

Die hohen Anforderungen, die für die Persönlichkeitsprägung von Computerprogrammen verlangt werden, stehen außerdem in Widerspruch zu den niedrigen Anforderungen, die der BGH in früheren Entscheidungen betreffend die Bereiche der Musik und Literatur[180] verlangt hat.[181] Uneinheitliche

---

[174] BGHZ 94, 276, 287 = BB 1985, 1747, 1750-Inkassoprogramm; Siehe auch Ausführungen bei Fn. 82.

[175] OLG Frankfurt Urt. v. 6.11.1984-14 U 188/81 = BB 1985, 139 = GRUR 1985, 1049-Baustatikprogramm.

[176] BGH Beschl. v. 26.9.1985-I ZR 219/84.

[177] Anm. d. Schriftleitung zu OLG Frankfurt „Baustatikprogramm" GRUR 1985, 1049, 1052; *Schulze*, GRUR 1985, 997, 997.

[178] OLG Frankfurt (Fn. 175), BB 1985, 139, 141 = GRUR 1985, 1049, 1050.

[179] *Bauer*, CuR 1985, 5, 12; *Betten*, GesRZ 1986, 25, 30; *Betten*, Mitt. d. dt. PAW 1986, 10, 12; *Bohlig*, CuR 1986, 126, 126 f.; *von Gamm*, WM 1986, Sonderbeilage Nr. 8, 3, 8.

[180] Z.B. BGH Urt. v. 3.11.1967-Ib ZR 123/65 = GRUR 1968, 321, 324-Haselnuß: „Bei der Prüfung, ob eine musikalische Bearbeitung als persönliche geistige Schöpfung anzusehen ist, sind ebenso wie bei Schriftwerken keine zu hohen Anforderungen zu stellen, ... diese Voraussetzung kann auch dann gegeben sein, wenn es sich, wie vielfach bei der Schlager- und Unterhaltungsmusik, um eine formgebende Tätigkeit geringen künstlerischen Ranges handelt. ... Es sollen auch Werke von geringem schöpferischen Wert, die sog. kleine Münze, Schutz genießen."

[181] *Schulze*, GRUR 1985, 997, 1002, 1004.

Maßstäbe tragen nicht zur Förderung der Ideale der Rechtseinheit und Rechtsklarheit bei. Sie komplizieren vielmehr die Rechtsanwendung.

Die Rechtsprechung bezüglich der Persönlichkeitsprägung von Computerprogrammen ist noch von weiteren Widersprüchen gekennzeichnet. In der *Baustatikprogramm*-Entscheidung führt das OLG Frankfurt sich auf *Kolle*[182] berufend aus, daß sich die Persönlichkeitsprägung von Computerprogrammen aus der Komplexität des zu beurteilenden Programms ergebe, und daß sie zu bejahen sei, wenn verschiedene Programmierer bei identischer Aufgabenstellung zu verschiedenen Programmen kommen.[183] Damit widerspricht sich das OLG Frankfurt selbst. In seiner 1983 ergangenen *Pengo*-Entscheidung betonte das OLG Frankfurt nämlich ausdrücklich, daß es für die Werkqualität nicht entscheidend sei, daß eine Vielzahl von Programmierern bei gleicher Aufgabenstellung unterschiedliche Programme entwickeln würde.[184] Ferner widerspricht das OLG Frankfurt in der *Baustatikprogramm*-Entscheidung der *Inkassoprogramm*-Entscheidung des BGH, in der der BGH die soeben zitierte *Pengo*-Formulierung übernahm.[185] Da der BGH die *Baustatikprogramm*-Entscheidung durch die Nichtannahme der Revision bestätigte[186], setzt er sich ebenfalls in Widerspruch zu seinen Ausführungen in der *Inkassoprogramm*-Entscheidung. Diese Widersprüche stiften Verwirrung.

Falls die Rechtsprechung in der Zukunft, wie in der *Inkassoprogramm*-Entscheidung des BGH, eine Persönlichkeitsprägung nicht schon aufgrund der Tatsache bejaht, daß unterschiedliche Programmierer bei gleicher Aufgabenstellung unterschiedliche Programme entwickeln könnten oder würden, sondern vielmehr einen Beweis verlangt, daß ein vorhandener Spielraum auch tatsächlich individuell genutzt wurde, bzw. verlangt, daß das Individuelle eines Programms konkret durch einen Vergleich mit dem Vorbekannten und dem Schaffen eines Durchschnittprogrammierers dargelegt wird, wird regelmäßig ein Sachverständigengutachten notwendig sein. Die Notwendigkeit eines Sachverständigengutachtens macht ein Gerichtsverfahren sehr schwerfällig. Mit einem schnellen Schutz im Wege einer einstweiligen Verfügung wird dann kaum gerechnet werden können.[187]

---

182 *Kolle*, GRUR 1974, 7, 9.

183 OLG Frankfurt Urt. v. 6.11.1984-14 U 188/81 = GRUR 1985, 1049, 1050-Baustatikprogramm (diese Ausführungen sind in BB 1985, 139 nicht abgedruckt).

184 OLG Frankfurt Urt. v. 13.6.1983-6 W 34/83 = GRUR 1983, 753, 755-Pengo.

185 BGHZ 94, 276, 287 = BB 1985, 1747, 1751-Inkassoprogramm.

186 Siehe Ausführungen bei Fn. 177.

187 *Betten*, Mitt. d. dt. PAW 1986, 10, 12; *Bohlig*, CuR 1986, 126, 127; *Braun*, BB 1971, 1343, 1347; *Schulze*, GRUR 1985, 997, 1005.

b) Urheberrechtsschutz für Objektprogramme

aa) Objektprogramm — nach § 2 UrhG geschütztes Werk?

Urheberrechtsschutz nach § 2 UrhG genießen Objektprogramme nur, wenn sie in eine der von Absatz 1 genannten Werkkategorien fallen und persönliche geistige Schöpfungen i.S.v. Absatz 2 sind.

Für Objektprogramme kommt, ebenso wie für Quellenprogramme, die Werkkategorie der Sprachwerke (§ 2 Abs. 1 Nr. 1 UrhG) in Betracht.

Daß Objektprogramme nur aus den Ziffern „1" und „0" bestehen, kann die Sprachwerkseigenschaft nicht in Frage stellen.[188] Zahlen gehören ebenso zu den Elementen der Sprache wie Buchstaben.[189]

Teilweise wird jedoch die Auffassung vertreten, daß Objektprogramme, und insbesondere Betriebsprogramme[190], nicht nach § 2 UrhG als Sprachwerke geschützt werden können, weil sie nur der Betätigung von Computern, nicht aber der Kommunikation, d.h. der Mitteilung der dem Programm zugrundeliegenden Gedanken an andere Menschen dienten.[191]

Diese Auffassung muß in zwei Punkten kritisiert werden. Erstens ist für die Urheberrechtsfähigkeit weder eine Kommunikationsbestimmung noch eine Kommunikationswirkung erforderlich.[192] Zweitens könnten Objektprogramme selbst dann als Sprachwerke i.S.v. § 2 UrhG eingeordnet werden, wenn eine Kommunikationsbestimmung oder -wirkung erforderlich wäre. Es ist zwar für Programmierer, Tester, Bearbeiter etc. wesentlich einfacher, das Quellenprogramm zu lesen als das Objektprogramm. Falls möglich werden sie deshalb das Quellenprogramm benutzen, um Informationen über das Programm zu erhalten. Es gibt jedoch auch Situationen, in denen sie auf das Objektprogramm angewiesen sind, um sich die nötigen Informationen zu verschaffen. So müssen sie beispielsweise mit dem Objektprogramm arbeiten, wenn das Quellenprogramm nicht mehr existiert oder nicht mehr erhältlich ist, oder wenn Fehler im *Compiler*[193] vorhanden sind. Dem Objektprogramm kommt daher durchaus eine Kommunikationsbestimmung bzw. -wirkung zu.[194]

Daraus folgt, daß Objektprogramme selbst dann als Sprachwerke i.S.d. § 2 Abs. 1 Nr. 1 UrhG anzusehen sind, wenn man eine Kommunikationsbestimmung bzw. -wirkung für erforderlich hält.

---

188 *Brutschke*, 97, 110.

189 Siehe Ausführungen bei Fn. 66.

190 Siehe Ausführungen unter C. II. 1. c).

191 *Axster/Axster*, BB 1967, 606, 611; *Betten*, Mitt. d. dt. PAW 1984, 201, 202, 205 f..

192 Siehe Ausführungen bei Fn. 92.

193 Ein *Compiler* ist ein Programm, das das Quellenprogramm in das Objektprogramm übersetzt. Vgl. auch Ausführungen bei Fn. 38 unter C. II..

194 *Haberstumpf*, GRUR 1982, 142, 146; *Haberstumpf*, UFITA 95 (1983), 221, 227; *Kolle*, GRUR 1982, 443, 452.

Daß auch Objektprogramme als Sprachwerke qualifiziert werden können, steht nun zumindest seit der Urheberrechtsreform 1985 fest. Seit dieser Reform sind „Programme für die Datenverarbeitung“ als Unterfall der Sprachwerke ausdrücklich aufgeführt. Der Gesetzgeber traf keine Unterscheidung zwischen Quellen- und Objektprogrammen. Sie fallen daher beide in die Sprachwerkskategorie.

Problematisch ist jedoch nach wie vor, ob Objektprogramme auch das Erfordernis der „persönlichen geistigen Schöpfung“ des § 2 Abs. 2 UrhG erfüllen.

Das Objektprogramm entsteht auf Grund einer Übersetzung des Quellenprogramms. Die Übersetzung wird i.d.R. von einem Computer durchgeführt.[195] „Persönliche“ Schöpfungen können jedoch nur von Menschen hergestellt werden.[196] Computer können keine „persönlichen“ Schöpfungen hervorbringen.[197] Das von einem Computer erzeugte Objektprogramm erfüllt daher nicht das Merkmal der „persönlichen geistigen Schöpfung“.[198]

Objektprogramme können daher, falls sie nicht ausnahmsweise von dem Programmierer direkt geschrieben werden, nicht als Originalwerke nach § 2 UrhG geschützt werden.

Bedauerlicherweise wurden Objektprogramme von der Rechtsprechung und der Literatur bisher meistens nicht getrennt von den Quellenprogrammen auf das Merkmal der „persönlichen geistigen Schöpfung“ hin untersucht. Wäre eine solche Untersuchung vorgenommen worden, so hätte festgestellt werden müssen, daß Objektprogramme keine „persönlichen“, sondern „maschinelle“ Schöpfungen sind.

Die Tatsache, daß ein Urheberrechtsschutz für Objektprogramme nach § 2 UrhG ausscheidet, bedeutet aber noch nicht, daß sie urheberrechtlich überhaupt nicht geschützt sind. Man kann in Erwägung ziehen, daß Objektprogramme entweder als „Vervielfältigungsstücke“ oder als „Bearbeitungen“ der Quellenprogramme urheberrechtlich geschützt sind.

bb) Objektprogramm — geschützt als Vervielfältigungsstück des Quellenprogramms?

Vervielfältigungsstücke eines Werkes sind nach § 15 i.V.m §§ 16, 17 UrhG geschützt. § 15 i.V.m. § 16 UrhG gewährt dem Urheberrechtsinhaber das Recht, Vervielfältigungsstücke herzustellen. § 15 i.V.m. § 17 UrhG gewährt ihm das Recht, Vervielfältigungsstücke des Werkes der Öffentlichkeit anzubieten oder in Verkehr zu bringen.

---

[195] Siehe Ausführungen bei Fn. 38 unter C. II.

[196] Siehe Ausführungen bei Fn. 73.

[197] Siehe Ausführungen bei Fn. 74, 75.

[198] *Borking*, 278; *Brutschke*, 109; *Moser*, GRUR 1967, 639, 642.

Teilweise wird nun die Meinung vertreten, Objektprogramme seien als „Vervielfältigungsstücke" der Quellenprogramme urheberrechtlich geschützt.[199] Ob dieser Meinung zuzustimmen ist, hängt davon ab, ob die maschinelle Umwandlung des Quellenprogramms in das Objektprogramm als Vervielfältigung i.S.d. Urheberrechts angesehen werden kann.

Unter Vervielfältigung versteht man jede erneute körperliche Festlegung des geschützten Werkes, die geeignet ist, das Werk den menschlichen Sinnen auf irgendeine Weise unmittelbar oder mittelbar wahrnehmbar zu machen.[200] Objektprogramme sind körperlich festgelegt auf Informationsträgern, z.B. auf Disketten oder auf ROMs. Sie können, selbst wenn sie sich auf ROMs im Innern des Computers befinden, mit Hilfe technischer Mittel wieder wahrnehmbar gemacht werden.[201] Sie erfüllen somit diese Voraussetzungen der Vervielfältigung.

Erforderlich ist ferner, daß bei der Vervielfältigung ein mit dem Original identisches Werkstück hergestellt wird.[202] Dieses Erfordernis wird von Objektprogrammen nicht erfüllt. Die maschinelle Umwandlung eines Quellenprogramms in ein Objektprogramm führt zu einer Änderung des Originalwerks. Statt der im Quellenprogramm befindlichen Buchstaben und Wörter befinden sich im Objektprogramm nur noch Zahlen, nämlich „1"en und „0"en. Das Objektprogramm sieht nicht aus wie eine Fotokopie des Quellenprogramms. Der Sprachverlauf ist völlig verschieden. In einem solchen Fall kann nicht von einer Vervielfältigung gesprochen werden.[203]

Werkexemplare, die nicht mit dem Originalwerk identisch sind, können allenfalls über die Vorschrift des § 3 UrhG als Bearbeitung des Originalwerks geschützt werden. Ob Objektprogramme nach dieser Vorschrift geschützt sind, wird nachstehend untersucht. Als Vervielfältigungsstücke der Quellenprogramme sind sie jedenfalls wegen ihrer Unterschiedlichkeit nicht geschützt.

cc) Objektprogramm — geschützt als Bearbeitung des Quellenprogramms nach § 3 UrhG?

In Betracht kommt nunmehr nur noch ein Schutz der Objektprogramme als Bearbeitungen der Quellenprogramme nach § 3 UrhG.[204]

---

[199] *Haberstumpf*, GRUR 1982, 142, 148; *Kindermann*, GRUR 1983, 150, 156; *Kolle*, GRUR 1982, 443, 455; *Kolle*, GRUR Int. 1985, 29, 31; *Rupp*, ZUM 1986, 12, 13 Fn. 6; *Ulmer/Kolle*, GRUR Int. 1982, 489, 498; *Wittmer*, 51, 52.

[200] Siehe Ausführungen bei Fn. 46.

[201] *Brutschke*, 110; Comment, Golden Gate U. L. Rev. 14 (1984), 281, 291; Comment, North Carolina J. of Internat. L. and Com. Reg. 10 (1985), 667, 696; *Haberstumpf*, GRUR 1982, 142, 148; Note, Harvard L. Rev. 96 (1983), 1723, 1727 Fn. 34, 1731; Note, Hofstra L. Rev. 11 (1982), 329, 342; *Wharton*, Computer / L. J. 5 (1985), 433, 436 Fn. 14.

[202] Siehe Ausführungen bei Fn. 48.

[203] *Borking*, 456.

[204] Einen solchen Schutz befürworten: *Kolle*, GRUR 1973, 611, 618; *Weyer*, ÖVD 1982, 72, 73.

Nach § 3 UrhG sind Bearbeitungen eines Werkes, die persönliche geistige Schöpfungen sind, geschützt. Als Beispiel einer Bearbeitung ist die Übersetzung genannt. Objektprogramme sind Übersetzungen der Quellenprogramme.[205] Sie können daher als Bearbeitung angesehen werden. Dies allein begründet jedoch noch keine Schutzfähigkeit. Urheberrechtsschutz nach § 3 UrhG ist nur möglich für Bearbeitungen, die „persönliche geistige Schöpfungen" sind. Da die Übersetzung der Quellenprogramme in die Objektprogramme durch den *Compiler* eines Computers ohne jegliche menschliche, d.h. persönliche, Mitwirkung bzw. Schöpfung erfolgt[206], scheiden die Objektprogramme aus dem Schutzbereich des § 3 UrhG aus. Sie sind mangels persönlicher geistiger Schöpfung nicht nach § 3 UrhG geschützt.[207]

c) Programmlauf — urheberrechtlich geschützte Handlung?

Fraglich ist auch, ob der Programmlauf, d.h. die Benutzung eines Computerprogramms in einem Computer, urheberrechtlich geschützt ist. Die Rechtsprechung hat sich dazu bisher noch nicht geäußert.

Um einen Programmlauf zu ermöglichen, wird das Objektprogramm, das sich entweder auf einem maschinenexternen Speicher (z.B. Diskette) oder einem maschineninternen Speicher (z.B. ROM) befindet, in den Arbeitsspeicher des Computers eingelesen. Mit dem Einlesen des Programms erfolgt eine erneute körperliche Festlegung des Programms im Arbeitsspeicher.

Man könnte die Auffassung vertreten, daß jeder Programmlauf nach § 16 UrhG, der dem Urheber das Recht gibt, Vervielfältigungsstücke des (urheberrechtlich geschützten) Werkes herzustellen, geschützt ist.[208]

Voraussetzung für einen Schutz des Programmlaufs nach § 16 UrhG ist, daß das für den Programmlauf eingelesene Objektprogramm ein urheberrechtlich geschütztes Werk ist, und daß der Programmlauf mit einer Vervielfältigung i.S.d. Urheberrechts verbunden ist.

Es wurde bereits ausführlich dargelegt, daß Objektprogramme nach dem Wortlaut des Urheberrechtsgesetzes und den urheberrechtlichen Grundsätzen nicht geschützt sind.[209] Ein urheberrechtlicher Schutz des Programmlaufs würde daher schon aus diesem Grund ausscheiden.

---

[205] Siehe Ausführungen bei Fn. 38 unter C. II..

[206] Siehe Ausführungen bei Fn. 38 unter C. II..

[207] *Haberstumpf*, GRUR 1982, 142, 148.

[208] So z.B. *Becker/Horn*, DB 1985, 1274, 1278; *Brutschke*, 72; Deutsche Vereinigung für gewerblichen Rechtsschutz und Urheberrecht, GRUR 1979, 300, 303, 305; *Kindermann*, GRUR 1983, 150, 157; *Kolle*, GRUR 1973, 611, 617; *Kolle*, GRUR Int. 1974, 129, 131; *Kolle*, GRUR 1982, 443, 455; *Kolle*, GRUR Int. 1985, 29, 31; *Moritz/Tybusseck*, Rdn. 155ff.; *Rupp*, ZUM 1986, 12, 13 Fn. 6; *Sieber*, BB 1981, 1547, 1552; *Skaupy*, Mitt. d. dt. PAW 1967, 121, 127; *Ulmer/Kolle*, GRUR Int. 1982, 489, 499.

[209] Siehe Ausführungen unter D. II. 6. b).

Hält man hingegen Objektprogramme für urheberrechtsfähig, so muß weiter geprüft werden, ob der Programmlauf mit einer Vervielfältigung i.S.d. Urheberrechts verbunden ist.

Eine Vervielfältigung i.S.d. Urheberrechts setzt voraus, daß das geschützte Werk erneut körperlich festgelegt wird.[210] Dafür ist jedoch nicht erforderlich, daß die erneute Festlegung auf Dauer erfolgt. Ausreichend ist, daß überhaupt eine erneute, wenn auch nur vorübergehende, Festlegung erfolgt.[211] Die Tatsache, daß das in den Arbeitsspeicher eingelesene Programm verschwindet, sobald der Computer ausgeschaltet wird[212], daß es sich also nur um eine vorübergehende Festlegung des auf einer Diskette oder einem ROM befindlichen Werkes handelt, spricht somit nicht gegen die Annahme einer Vervielfältigung.[213]

Die beim Programmlauf erfolgende Festlegung des Programms erfüllt vielmehr die Voraussetzungen einer Vervielfältigung. Daraus folgt, daß der Programmlauf nach § 16 UrhG geschützt sein kann. Noch einmal hervorgehoben werden muß allerdings, daß diese Folgerung auf der Annahme beruht, daß die eingelesenen Objektprogramme, die als Grundlage der Vervielfältigung dienen, urheberrechtsfähig sind. Verneint man hingegen die Urheberrechtsfähigkeit von Objektprogrammen, was m.E. richtig ist, dann scheidet auch ein Urheberrechtsschutz für die Vervielfältigungen dieser Objektprogramme und damit auch für den Programmlauf aus.

7. *Urheberrechtsschutz für Computerchips*

Computerchips fallen in keine der von § 2 Abs. 1 UrhG genannten Werkkategorien. Denkbar ist allenfalls ein Schutz nach § 2 Abs. 1 Nr. 7 UrhG für die zweidimensionalen Zeichnungen[214], die zur Herstellung von Computerchips angefertigt werden.[215] § 2 Abs. 1 Nr. 7 UrhG schützt Darstellungen wissenschaftlicher und technischer Art, wie z.B. Zeichnungen. Zum Schutz der nach den Zeichnungen hergestellten dreidimensionalen Chips kann diese Vorschrift allerdings nicht herangezogen werden.[216] § 2 Abs. 1 Nr. 7 UrhG schützt nämlich lediglich die Darstellung selbst, d.h. die zweidimensionale Zeichnung, nicht jedoch den gemäß der Darstellung hergestellten Gegenstand.[217]

Computerchips werden daher nicht vom Urheberrechtsschutz erfaßt.

---

[210] Siehe Ausführungen bei Fn. 46.

[211] *Erdmann*, CuR 1986, 249, 256.

[212] Siehe Ausführungen unter C. I. 2. a).

[213] Deutsche Vereinigung für gewerblichen Rechtsschutz und Urheberrecht, GRUR 1979, 300, 305; a.A. *Betten*, Mitt. d. dt. PAW 1984, 201, 203.

[214] Siehe Ausführungen unter C. I. 3..

[215] *Kindermann/Körber/Kolle*, GRUR Int. 1986, 329, 331; *Kolle*, GRUR Int. 1985, 29, 33.

[216] *Kindermann/Körber/Kolle*, GRUR Int. 1986, 329, 331; *Kolle*, GRUR Int. 1985, 29, 33; *Moritz/Tybusseck*, Rdn. 252.

[217] Siehe Ausführungen bei Fn. 68-70.

8. Schlußfolgerung

Das deutsche Urheberrecht bietet keinen wirksamen Schutz für Computerprogramme und Computerchips.

Zwar sind Programme für die Datenverarbeitung, d.h. Computerprogramme, seit der Urheberrechtsreform von 1985 nun ausdrücklich in einer der von § 2 Abs. 1 UrhG genannten Werkkategorien aufgeführt. Dies allein begründet aber noch nicht ihren Urheberrechtsschutz. Nach § 2 UrhG sind nur solche Werke geschützt, die persönliche geistige Schöpfungen sind. Der Begriff der „persönlichen geistigen Schöpfung" ist im Hinblick auf Computerprogramme in zweierlei Hinsicht problematisch. Einmal muß es sich um eine persönliche, d.h. menschliche, Schöpfung handeln. Zweitens muß eine Persönlichkeitsprägung vorliegen. An die Persönlichkeitsprägung werden neuerdings von der Rechtsprechung sehr hohe Anforderungen gestellt.

Objektprogramme sind von vornherein von einem Schutz nach § 2 UrhG ausgeschlossen. Sie werden aufgrund einer maschinellen Compilierung erzeugt. Sie sind daher „maschinelle" und keine „persönlichen" Schöpfungen.

Quellenprogramme hingegen sind persönliche Schöpfungen. Sie werden von Programmierern persönlich geschrieben. Ein Urheberrechtsschutz scheidet daher für sie nicht schon von vornherein aus. Sie erfüllen jedoch i.d.R. nicht die an die Persönlichkeitsprägung gestellten hohen Anforderungen. Sie sind daher nur in ganz seltenen Fällen, nämlich dann, wenn sie ausnahmsweise diese Anforderungen erfüllen, urheberrechtlich geschützt.

Objektprogramme sind mangels persönlicher Schöpfung auch nicht als Bearbeitung nach § 3 UrhG geschützt. Ferner sind sie auch nicht als Vervielfältigungsstücke der Quellenprogramme geschützt, da sie von diesen völlig verschieden sind.

Der Algorithmus wird wegen des urheberrechtlichen Grundsatzes der Ideenfreiheit ebenfalls nicht vom Urheberrechtsschutz erfaßt.

Ferner sind auch Computerchips nicht urheberrechtlich geschützt. Sie fallen in keine der in § 2 Abs.1 UrhG genannten Werkkategorien.

Aber selbst wenn Computerprogramme und -chips urheberrechtsschutzfähig wären, wäre dies keine ideale Lösung. Das Urheberrecht ist nicht mit den Bedürfnissen der Programm- und Chipbranche in Einklang zu bringen. Diese Branche bedarf eines umfassenden Schutzes ihrer Investitionen. Ein solcher Schutz wird von dem Urheberrecht jedoch nicht gewährleistet.

Ein umfassender Schutz besteht insbesondere nicht bezüglich solcher Werke, die von Arbeitnehmern hergestellt werden.

Aufgrund der Personenbezogenheit des Urheberrechts entsteht das Urheberrecht immer beim Schöpfer, d.h. dem Arbeitnehmer. Für die Urheberschaft kommt es nur darauf an, wer das Werk geschaffen hat. Völlig außer Betracht bleibt, aufgrund wessen Investitionen das Werk geschaffen wurde. Der Arbeitgeber ist nach dem Urheberrecht darauf angewiesen, daß der Arbeitnehmer ihm Nutzungsrechte einräumt. Zwar geht man überwiegend von einer stillschweigenden Nutzungseinräumung aus. Eine solche Konstruktion ist jedoch sehr umständlich und gekünstelt.

Ungünstig für den Arbeitgeber ist auch, daß er dem Arbeitnehmer für die Nutzungseinräumung nach Beendigung des Arbeitsverhältnisses ein zusätzliches Nutzungsentgelt zahlen muß.

Ein Urheberrechtsschutz ist ferner deshalb unzureichend, weil sich die Nutzungseinräumung nur auf solche Nutzungsarten erstreckt, die bereits im Einräumungszeitpunkt bekannt sind. Gerade im Bereich von Computerprogrammen und -chips läßt sich aber zu diesem Zeitpunkt oft noch nicht übersehen, welche anderen Nutzungsmöglichkeiten sich noch ergeben.

Für einen unkomplizierten und effizienten Schutz der in der Programm- und Chipbranche gemachten Investitionen ist es erforderlich, daß die Verwertungsrechte originär in der Person des Arbeitgebers, der die Investitionen gemacht hat, entstehen. Diesem Erfordernis trägt das Urheberrecht nicht Rechnung.

Ungünstig für diejenigen, die in die Entwicklung und Herstellung von Computerprogrammen und -chips investieren, wäre auch § 17 Abs. 2 UrhG, der bestimmt, daß der Urheber bzw. Nutzungsberechtigte nach dem Verkauf eines urheberrechtlich geschützten Werkes keinen Einfluß mehr auf die Art und Weise seiner Weiterverbreitung hat.

Außerdem ist das Urheberrecht auch wegen seiner langen Schutzdauer nur bedingt geeignet, als Mittel zur nachhaltigen Förderung der Entwicklung von Computerprogrammen und -chips zu dienen.

III. Wettbewerbsrecht

1. Einleitung

Die erste gesetzliche Regelung des unlauteren Wettbewerbs war in den §§ 15, 16 des Gesetzes zum Schutz der Warenbezeichnung aus dem Jahre 1894 enthalten. Der darin niedergelegte Schutz wurde jedoch nicht als ausreichend erachtet. 1896 wurde deshalb ein neues Gesetz, das Gesetz gegen den unlauteren Wettbewerb, erlassen. Dieses erste Wettbewerbsgesetz gewährte jedoch nur Schutz für die abschließend aufgezählten unlauteren Wettbewerbshandlungen. Man erkannte bald, daß der nur für die genannten Einzelfälle bestehende Schutz unzureichend war. Im Jahre 1909 wurde daher das heute noch geltende Gesetz gegen den unlauteren Wettbewerb (UWG)[1] erlassen. Es versuchte, den Fehler

[1] Gesetz v. 7.6.1909 gegen den unlauteren Wettbewerb, RGBl. 1906, 499.

des alten Gesetzes zu vermeiden, indem es, neben einzelnen besonderen Tatbeständen, eine Generalklausel (§ 1 UWG) einfügte.[2]

Der Sinn und Zweck des UWG besteht nicht so sehr darin, ein subjektives Recht oder Rechtsgut zu schützen, sondern vielmehr darin, den Wettbewerb als selbständiges Ordnungsprinzip des wirtschaftlichen und sozialen Lebens aufrechtzuerhalten.[3] Es geht um die Verhinderung unlauteren Verhaltens und von Mißbräuchen der Gewerbefreiheit.[4] Mit den Vorschriften des UWG sollen nicht nur die Wettbewerber vor unlauterem Wettbewerb geschützt werden. Es soll vielmehr auch die Allgemeinheit „vor Auswüchsen des Wettbewerbs" bewahrt werden.[5]

Das UWG schränkt teilweise die wirtschaftliche Betätigung ein. Diese ist durch Art. 12 und Art. 2 GG geschützt. Die durch Art. 12 und Art. 2 GG geschützten Freiheiten unterliegen jedoch auch Schranken.

Bei Eingriffen des Gesetzgebers in die durch Art. 12 GG gewährte Freiheit der Berufsausübung und Berufswahl muß nach Auffassung des Bundesverfassungsgerichts wie folgt differenziert werden: Eingriffe in die Freiheit der Berufsausübung sind bereits zulässig, soweit vernünftige Erwägungen des Gemeinwohls sie zweckmäßig erscheinen lassen. Eingriffe in die Freiheit der Berufswahl hingegen sind an strengere Voraussetzungen geknüpft. Sie sind nur zulässig, soweit der Schutz besonders wichtiger („überragender") Gemeinschaftsgüter sie zwingend erfordert.[6]

Die Vorschriften des UWG schränken i.d.R. nicht die Berufswahl, sondern nur die Berufsausübung ein. Da bei dem UWG Erwägungen des Gemeinwohls, wie bereits oben ausgeführt, eine große Rolle spielen, sind die durch das UWG erfolgenden Einschränkungen der Berufsausübung — unter Zugrundelegung der vom Bundesverfassungsgericht aufgestellten Voraussetzungen — nicht zu beanstanden.

Die durch Art. 2 GG geschützte allgemeine Handlungsfreiheit findet ihre Grenze in den Rechten anderer, der verfassungsmäßigen Ordnung und dem Sittengesetz. Die allgemeine Handlungsfreiheit findet also zumindest dort ihre Grenze, wo aufgrund ihrer Ausübung Eingriffe in die Belange der Allgemeinheit oder der Mitbewerber in einer Art erfolgen, die den sittlich-rechtlichen Anschauungen widersprechen. Da das UWG gerade der Aufrechterhaltung eines lauteren Wettbewerbs dienen soll, muß es als zulässige Beschränkung der allgemeinen Handlungsfreiheit angesehen werden.[7]

---

[2] *Baumbach/Hefermehl*, Einl. Rdn. 16; *Reimer/von Gamm*, 8.

[3] *Baumbach/Hefermehl*, Einl. Rdn. 47-50.

[4] BGHZ 35, 329, 333-Kindersaugflasche; *Beier*, GRUR 1978, 123, 128.

[5] BGH Urt. v. 19.6.1970-I ZR 115/68 = GRUR 1970, 523, 524-Telefonwerbung; BGH Urt. v. 6.10.1972-I ZR 54/71 = GRUR 1973, 210, 211-Telex-Werbung.

[6] BVerfGE 7, 377, 405-Apothekerurteil.

[7] Vgl. auch BGHZ 23, 365, 371.

2. *Schutzumfang*

a) Schutzdauer

Eine bestimmte Schutzdauer ist im UWG nicht vorgesehen. Die Schutzfristen werden daher von Fall zu Fall unterschiedlich von der Rechtsprechung festgelegt.

Nach der *Modeneuheiten*-Entscheidung des BGH kann der Schutz aus § 1 UWG auf einen bestimmten Zeitraum, z.B. auf eine Modesaison, begrenzt werden.[8] Die dem Erbringer der Erstleistung zu gewährende Schutzfrist soll so bestimmt werden, daß er Zeit hat, die Früchte aus seiner Arbeit zu ziehen.[9] Während dieser Zeit, aber nur während dieser Zeit, wird er wettbewerbsrechtlich geschützt.

Im Anschluß an die *Modeneuheiten*-Entscheidung des BGH hat das OLG Frankfurt dann in einer Entscheidung, die Videospiele betraf, einen Schutz gegen das Anbieten von Raubkopien lediglich für einen Zeitraum von 6-12 Monaten gewährt.[10] Es begründete die Festsetzung dieser Schutzfrist damit, daß diese Videospiele nach 6-12 Monaten den besonderen Anreiz auf das Publikum verloren hätten. Ein wettbewerbsrechtlicher Schutz käme nur gerade für den Zeitraum in Betracht, in dem sich die wettbewerbliche Eigenart des Produkts besonders entfalte.[11]

b) Rechte und Ansprüche

Das Wettbewerbsrecht gewährt, ebenso wie das Patent- und das Urheberrecht, Schutz gegen Ausnutzung einer fremden Leistung. Der Schutzumfang ist jedoch nicht identisch. Während das Patent- und das Urheberrecht die in einem Arbeitsergebnis zum Ausdruck kommende schöpferische Leistung als solche schützen, schützt das Wettbewerbsrecht vor unlauteren Wettbewerbshandlungen, der unlauteren Art und Weise, in der eine fremde Arbeitsleistung von einem Mitbewerber ausgewertet wird.[12]

Das Wettbewerbsrecht gewährt außerdem keine Ausschließlichkeitsrechte. Es entfaltet seine Wirkung nicht gegenüber jedermann, sondern nur gegenüber Personen, denen nach dem UWG bestimmte Verhaltens- und Unterlassungspflichten obliegen. Das Wettbewerbsrecht gewährt deshalb nur einen sog. relativen Schutz.

---

[8] BGHZ 60, 168, 171 - Modeneuheiten.

[9] Ebd.

[10] OLG Frankfurt Urt. v. 21.7.1983 - 6 U 16/83 = GRUR 1983, 757, 758 - Donkey Kong Junior.

[11] Ebd .

[12] BGHZ 28, 387, 396 - Nelkenstecklinge; BGHZ 44, 288, 297 - Apfel Madonna; *Baumbach/Hefermehl*, § 1 Rdn. 379; *von Gamm*, GRUR 1978, 453, 454; *Gaul/Bartenbach*, M-39; *Kolle*, GRUR 1982, 443, 457; *Sieber*, BB 1981, 1547, 1553.

Ein Schutz von Algorithmen, Computerprogrammen und Computerchips kann sich insbesondere aus den §§ 17, 20 UWG ergeben, die die sittenwidrige Verwertung von Geschäfts- oder Betriebsgeheimnissen regeln, aus §§ 18, 20 UWG, den Vorschriften über die sog. Vorlagenfreibeuterei, sowie aus der Generalklausel des § 1 UWG, die bei einem Verstoß gegen die guten Sitten eingreift.

Die §§ 17, 18 und 20 UWG sind Strafvorschriften. Sie sind damit gleichzeitig Schutzgesetze i.S.v. § 823 Abs. 2 BGB.[13] Im Falle ihrer Verletzung kommt somit ein Schadensersatzanspruch nach § 823 Abs. 2 BGB in Betracht. Für den Fall der Zuwiderhandlung gegen die §§ 17, 18 UWG besteht auch ein Schadensersatzanspruch nach § 19 UWG. Ferner besteht für diesen Fall nach § 1 UWG ein Anspruch auf Schadensersatz und Unterlassung, da ein Verstoß gegen die §§ 17, 18 UWG stets als sittenwidrig angesehen wird.[14]

Die §§ 17, 18 und 20 UWG wurden durch das Zweite Gesetz zur Bekämpfung der Wirtschaftskriminalität (2. WiKG)[15] vom 15.5.1986 geändert. Die Neuregelungen traten am 1.8.1986 in Kraft.[16] Der Schwerpunkt der Änderungen betrifft § 17 Abs. 2 UWG. Darauf wird im folgenden ausführlicher eingegangen werden.

aa) §§ 17 Abs. 1, 20 UWG (Geheimnisverrat durch Angestellte)

§ 17 Abs. 1 UWG ist anwendbar, wenn ein Angestellter, Arbeiter oder Lehrling eines Geschäftsbetriebs ein Geschäfts- oder Betriebsgeheimnis, das ihm vermöge des Dienstverhältnisses anvertraut worden oder zugänglich geworden ist, während der Geltungsdauer des Dienstverhältnisses unbefugt an jemand zu Zwecken des Wettbewerbs, aus Eigennutz zugunsten eines Dritten oder in der Absicht, dem Inhaber des Geschäftsbetriebs Schaden zuzufügen, mitteilt.

Geschützt werden alle Geschäfts- oder Betriebsgeheimnisse. Voraussetzung für das Vorliegen eines Geschäfts- oder Betriebsgeheimnisses i.S.d. § 17 Abs. 1 UWG ist sowohl ein erkennbar gemachter Wille des Betriebsinhabers zur Geheimhaltung als auch ein an der Geheimhaltung berechtigtes wirtschaftliches Interesse. Wille und Interesse müssen zusammentreffen.[17] Der Betriebsinhaber kann also nicht willkürlich jede beliebige, mit seinem Unternehmen im Zusammenhang stehende Tatsache als Betriebsgeheimnis der Geheimhaltung

---

[13] BGH Urt. v. 13.10.1965-Ib ZR 93/63 = GRUR 1966, 152, 153 - Nitrolingual; *Baumbach/Hefermehl*, § 17 Rdn. 20; *Kraßer*, GRUR 1970, 587, 593.

[14] *von Gamm*, Wettbewerbsrecht, 199; *Kolle*, GRUR 1982, 443, 457; *Kraßer*, GRUR 1970, 587, 593.

[15] BGBl. 1986 I, 721.

[16] Vgl. Art. 12 des 2. WiKG.

[17] BGH Urt. v. 15.3.1955-I ZR 111/53 = GRUR 1955, 424, 425f. - Möbelpaste; *Baumbach/Hefermehl*, § 17 Rdn. 2; *Braun*, BB 1971, 1343, 1345; *Kraßer*, GRUR 1970, 587, 590; *Reimer/von Gamm*, 484f..

unterwerfen.[18] Allein der Wille des Betriebsinhabers zur Geheimhaltung ist also nicht ausreichend. Die Geheimhaltung muß auch für die Wettbewerbsfähigkeit von Bedeutung sein. Ein Geschäfts- oder Betriebsgeheimnis kann daher definiert werden als jede im Zusammenhang mit einem Unternehmen stehende Tatsache, die lediglich bestimmten Personen bekannt ist, somit nicht offenkundig ist, und nach dem erkennbaren Willen des Geschäftsinhabers aufgrund eines berechtigten Interesses geheimgehalten werden soll.[19] Offenkundig ist die Tatsache dann, wenn sie von jedem Interessenten ohne größere Schwierigkeiten und Opfer in Erfahrung gebracht werden kann.[20]

Algorithmen, Computerprogramme[21] und Computerchips können Gegenstand eines solchen Geheimnisses sein.

Fraglich ist jedoch, ob auch solche Computerprogramme und -chips unter den Schutz des Geschäftsgeheimnisses fallen, die im Massengeschäft vertrieben werden. Man könnte die Auffassung vertreten, daß die Informationen durch Vertrieb im Massengeschäft bekannt werden, und deshalb ein Schutz nach § 17 UWG ausscheidet.

§ 17 UWG ist aber sicherlich auf solche Computerprogramme und -chips anwendbar, die speziell auf das Bedürfnis einzelner Abnehmer zugeschnitten sind und deshalb weniger weit verbreitet sind.

Als Tathandlung verlangt § 17 Abs. 1 UWG ein „Mitteilen" des Geheimnisses. Diese Tathandlung wird durch § 20 UWG noch erweitert. § 20 UWG erfaßt zusätzlich die versuchte Verleitung, das Erbieten, die Annahme eines solchen Erbietens und die Bereiterklärung zu einem Vorgehen gegen die §§ 17 und 18 UWG. § 20 UWG ermöglicht damit einen Zugriff auf den Täter bereits im Zeitpunkt der Kontaktaufnahme mit potentiellen Abnehmern.[22]

Eine entscheidende Einschränkung des § 17 Abs. 1 UWG ist die Beschränkung des Täterkreises auf Angestellte, Arbeiter oder Lehrlinge des Geschäftsbetriebes. Auf freiarbeitende Programmierer und Chipentwickler ist diese Vorschrift daher nicht anwendbar.[23]

Außerdem ist § 17 Abs. 1 UWG nur anwendbar, wenn der Geheimnisverrat während der Geltungsdauer des Dienstverhältnisses erfolgt. Auch dies stellt eine wesentliche Einschränkung des Schutzes dar.

---

[18] *von Gamm*, Wettbewerbsrecht, 204.

[19] BGH Urt. v. 15.3.1955-I ZR 111/53 = GRUR 1955, 424, 425-Möbelpaste; *von Gamm*, Wettbewerbsrecht, 203f.; *Kraßer*, GRUR 1970, 587, 589.

[20] BGH Urt. v. 7.1.1958-I ZR 73/57 = GRUR 1958, 297, 299-Petromax; *Kraßer*, GRUR 1970, 587, 590.

[21] *Baumbach/Hefermehl*, § 17 Rdn. 9; *Braun*, BB 1971, 1343, 1345; *Kolle*, GRUR 1982, 443, 457; *Moritz/Tybusseck*, Rdn. 218; *Sieber*, BB 1981, 1547, 1553; *Skaupy*, Mitt. d. dt. PAW 1967, 121, 130.

[22] *Kraßer*, GRUR 1970, 587, 592.

[23] *Sieber*, BB 1981, 1547, 1553.

bb) §§ 17 Abs. 2, 20 UWG (Verbotene Geheimnisverwertung)

Der Anwendungsbereich des § 17 Abs. 2 UWG wurde durch das 2. WiKG erweitert. Ziel dieser Erweiterung war es, einen verstärkten Schutz von Betriebs- und Geschäftsgeheimnissen insbesondere zur Eindämmung der Wirtschaftsspionage zu schaffen.[24]

Die bisherige Fassung des § 17 Abs. 2 UWG erfaßte lediglich die unbefugte Verwertung oder Mitteilung von Geschäfts- oder Betriebsgeheimnissen, nicht jedoch auch bereits das Ausspähen als solches. Die Neuregelung bezieht nunmehr in Nr. 1 auch das Ausspähen mit ein. § 17 Abs. 2 Nr. 1 UWG erfaßt das sich unbefugte Verschaffen und Sichern von Geschäfts- oder Betriebsgeheimnissen durch a) Anwendung technischer Mittel, b) Herstellung einer verkörperten Wiedergabe des Geheimnisses oder c) Wegnahme einer Sache, in der das Geheimnis verkörpert ist. Diese drei Handlungsformen wurden als besonders gefährliche Erscheinungsformen des Ausspähens angesehen.[25]

Der Begriff „Anwendung technischer Mittel“ bezieht sich auf den Einsatz aller im weitesten Sinne der Technik zuzurechnende Vorrichtungen, die dem Sichverschaffen von Geschäfts- und Betriebsgeheimnissen dienen können. Als Beispiel nennt der Bericht des Rechtsausschusses ausdrücklich das Abrufen von in Datenverarbeitungsanlagen gespeicherten Daten.[26]

Eine „verkörperte Wiedergabe“ stellt jede Form der Vergegenständlichung eines Geheimnisses dar, die dazu bestimmt ist, das Geheimnis festzuhalten, damit es anderen offenbart werden kann. Beispielshaft nennt der Ausschußbericht Ablichtungen, Fotografien, Zeichnungen, Tonbandaufzeichnungen, Texte und Abschriften.[27] Eine „verkörperte Wiedergabe“ stellt sicherlich auch derjenige her, der ein Computerprogramm heimlich ausdruckt oder auf einen anderen Speicher oder Datenträger überträgt.[28]

Unter dem Merkmal „Wegnahme“ sind schließlich alle Maßnahmen zu verstehen, mit denen jemand ein Geheimnis so an sich bringt, daß er in die Lage versetzt wird, es selber zu verwerten oder an einen anderen weiterzugeben.[29] Dieses Merkmal könnte erfüllt sein, wenn jemand ein auf einem Datenträger gespeichertes Programm, einen Programmausdruck oder die Dokumentation über die Programmentwicklung an sich nimmt.[30]

---

[24] Beschlußempfehlung und Bericht des Rechtsausschusses zum 2. WiKG vom 19.2.1986, BT-Drucks., Bd. 331, 10/5058, 39.

[25] S.o. (Fn. 24), 40.

[26] Ebd..

[27] Ebd..

[28] *Harte-Bavendamm* in: *Gloy*, Nachtrag, UWG-Novelle 1986, 7, 9.

[29] S.o. (Fn. 24), 40.

[30] *Harte-Bavendamm* in: *Gloy*, Nachtrag, UWG-Novelle 1986, 7.

In § 17 Abs. 2 Nr. 2 n.F. UWG werden wie in dem bisherigen Abs. 2 die Fälle des unbefugten Verwertens eines unbefugt erlangten Geschäfts- oder Betriebsgeheimnisses zusammengefaßt. Die neue Regelung erfaßt nun alle Fälle des unbefugten Erlangens, also auch ein unbefugtes Ausspähen, das nicht in den besonders gefährlichen Formen der Nr. 1 vorgenommen worden ist.[31]

§ 17 Abs. 2 UWG enthält im Gegensatz zu § 17 Abs. 1 UWG weder eine Beschränkung bezüglich des Täterkreises noch bezüglich der Dauer des Dienstverhältnisses. § 17 Abs. 2 UWG erfaßt daher u.a. Verratshandlungen von selbständigen Programmierern und Chipentwicklern und findet auch Anwendung nach Beendigung eines Arbeitsverhältnisses.[32]

Hinsichtlich der Erweiterung der Tathandlung durch § 20 UWG gilt das Gleiche wie das dazu im Zusammenhang mit § 17 Abs. 1 UWG Gesagte.

cc) §§ 18, 20 UWG („Vorlagenfreibeuterei“)

§ 18 UWG greift ein, wenn jemand die ihm im geschäftlichen Verkehr anvertrauten Vorlagen oder Vorschriften technischer Art, insbesondere Zeichnungen, zu Zwecken des Wettbewerbs oder aus Eigennutz unbefugt verwertet oder an jemand mitteilt.

Problematisch ist, ob Computerprogramme Vorlagen „technischer Art“ sind. Dies ist insbesondere mit Rücksicht auf die patentrechtliche Einordnung von Computerprogrammen als „untechnisch“[33] zweifelhaft. Bei den Vorlagen i.S.d. § 18 UWG muß es sich jedoch nicht um eine technische Lehre i.S.d. Patentrechts handeln.[34] Deshalb kommen auch Computerprogramme als „Vorlagen technischer Art“ i.S.d. § 18 UWG in Betracht.[35]

Computerchips, die sogar technisch i.S.d. Patentrechts sind[36], sind ohne weiteres als „Vorlagen technischer Art“ anzusehen.

§ 18 UWG verlangt auch, daß die Vorlagen im „Geschäftsverkehr“ anvertraut wurden. Auf Angestellte des geschädigten Unternehmens ist diese Vorschrift nicht anwendbar, da zwischen Arbeitgeber und Arbeitnehmer kein geschäftlicher Verkehr besteht.[37] § 18 UWG ist daher nur anwendbar auf Geschäftspartner.[38]

---

[31] S.o. (Fn. 24), 41.

[32] *Sieber*, BB 1981, 1547, 1553.

[33] Siehe Ausführungen unter D. I. 7..

[34] *Kolle*, GRUR 1982, 443, 457 Fn. 104; *Sieber*, BB 1981, 1547, 1554.

[35] *Braun*, BB 1971, 1343, 1345; *Kolle*, GRUR 1982, 443, 457 Fn. 104; *Sieber*, BB 1981, 1547, 1554.

[36] Siehe Ausführungen bei Fn. 161 unter D. I..

[37] *Baumbach/Hefermehl*, § 18 Rdn. 2; *Sieber*, BB 1981, 1547, 1554.

[38] *Sieber*, BB 1981, 1547, 1554.

Hinsichtlich der Tathandlung des Verwertens und der Erweiterung des Rechtsschutzes durch § 20 UWG kann auf die Ausführungen zu § 17 UWG verwiesen werden.

Der Geheimnisschutz der §§ 17 - 20 UWG kann zwar in bestimmten Fällen ein wirkungsvolles Instrument zum Schutz von Computerprogrammen und -chips sein. Dieser Schutz besteht allerdings nur im Verhältnis zu bestimmten Personen und nur unter eng umgrenzten Voraussetzungen. Der Schutz erstreckt sich außerdem nicht auf gutgläubige Benutzer von solchen Computerprogrammen und -chips, die auf einen Geheimnisverrat, eine verbotene Geheimnisverwertung oder einen Vorlagemißbrauch zurückgehen.[39]

dd) § 1 UWG (Generalklausel)

§ 1 UWG ist anwendbar, wenn jemand im geschäftlichen Verkehr zu Zwecken des Wettbewerbs Handlungen vornimmt, die gegen die guten Sitten verstoßen.

§ 1 UWG ist eine Generalklausel. Sie greift ergänzend und unterstützend überall ein, wo die Sondervorschriften des UWG oder anderer Gesetze nicht ausreichen.[40] § 1 UWG kommt daher grundsätzlich für den Schutz von Algorithmen, Computerprogrammen und Computerchips in Betracht.

Zu beachten ist jedoch, daß die Vorschriften des UWG nicht dazu benutzt werden dürfen, einen nach Sondergesetzen, z.B. des Patentrechts oder des Urheberrechts, nicht bestehenden Schutz zu ersetzen.[41] § 1 UWG ist nur anwendbar, wenn bezüglich der Art und Weise der Ausnutzung eines fremden Arbeitsergebnisses besondere sittenwidrige Umstände vorliegen.[42] Dies ist beispielsweise der Fall, wenn ein Verstoß gegen die Strafbestimmungen der §§ 17 - 20 UWG vorliegt.

Die unter § 1 UWG fallenden Wettbewerbsverstöße können nach der Art und Richtung der eingesetzten Wettbewerbsmittel und der durch sie betroffenen Interessen der Marktbeteiligten in verschiedene Fallgruppen[43] eingeteilt wer-

---

[39] *Brandi-Dohrn*, GRUR 1985, 179, 185; *Kolle*, GRUR 1982, 443, 457.

[40] *Baumbach/Hefermehl*, § 1 Rdn. 1.

[41] BGHZ 44, 288, 296 = GRUR 1966, 503, 506 - Apfel Madonna; BGH Urt. v. 2.7.1969 - I ZR 118/67 = GRUR 1969, 618, 619 - Kunststoffzähne; BGH Urt. v. 20.2.1976 - I ZR 64/74 = GRUR 1976, 434, 436 - Merkmalklötze; *von Gamm*, GRUR 1978, 453, 454; *Kolle*, GRUR 1982, 443, 457.

[42] BGHZ 26, 52, 59 = GRUR 1958, 354, 356 - Sherlock Holmes; BGH Urt. v. 2.7.1969 - I ZR 118/67 = GRUR 1969, 618, 619 - Kunststoffzähne; BGH Urt. v. 20.2.1976 - I ZR 64/74 = GRUR 1976, 434, 436 - Merkmalklötze; BGH Urt. v. 21.1.1977 - I ZR 68/75 = GRUR 1977, 547, 550f. — Kettenkerze; BGH Urt. v. 8.11.1984 - I ZR 128/82 = GRUR 1985, 876, 877 - Tchibo/Rolex; BGH Urt. v. 14.11.1985 - I ZR 68/83 = GRUR 1986, 454, 456 - Bob Dylan; *Baumbach/Hefermehl*, § 1 Rdn. 380; *Borking*, 468; *Braun*, BB 1971, 1343, 1344; *von Gamm*, GRUR 1978, 453, 454; *Gaul/Bartenbach*, M-36,38; *Haß*, GRUR 1979, 361, 362; *Kindermann/Körber/Kolle*, GRUR Int. 1986, 329, 332; *Skaupy*, Mitt. d. dt. PAW 1967, 121, 130; *Reimer/von Gamm*, 26f., 151f..

den. Im vorliegenden Zusammenhang ist allein die Fallgruppe der „Ausbeutung" von Interesse. Sie ist dadurch gekennzeichnet, daß jemand seinen Wettbewerb auf fremder Leistung aufbaut. Er „schmarotzt" sozusagen an fremder Leistung. Unterfälle des Ausbeutens fremder Leistung sind u.a. die unmittelbare Übernahme eines fremden Arbeitsergebnisses und die sklavische Nachahmung.

Die unmittelbare Übernahme eines fremden Arbeitsergebnisses liegt vor, wenn jemand das fertige Arbeitsergebnis eines anderen unverändert, d.h. ohne jede Verbesserung oder Hinzufügung, reproduziert.[44] Die sklavische Nachahmung hingegen ist dadurch gekennzeichnet, daß das fremde Arbeitsergebnis als Vorbild eigenen Nachschaffens benutzt wird.[45] Die Nachahmung setzt somit, im Gegensatz zur reinen Übernahme, eine gewisse eigene Leistung voraus. Die eigene Leistung muß dabei jedoch nicht erheblich sein.[46]

Sittenwidrigkeit ist jedoch noch nicht allein aufgrund der Benutzung eines fremden Arbeitsergebnisses gegeben, denn jeder Mensch, der auf irgendeinem Gebiet arbeitet, baut auf dem auf, was andere geschaffen haben.[47] Die Benutzung fremder Arbeitsergebnisse ist sogar erforderlich, um einen schnellen, gesellschaftlichen Fortschritt zu ermöglichen. Sittenwidrig sind die unmittelbare Übernahme und die sklavische Nachahmung nur dann, wenn besondere unlautere Begleitumstände hinzutreten[48], d.h. wenn das Ergebnis fremder Tätigkeit und fremder Aufwendungen mit verwerflichen Mitteln ausgenutzt wird, um sich einen Vorsprung vor Mitbewerbern zu verschaffen[49], so z.B. wenn ein Mitbewerber das „Vorbild" durch „Erschleichen" oder unter „Bruch des ihm geschenkten Vertrauens" erlangt.[50]

Das LG Mannheim hat 1981 einer Unterlassungs- und Schadensersatzklage wegen unbefugter Verwertung eines Computerprogramms aus § 1 UWG stattgegeben. Es hat den Anspruch mit der Ausnutzung eines Vertrauensbruchs begründet.[51] Insgesamt ist die Rechtsprechung in der Annahme einer sittenwid-

---

[43] Diese Fallgruppen sind: 1) Ausbeutung, 2) Behinderung, 3) Kundenfang, 4) Rechtsbruch und 5) Marktstörung. Vgl. *Baumbach/Hefermehl*, Einl. Rdn. 156.

[44] BGH Urt. v. 11.2.1977 - I ZR 39/75 = WRP 1977, 484, 485 - Einbauleuchten; *Gaul/Bartenbach*, M-49; *Kolle*, GRUR 1982, 443, 457.

[45] BGH Urt. v. 27.3.1963 - Ib ZR 129/61 = GRUR 1963, 633, 635 - Rechenschieber; BGH Urt. v. 24.6.1966 - Ib ZR 32/64 = GRUR 1966, 617, 619 - Saxophon; *von Gamm*, WM 1986, Sonderbeilage Nr. 8, 3, 8f.; *Gaul/Bartenbach*, M-49; *Kolle*, GRUR 1982, 443, 458.

[46] *Kolle*, GRUR 1982, 443, 458.

[47] *Baumbach/Hefermehl*, Einl. Rdn. 159, § 1 Rdn. 380.

[48] S.o. (Fn. 42).

[49] *Baumbach/Hefermehl*, § 1 Rdn. 378; *Betten*, Mitt. d. dt. PAW 1986, 10, 13.

[50] *Baumbach/Hefermehl*, § 1 Rdn. 414ff.; *Braun*, BB 1971, 1343, 1345; *Gaul/Bartenbach*, M-53; *Kolle*, GRUR 1982, 443, 458.

[51] LG Mannheim Urt. v. 12.6.1981 - 7 O 143/81 = BB 1981, 1543, 1544 - Inkassoprogramm.

rigen Leistungsübernahme oder Nachahmung jedoch äußerst zurückhaltend. Sie wird daher auch bei einer unbefugten Reproduktion und anschließenden Vermarktung von Computerprogrammen und -chips durch einen Konkurrenten nur in Ausnahmefällen bejaht werden.[52]

Aber auch wenn eine sittenwidrige Übernahme oder Nachahmung fremder Computerprogramme oder -chips im Einzelfall bejaht werden sollte, so führt dies nur zu Ansprüchen gegen den Primärverwerter, nicht jedoch gegen dessen gutgläubigen Kunden, die z.B. die Piratprogramme oder -chips für die Zwecke ihres eigenen Betriebs benutzen.[53]

3. Schlußfolgerung

Computerprogramme, Computerchips und sogar Algorithmen kommen grundsätzlich als Schutzobjekte des UWG in Betracht. Dennoch ist der durch das UWG gewährte Schutz für sie nicht ausreichend.[54]

Ausreichend ist der Schutz insbesondere deshalb nicht, weil das UWG keine Ausschließlichkeitsrechte gewährt. Es entfaltet seine Wirkung nicht gegenüber jedermann, sondern nur gegenüber Personen, denen nach dem UWG bestimmte Verhaltens- und Unterlassungspflichten obliegen. Insbesondere ist ein Durchgriff auf gutgläubige Personen nicht möglich.

Nachteilhaft ist auch, daß das UWG keine festumgrenzten Schutzfristen kennt. Die Dauer des Schutzes ist ein ganz wesentlicher Faktor bei der Entscheidung, ob und wieviel in die Entwicklung und Herstellung von Computerprogrammen und -chips investiert wird. Eine wirtschaftliche Planung wird durch die Ungewißheit der Schutzdauer erschwert.

IV. Vertragsrecht

1. Einleitung

Der durch das Vertragsrecht gewährte Schutz ist, im Gegensatz zum Patent- und Urheberrechtsschutz, nicht gegenüber jedermann, sondern nur gegenüber den Vertragspartnern durchsetzbar. Er wirkt nur *inter partes*.

Zum Schutz von Computerprogrammen und -chips können insbesondere Verträge zwischen Arbeitgebern und den mit der Entwicklung von Programmen bzw. Chips beauftragten Arbeitnehmern und Verträge zwischen Lizenzgebern und Lizenznehmern abgeschlossen werden.

---

[52] *Kindermann/Körber/Kolle*, GRUR Int. 1986, 329, 332; *Kolle*, GRUR 1982, 443, 458.

[53] *Kolle*, GRUR 1982, 443, 459; *Loewenheim*, ZUM 1985, 26, 32f..

[54] So auch *Kindermann/Körber/Kolle*, GRUR Int. 1986, 329, 332; *Kolle*, GRUR 1982, 443, 459; *Loewenheim*, ZUM 1985, 26, 32f.; *Schulze*, GRUR 1985, 997, 1006.

2. *Schutzbestimmungen in Arbeitgeber-Arbeitnehmer-Verträgen*

In Arbeitgeber-Arbeitnehmer-Verträgen kann insbesondere das Folgende zum Schutz von Computerprogrammen bzw. -chips geregelt werden:

a) welcher Vertragspartei welche Nutzungsrechte an dem Programm bzw. dem Chip zustehen,

b) daß dem Arbeitnehmer die Mitnahme und Zurückhaltung jeglicher Datenträger verboten ist,

c) daß dem Arbeitnehmer eine Geheimhaltungspflicht bezüglich aller im Zusammenhang mit der Programm- bzw. Chipentwicklung stehenden vertraulichen Geschäftsunterlagen obliegt,

d) daß ein Wettbewerbsverbot besteht, und

e) daß eine Vertragsstrafe für den Fall des Verstoßes gegen eine der vorgenannten Bestimmungen besteht.

Unter diesen Vereinbarungen verdient die Vereinbarung eines Wettbewerbsverbots besondere Beachtung.

Während des Arbeitsverhältnisses untersagt bereits das gesetzliche Wettbewerbsverbot der §§ 60, 61 HGB dem Handlungsgehilfen, dem Arbeitgeber Wettbewerb zu machen.

Für die Zeit nach Ende des Arbeitsverhältnisses gibt es jedoch kein gesetzliches Wettbewerbsverbot. Der Arbeitgeber muß daher, um auch nachvertraglich durch ein Wettbewerbsverbot gesichert zu sein, ein solches mit dem Arbeitnehmer vereinbaren. Die §§ 74 ff. HGB enthalten einige Bestimmungen, die bei der Vereinbarung eines nachvertraglichen Wettbewerbsverbots beachtet werden müssen. Nach dem Wortlaut der §§ 74 ff. HGB sind diese nur auf Handlungsgehilfen anwendbar. Die §§ 74 ff. HGB gelten jedoch entsprechend für alle Angestellten, auch wenn sie nicht Handlungsgehilfen, sondern nichtkaufmännische Angestellte sind.[1]

Das nachvertragliche Wettbewerbsverbot ist nur dann verbindlich, wenn der Arbeitgeber sich für die Dauer des Verbots zur Zahlung einer Entschädigung verpflichtet (§ 74 Abs. 2 HGB). Die monatlich zu zahlende Entschädigung (§ 74 b Abs. 1 HGB) muß mindestens der Hälfte der zuletzt, d.h. bei Dienstende, bezogenen Verpflichtungen entsprechen (§ 74 Abs. 2 HGB). Diese Verpflichtung muß für die volle Dauer des Verbots übernommen werden. Das Wettbewerbsverbot darf ferner das Fortkommen des Arbeitnehmers nach Ort, Zeit und Gegenstand nicht unbillig erschweren (§ 74 a Abs. 1 S. 2 HGB). Außerdem darf das Verbot nicht auf einen Zeitraum von mehr als zwei Jahren von der Beendigung des Dienstverhältnisses an erstreckt werden (§ 74 a Abs. 1 S. 3 HGB).

---

[1] BAG Urt. v. 26.11.1971 - 3 AZR 220/71 = BB 1972, 447, 448; *Baumbach/Duden/Hopt*, § 74 Rdn. 1.

3. Schutzbestimmungen in Lizenzverträgen

In Lizenzverträgen sind folgende Vereinbarungen denkbar und empfehlenswert:

a) Art und Weise, in der der Lizenznehmer Programme bzw. Chips benutzen darf, z.B. ob und wenn ja, wieviele Kopien hergestellt werden dürfen, ob Änderungen vorgenommen werden dürfen, ob eine Unterlizenz erteilt werden darf,

b) Recht des Lizenzgebers, beim Lizenznehmer Prüfungen durchzuführen,

c) Geheimhaltungspflicht des Lizenznehmers,

d) Dauer des Vertrages,

e) Lizenzgebühr,

f) Zurückgabe der Programme bzw. Chips, der davon erstellten Kopien und der daran vorgenommenen Änderungen an den Lizenzgeber nach Ablauf des Lizenzvertrages, und

g) Vertragsstrafe für den Fall des Verstoßes gegen eine der vorgenannten Bestimmungen.

4. Schlußfolgerung

Ein Schutz von Computerprogrammen und -chips aufgrund vertraglicher Regelungen, insbesondere zwischen Arbeitgebern und Arbeitnehmern und zwischen Lizenzgebern und Lizenznehmern, ist möglich. Der durch das Vertragsrecht gewährte Schutz ist jedoch nicht besonders stark. Dies folgt vor allen Dingen daraus, daß das vertragliche Rechtssystem keine absoluten Rechte gewährt, die gegenüber jedermann durchsetzbar sind. Die gewährten Rechte sind lediglich gegenüber den Vertragspartnern durchsetzbar; und selbst gegenüber Vertragspartnern sind nicht alle Vereinbarungen ohne weiteres durchsetzbar. Insbesondere die Vereinbarung eines nachvertraglichen Wettbewerbsverbots ist nur unter gesetzlich eng umgrenzten Voraussetzungen zulässig.

V. Sonderrecht

In der Bundesrepublik Deutschland gibt es bisher weder ein Sonderrecht für Computerprogramme noch ein Sonderrecht für Computerchips. Allerdings wird z.Z. beabsichtigt, ein Sonderrecht für Computerchips einzuführen, damit deutsche Chiphersteller aufgrund der Interimsregelung und der Gegenseitigkeitsklausel des amerikanischen *Semiconductor Chip Protection Act*[1] in den USA geschützt werden.[2]

---

[1] Siehe Ausführungen unter E. V. 3. d).

[2] Informationen des Bundesministers für Justiz, Recht 1986, 39, 39. Siehe auch Ausführungen bei Fn. 36 unter E. V. 3) d).

E. Schutz von Computerprogrammen und Computerchips in den USA

I. Patentrecht

1. Einleitung

Das US-amerikanische Patentrecht beruht auf der *Intellectual Property Clause* (Satz 8) des Art. I Abs. 8 der US-amerikanischen Verfassung. Diese Klausel lautet wie folgt:

> Congress shall have power to promote the Progress of Science and useful arts by serving for limited Times to Authors and Inventors the exclusive Right to their respective Writings and Discoveries.[1]

Dies ist ein Unterschied zum deutschen Recht. In der Bundesrepublik Deutschland steht der Patentschutz verfassungsrechtlich nämlich im Zusammenhang mit Art. 14 GG[2], d.h. im Vordergrund steht dort der Eigentumsschutz an Erfindungen. Dieser kann nur unter bestimmten Voraussetzungen eingeschränkt werden, um das Ziel des technischen Fortschritts zu erreichen. Die US-amerikanische Verfassung ist einen anderen Weg gegangen. Sie hat das Ziel der Förderung der *useful arts* unmittelbar verfassungsrechtlich verankert.

Der Kongreß machte von der Ermächtigung in der *Intellectual Property Clause* im Hinblick auf die *useful arts* und die *discoveries of inventors* das erste Mal im Jahre 1790 Gebrauch, indem er das Patentgesetz von 1790[3] erließ. Wichtige Änderungen erfuhr dieser Gesetzestext in den Jahren 1793[4], 1836[5], 1870[6], 1874[7] und 1952[8].

Das Patentgesetz ist kodifiziert in Titel 35 des *United States Code* (U.S.C.).

---

[1] Der Kongreß ist ermächtigt, den Fortschritt der Wissenschaft und der Technik zu fördern, indem er Autoren und Erfindern das ausschließliche Recht an ihren Schriften und Erfindungen für eine begrenzte Zeit gewährt.

[2] Siehe Ausführungen bei Fn. 29-31 unter D. I..

[3] Gesetz v. 10.4.1790, ch. 7, 1 Stat. 109 (1790).

[4] Gesetz v. 21.2.1793, ch. 11, 1 Stat. 318 (1793).

[5] Gesetz v. 4.7.1836, ch. 357, 5 Stat. 117 (1836).

[6] Gesetz v. 8.7.1870, ch. 230, 16 Stat. 198 (1870).

[7] Rev.Stat. §§ 4883-4936 (1875), 18 Stat. 953.

[8] Gesetz v. 19.7.1952, ch. 950, 66 Stat. 792 (1952).

2. *Schutzumfang*

a) Schutzdauer

Die Schutzdauer eines Patents beträgt 17 Jahre. Sie beginnt jedoch nicht wie im deutschen Patentrecht schon mit dem Tag der Anmeldung[9], sondern erst mit dem Tag der Erteilung des Patents (35 U.S.C. § 154).

b) Rechte des Patentinhabers

Das dem Patentinhaber zustehende Recht ist definiert in 35 U.S.C. § 154 als das „Recht, andere in den USA davon auszuschließen, die Erfindung zu machen, zu benutzen oder zu verkaufen“. Das Patent ist somit als Ausschließlichkeitsrecht ausgestaltet.

Das Patentrecht gewährt dem Inhaber, im Gegensatz zum Urheberrecht, auch das Recht, die Verwertung unabhängig entstandener, zufällig aber identischer Doppelschöpfungen zu verhindern.[10]

c) Ansprüche des Patentinhabers

35 U.S.C. § 281 bestimmt, daß der Patentinhaber im Fall der Verletzung seines Patents einen zivilrechtlichen Anspruch hat. In den 35 U.S.C. §§ 283 ff. sind die Rechtsbehelfe dann einzeln aufgeführt. Danach besteht ein Anspruch auf Unterlassung (§ 283), auf Schadensersatz (§ 284) und auf Ersatz angemessener Anwaltsgebühren (§ 285).

3. *Das Verfahren in Patentsachen*

Das Verfahren in Patentsachen beginnt mit einer Antragstellung bei dem *Patent and Trademark Office* (PTO) (35 U.S.C. § 111). Ein Prüfer des PTO prüft dann nach, ob die Anmeldung die verfahrens- und materiellrechtlichen Voraussetzungen des Patentgesetzes erfüllt. Ein Patent wird erteilt, wenn diese Voraussetzungen erfüllt sind (35 U.S.C. § 131). Im Durchschnitt beträgt der Zeitraum zwischen Anmeldung und Erteilung eines Patents zwei bis drei Jahre.[11]

Gegen eine ablehnende Entscheidung des Prüfers kann der Anmelder Beschwerde (*appeal*) bei dem *Patent and Trademark Office Board of Appeals* einlegen (35 U.S.C. § 134). Für das Verfahren gegen Entscheidungen des *Board of Appeals* waren bis zum 1.Oktober 1982 der *Court of Customs and Patent Appeals* (CCPA) und der *United States District Court for the District of Columbia*

---

[9] Siehe § 16 Abs. 1 S. 1 PatG.

[10] National Commission On New Technological Uses Of Copyrighted Works (CONTU), Final Report 17 (1978) = Computer / L. J. 3 (1981), 53, 68.

[11] *Bender*, Western New Eng. L. Rev. 7 (1985), 405, 413.

zuständig (35 U.S.C. §§ 141, 145). Seit dem 1.Oktober 1982 hat der *Court of Appeals for the Federal Circuit* (CAFC) die Funktion des CCPA übernommen (28 U.S.C. § 1295).

Der *U.S. Supreme Court* kann die Entscheidungen des CAFC bzw. des früheren CCPA auf Antrag des PTO oder des Anmelders überprüfen (28 U.S.C. § 1254).

4. *Schutzvoraussetzungen*

a) Verfahrensrechtliche Voraussetzungen

Verfahrensrechtliche Voraussetzung zur Erlangung des Patentschutzes ist die Stellung eines schriftlichen Antrages bei dem PTO und die Entrichtung einer Gebühr i.H.v. $ 300 (35 U.S.C. § 111 i.V.m. § 41(a)(1)). Für die Erteilung des Patents ist eine weitere Gebühr i.H.v. $ 500 zu entrichten (35 U.S.C. § 154 i.V.m. § 41(a)(2)). Ab dem dritten Jahr nach Erteilung des Patents sind zur Aufrechterhaltung des Patents Jahresgebühren zu entrichten (35 U.S.C. § 154 i.V.m. § 41(b)).[12]

Der Antrag auf Patenterteilung muß enthalten (1) eine genaue Beschreibung (Spezifikation) der Erfindung, ihrer Herstellung und Benutzung, so daß ein Fachmann die Erfindung danach ausführen kann (35 U.S.C. §§ 111, 112), (2) eine Zeichnung, falls dies zum Verständnis der Erfindung erforderlich ist (35 U.S.C. §§ 111, 113) und (3) einen Eid, daß der Antragsteller glaubt, der erste Erfinder des Gegenstandes zu sein, für den ein Patent beantragt wird (35 U.S.C. §§ 111, 115).

b) Materiellrechtliche Voraussetzungen

Materiellrechtliche Voraussetzung für das Entstehen eines Patents ist das Vorliegen eines neuen, nicht offensichtlichen Verfahrens, einer Maschine, eines Erzeugnisses oder einer Zusammensetzung oder Verbesserung hierzu (35 U.S.C. §§ 101 - 103).[13]

aa) Verfahren (*process*) (35 U.S.C. §§ 101, 100)

Von den in 35 U.S.C. § 101 genannten Schutzobjekten ist lediglich der Begriff des „Verfahrens“ (*process*) ausdrücklich im Patentgesetz, nämlich in 35 U.S.C.

---

[12] Ab 3 Jahren und 6 Monaten nach Erteilung beträgt die Jahresgebühr $ 400, ab 7 Jahren und 6 Monaten $ 800, ab 11 Jahren und 6 Monaten $ 1.200 (Vgl. 35 U.S.C. § 41(b)).

[13] 35 U.S.C. § 101 lautet wie folgt: „Whoever invents or discovers any new and useful process, machine, manufacture, or composition of matter, or any new and useful improvement thereof, may obtain a patent therefor, subject to the conditions and requirements of this title“. Die erwähnten „conditions and requirements of this title“ beziehen sich auf 35 U.S.C. §§ 102 und 103. 35 U.S.C. § 102 geht näher auf die Neuheit (*novelty*) ein, währenddessen 35 U.S.C. § 103 die Nichtoffensichtlichkeit behandelt.

§ 100, definiert. Nach dieser Definition bedeutet der Begriff „Verfahren" ein Verfahren, eine Technik oder eine Methode und schließt eine neue Verwendung eines bekannten Verfahrens, einer Maschine, eines Erzeugnisses, einer Zusammensetzung oder eines Stoffes ein.[14]

Diese Definition ist nicht umfassend. Sie umfaßt vor allen Dingen nicht die von der Rechtsprechung entwickelten Kriterien, auf die zur Feststellung des patentrechtlichen Schutzobjektes zusätzlich abgestellt wird.

Wichtig im Zusammenhang mit dem Schutzobjekt des „Verfahrens" ist insbesondere die Entscheidung des *U.S. Supreme Court* in *Cochrane v. Deener* aus dem Jahre 1876, in der das Gericht darlegt, daß ein Verfahren nur dann patentfähig ist, wenn es eine physikalische Veränderung (*physical transformation*) eines bestimmten Gegenstandes oder eine Umwandlung in einen anderen Zustand oder in eine andere Sache (*transformation into a different state or thing*) zur Folge hat.[15]

Zu beachten ist auch die von der Rechtsprechung entwickelte sog. *mental steps doctrine* (geistige Schritte-Doktrin).[16] Nach dieser Doktrin wurde die Patentfähigkeit für Erfindungen verneint, die *mental steps* (geistige Schritte) enthielten.[17] Unter dem Begriff *mental steps* versteht man Schritte, die mit Hilfe des menschlichen Geistes ausgeführt werden können.[18]

Ende der 60er Jahre fing der CCPA an, die *mental steps doctrine* anzuzweifeln. Dies geschah erstmals in der *In re Prater I*-Entscheidung[19]. Die im Streit befindliche Patentanmeldung bezog sich auf das Auswählen und Lösen von Gleichungen zur Analyse von Gasmischungen. Es wurde dargelegt, daß die

---

[14] In der amerikanischen Fassung lautet 35 U.S.C. § 101 wie folgt: „The term process means process, art or method, and includes a new use of a known process, machine, manufacture, composition of matter, or material".

[15] *Cochrane v. Deener*, 94 U.S. 780, 788 (1876).

[16] Der wichtigste Fall, der die *mental steps doctrine* behandelt, ist *In re Abrams*, 188 F.2d 165, 167-170 (C.C.P.A. 1951). Andere Fälle sind: *Don Lee, Inc. v. Walker*, 61 F.2d 58, 67 (9th Cir. 1932); *In re Bolongaro*, 62 F.2d 1059, 1060 (C.C.P.A. 1933); *In re Cooper*, 143 F.2d 630, 632 (C.C.P.A. 1943); *Halliburton Oil Well Cementing Co. v. Walker*, 146 F.2d 817, 821, 823 (9th Cir. 1944); *In re Heritage*, 150 F.2d 554, 556 ff. (C.C.P.A. 1945); *In re Shao Wen Yuan*, 188 F.2d 377, 379 f. (C.C.P.A. 1951); *In re Lundberg*, 197 F.2d 336, 339 (C.C.P.A. 1952); *In re Venner*, 262 F.2d 91, 95 (C.C.P.A. 1958).

[17] So wurde z.B. in *In re Abrams* die Patentfähigkeit verneint, weil in der Patentanmeldung ausgeführt war, daß ein Mensch die Drucksteigerung mißt und bestimmt und die einzelnen Werte vergleicht (188 F.2d 165, 167, 170 (C.C.P.A. 1951)).

[18] *In re Prater*, 415 F.2d 1393, 1402 Fn. 22 (C.C.P.A. 1969); *Mc Claskey*, Iowa L. Rev. 55 (1970), 1148, 1148ff..

[19] *In re Prater I*, 415 F.2d 1378 (C.C.P.A. 1968). *In re Prater I* wurde zwar von *In re Prater II* (415 F.2d 1393 (C.C.P.A. 1969) aufgehoben, die Aufhebung erfolgte jedoch nur, weil die Spezifikation der Erfindung nicht den gesetzlichen Voraussetzungen, nämlich 35 U.S.C. § 112, entsprach. (415 F.2d 1393, 1405). Die Kritik an der *mental steps doctrine* wurde aufrechterhalten. Ein weiterer Angriff auf die *mental steps doctrine* erfolgte in *In re Bernhart* (417 F.2d 1395, 1399 (C.C.P.A. 1969)).

Erfindung auch mit einem Digitalcomputer ausgeführt werden konnte. Das PTO hatte die Patentfähigkeit aufgrund der *mental steps doctrine* verneint, weil die Gleichung, die als das einzig Neue angesehen wurde, mit Bleistift und Papier, d.h. geistig, ausgeführt werden konnte. Der CCPA hingegen bejahte die Patentfähigkeit und betonte, daß Patentschutz für ein offenbartes Verfahren nicht schon allein deshalb ausgeschlossen sei, weil das Verfahren auch geistig ausgeführt werden könne.[20]

In *In re Musgrave*[21] gab der CCPA die *mental steps doctrine* schließlich auf und verkündete eine neue Doktrin, nämlich die sog. *technological arts doctrine*. Das Gericht entschied, daß Patentfähigkeit nicht allein deshalb verneint werden könne, weil einige oder alle Schritte eines Verfahrens auch mit Hilfe des menschlichen Geistes ausgeführt werden können. Voraussetzung für die Patentfähigkeit sei nur, daß das Verfahren sich im Bereich der Technik (*technological arts*) befinde.[22] Dies entspricht in etwa dem deutschen Patentrecht, nach dem nur „technische" Erfindungen patentfähig sind.[23]

bb) Neuheit (35 U.S.C. §§ 101, 102)

35 U.S.C. § 101 bestimmt, daß nur „neue" Verfahren etc. patentfähig sind. 35 U.S.C. § 102 geht dann näher auf den Begriff der Neuheit ein. Nach 35 U.S.C. § 102 gilt eine Erfindung als neu, es sei denn sie war Dritten schon bekannt, wurde von Dritten schon benutzt, war schon patentiert oder war schon in einer Veröffentlichung erschienen.

Dieser Begriff der Neuheit ähnelt demjenigen des deutschen Patentrechts.[24] Die Anforderungen sind in etwa gleich hoch.

cc) Nichtoffensichtlichkeit (35 U.S.C. §§ 101, 103)

35 U.S.C. § 101 i.V.m. § 103 verlangen, daß die Erfindung „nicht offensichtlich" (*non-obvious*) ist. Ob eine Erfindung offensichtlich oder nicht offensichtlich ist, richtet sich nach dem Stand der Technik (*prior art*) und den diesbezüglichen Kenntnissen eines Durchschnittsfachmanns.

35 U.S.C. § 103 ähnelt § 4 PatG, in dem die in § 1 PatG geforderte „erfinderische Tätigkeit" definiert wird.[25] Auch dort wird an die Kenntnisse eines Durchschnittsfachmanns angeknüpft.

---

[20] *In re Prater I*, 415 F.2d 1378, 1389 (C.C.P.A. 1968).

[21] *In re Musgrave*, 431 F.2d 882 (C.C.P.A. 1970).

[22] *In re Musgrave* (Fn. 21), 893.

[23] Siehe Ausführungen bei Fn. 73 unter D.I..

[24] Siehe § 3 PatG. Siehe ferner Ausführungen unter D. I. 4. b) bb).

[25] Siehe Ausführungen unter D. I. 4. b) cc).

Das Erfordernis der Nichtoffensichtlichkeit und die Anknüpfung an die Kenntnisse eines Durchschnittsfachmanns befinden sich seit der Patentrechtsreform von 1952 im amerikanischen Patentgesetz. Der berühmte Durchschnittsfachmann und das Merkmal der Nichtoffensichtlichkeit tauchten aber schon viel früher in der amerikanischen Rechtspraxis auf. Erstmals wurde das Wissen und Können des Durchschnittsfachmanns in der Entscheidung des *U.S. Supreme Court* in *Hotchkiss v. Greenwood*[26] aus dem Jahre 1850 als maßgebliches Abgrenzungskriterium benutzt, um das Ergebnis rein handwerklicher Tätigkeiten (*mechanical skill*) von der patentfähigen Erfindung (*patentable invention*) abzugrenzen. Die rechtspolitsche Begründung für die in *Hotchkiss* definierte Erfindungsqualität lieferte der *U.S. Supreme Court* acht Jahre später in *Atlantic Works v. Brady*[27]. Er führte in dieser Entscheidung aus, daß das Ziel der Förderung des Fortschritts der Wissenschaft und Technik und der Anreiz dazu nur erreicht werden können, wenn eine Belohnung in Form eines Monopols lediglich für wesentliche Entdeckungen, die unsere Kenntnisse bereichern und einen Schritt vorwärts in der Technik gehen, gewährt wird. Das Gericht formulierte diese Gedanken wie folgt:

> The design of the patent laws is to reward those who make some substantial discovery or invention, which adds to our knowledge and makes a step in advance in the useful arts. Such inventors are worthy of all favor. It was never the object of those laws to grant a monopoly for every trifling device, every shadow of a shade of an idea, which would naturally and spontaneously occur to any skilled mechanic or operator in the ordinary progress of manufacturers. Such an indiscriminate creation of exclusive privileges tends rather to obstruct than to stimulate invention. It creates a class of speculative schemes who make it their business to watch the advancing wave of improvement, and gather its foam in the form of patented monopolies, which enable them to lay a heavy tax upon the industry of the country without contributing anything to the real advancement of the arts.[28]

dd) Freiheit wissenschaftlicher Ideen, Wahrheiten und Naturgesetze

In der patentrechtlichen Rechtsprechung ist seit langem anerkannt, daß abstrakte Regeln und fundamentale Wahrheiten nicht patentiert werden können[29], und daß Patentschutz auch ausscheidet für Ideen als solche[30], wissenschaftliche oder mathematische Wahrheiten[31], Naturgesetze, Naturerscheinungen und abstrakte Ideen[32].

---

[26] *Hotchkiss v. Greenwood*, 11 How. 248 (1850) = 52 U.S. 261.

[27] *Atlantic Works v. Brady*, 107 U.S. 192 (1883).

[28] *Atlantic Works v. Brady*, 107 U.S. 192, 200 (1883).

[29] *Le Roy v. Tatham*, 14 How. 156, 175 (1852).

[30] *Rubber-Tip Pencil Co. v. Howard*, 20 Wall. 498, 507 (1874).

[31] *Mackay Radio & Tel. Co. v. Radio Corp. of America*, 306 U.S. 86, 94 (1939).

[32] *Gottschalk v. Benson*, 409 U.S. 63, 67 (1972); *Diamond v. Diehr*, 450 U.S. 175, 185 (1981).

Der Ausschluß solcher Regeln, Wahrheiten, Gesetze und Ideen vom Patentschutz hängt mit der *Intellectual Property Clause* der US-Verfassung, auf der das Patentrecht basiert, zusammen. Diese Klausel ermächtigt nur insoweit zu der Erteilung eines Patents, als durch diese Erteilung der Fortschritt der Wissenschaft und Technik gefördert wird.[33] Die Gewährung eines Patentschutzes für wissenschaftliche Ideen, Wahrheiten und Naturgesetze wird teilweise deshalb abgelehnt, weil er den Fortschritt nicht im Sinne der *Intellectual Property Clause* fördern, sondern eher behindern würde.[34] Der *U.S. Supreme Court* begründete die Versagung eines Patentschutzes damit, daß solche Ideen *basic tools of scientific and technological work* (Grundwerkzeuge der wissenschaftlichen und technischen Arbeit) seien und deshalb für jedermann frei verfügbar sein müßten und der Allgemeinheit nicht durch Einräumung eines Monopols vorenthalten werden dürften.[35]

5. Patentschutz für Algorithmen

Wie soeben ausgeführt, sind wissenschaftliche Ideen, Regeln, fundamentale Wahrheiten und Naturgesetze nicht patentfähig.

Algorithmen werden als wissenschaftliche Regeln oder als Ausdruck von Naturgesetzen[36] bzw. als den Naturgesetzen und fundamentalen Wahrheiten ähnlich[37] angesehen. Sie werden daher ebenfalls nicht vom Patentschutz erfaßt.[38]

6. Patentschutz für Computerprogramme

Die Frage des Patentschutzes für Computerprogramme ist in den USA im Gegensatz zu Deutschland noch nicht endgültig entschieden.

Das US-amerikanische Patentgesetz gibt auf diese Frage keine ausdrückliche Antwort. Computerprogramme werden darin nicht erwähnt. Man kann daher lediglich in Erwägung ziehen, Computerprogramme als „Verfahren" (*process*) i.S.d. 35 U.S.C. § 101 patentrechtlich zu schützen.

Die amerikanische Rechtsprechung hat sich bisher noch nicht eindeutig zu diesem Thema geäußert. Der *U.S. Supreme Court* hat bisher erst fünf patentrechtliche Fälle entschieden, in denen es um Computerprogramme ging.[39]

---

[33] Siehe Ausführungen bei Fn. 1.

[34] *Hanneman*, 29.

[35] *Gottschalk v. Benson*, 409 U.S. 63, 67 (1972).

[36] Note, Detroit College of L. Rev. (1982), 127, 131; Note, Wisconsin L. Rev. 1 (1979), 867, 870.

[37] *Parker v. Flock*, 437 U.S. 584, 589 (1978); *Scott*, § 4.13.

[38] Siehe Fn. 36, 37.

[39] *Gottschalk v. Benson*, 409 U.S. 63 (1972); *Dann v. Johnston*, 425 U.S. 219 (1976); *Parker v. Flook*, 437 U.S. 584 (1978); *Diamond v. Diehr*, 450 U.S. 175 (1981); *Diamond v. Bradley*, 450 U.S. 381 (1981).

In den ersten drei Fällen verneinte er die Patentfähigkeit, wohingegen er die Patentfähigkeit in den letzten beiden Fällen bejahte. Teilweise sind diese Entscheidungen widersprüchlich.

Der erste Fall war *Gottschalk v. Benson*[40]. *Benson* hatte ein Computerprogramm erfunden, das Data in einem Digitalcomputer von binär codierter Dezimalform (BDC) in echte Binärform umwandelte. In dem Patentantrag hatte er jedoch keinen spezifischen Verwendungszweck (*specific end use*) angegeben.[41] Das beanspruchte Verfahren war vielmehr für eine Vielzahl von Zwecken verwendbar, z.B. um Züge zu steuern, Führerscheine zu überprüfen oder in Entscheidungssammlungen Präzedenzfälle ausfindig zu machen.[42]

Der *Supreme Court* stellte fest, daß das beanspruchte Verfahren so abstrakt und weitreichend sei, daß es alle schon bekannten und noch unbekannten Nutzungsmöglichkeiten der Umwandlung von BCD in echte Binärform umfasse.[43] Die Gewährung eines Patents dafür hätte zur Folge, daß andere dann immer von der Benutzung der in dem Verfahren verwendeten mathematischen Formel (Algorithmus) ausgeschlossen wären. Praktisch würde der Algorithmus dadurch patentiert.[44] Da Algorithmen jedoch nicht patentfähig seien, sei auch das vorliegende Verfahren nicht patentrechtlich geschützt.[45]

Der *Supreme Court* beschränkte allerdings seine Entscheidung ausdrücklich auf das im Streit befindliche Verfahren. Er betonte, daß er mit diesem Fall nicht generell über den Patentschutz für Computerprogramme als solche entscheide.[46]

Der zweite Fall war *Dann v. Johnston*[47]. In diesem Fall ging es um ein Computerprogramm, das ein Buchhaltungssystem automatisch betrieb. Es konnte dazu benutzt werden, Konten für Bankkunden zu führen. In dem Patentantrag wurde erwähnt, daß ein IBM-Computer zur Ausführung dieser Erfindung verwendet werden könne.

Der *Board of Appeals* hatte die Patentfähigkeit verneint, weil die Voraussetzungen des in *Musgrave* etablierten *technological arts*-Tests[48] nicht erfüllt seien. Banktätigkeiten gehörten nicht dem Bereich der Technik an.[49] Der CCPA hob diese Entscheidung auf. Er entschied, daß „Maschinensysteme“ immer die

---

[40] *Gottschalk v. Benson*, 409 U.S. 63 (1972) = GRUR Int. 1973, 75.

[41] *Gottschalk v. Benson*, 409 U.S. 63, 64 (1972).

[42] *Gottschalk v. Benson* (Fn. 41), 68.

[43] *Gottschalk v. Benson* (Fn. 41), 68.

[44] *Gottschalk v. Benson* (Fn. 41), 72.

[45] *Gottschalk v. Benson* (Fn. 41), 72 f..

[46] *Gottschalk v. Benson* (Fn. 41), 71.

[47] *Dann v. Johnston*, 425 U.S. 219 (1976).

[48] Siehe Ausführungen bei Fn. 21, 22.

[49] Die Begründung des *Board of Appeals* ist abgedruckt in *In re Johnston*, 502 F.2d 765, 769 (C.C.P.A. 1974).

Voraussetzungen des *technological arts*-Tests erfüllten.[50] Der *Supreme Court* vermied es, sich mit dem Problem des Patentschutzes für Computerprogramme als solche auseinanderzusetzen. Er verneinte den Patentschutz lediglich mit der Begründung, die Erfindung sei „offensichtlich“ gewesen, sie unterscheide sich nicht genügend von früheren automatischen Kontenführungssystemen.[51]

In *Parker v. Flook*[52] hatte der *Supreme Court* zum dritten Mal die Möglichkeit, sich mit der Frage des Patentschutzes für Computerprogramme auseinanderzusetzen. In diesem Fall ging es um ein Computerprogramm zur Anpassung von Alarmgrenzen.[53] Im Gegensatz zu *Benson*[54] hatte *Flook* einen spezifischen Verwendungszweck (*specific end use*) angegeben, nämlich die Anpassung von Alarmgrenzen in chemischen Verfahren, insbesondere in der Erdölraffinationsindustrie, zur katalytischen Umwandlung von Kohlenwasserstoffen. Der *Supreme Court* verneinte dennoch den Patentschutz. Er entschied, daß Patentschutz nicht alleine deshalb gegeben sei, weil ein spezifischer Verwendungszweck angegeben wird, der Algorithmus also auch noch in anderen Bereichen benutzt werden kann und die Gewährung eines Patents für das beanspruchte Verfahren daher nicht alle Nutzungsmöglichkeiten des verwendeten Algorithmus sperrt.[55] Der *Supreme Court* stellte fest, daß das einzig Neue an dem beanspruchten Verfahren die benutzte Formel[56], d.h. der Algorithmus, bzw. die Methode zur Berechnung der Alarmgrenze[57] sei. Die anderen Elemente des beanspruchten Verfahrens, wie z.B. das Überwachen der Variablen in dem chemischen Prozeß, die Verwendung von Alarmgrenzen zur Alarmauslösung, die Idee, daß Alarmgrenzwerte neu berechnet und angepaßt werden müssen und der Einsatz von Computern zur automatischen Prozeßüberwachung und Alarmauslösung seien alle bekannt[58], d.h. nicht neu. Da die Neuheit eines Algorithmus für den Patentschutz eines beanspruchten Verfahrens jedoch unbeachtlich ist, der Algorithmus als *basic tool* der wissenschaftlichen und technischen Arbeit sogar dem bisherigen Stand der Technik zugerechnet wird[59], verneinte der *Supreme Court* den Patentschutz[60].

---

50 *In re Johnston*, 502 F.2d 765, 771 (C.C.P.A. 1974).

51 *Dann v. Johnston* (Fn. 47), 229.

52 *Parker v. Flook*, 437 U.S. 584 (1978) = GRUR Int. 1978, 465.

53 Eine Alarmgrenze ist ein Meßwert, d.h. eine Zahl. Während katalytischer Umwandlungsprozesse werden die Variablen, z.B. Temperatur, Druck und Durchlaufleistung ständig überwacht. Wenn eine dieser Variablen eine vorbestimmte „Alarmgrenze“ überschreitet, dann kann ein Alarm das Bestehen eines regelwidrigen Zustandes signalisieren. Bei veränderlichen Betriebsbedingungen, wie z.B. während des Anlaufs ist es notwendig, die Alarmgrenzen ständig anzupassen.

54 Siehe Ausführungen bei Fn. 40, 41.

55 *Parker v. Flook*, 437 U.S. 584, 590 (1978).

56 *Parker v. Flook* (Fn. 55), 588.

57 *Parker v. Flook* (Fn. 55), 594.

58 Ebd..

59 *Parker v. Flook* (Fn. 55), 591, 594.

In den beiden danach entschiedenen Fällen, in *Diamond v. Diehr*[61] und *Diamond v. Bradley*[62] bejahte der *Supreme Court* dann jedoch den Patentschutz der im Streit befindlichen Erfindungen, die sich auf Computerprogramme bezogen. Diese Entscheidungen werden in der amerikanischen Literatur teilweise dahingehend interpretiert, daß der *Supreme Court* nunmehr eine neue, ermutigende Haltung zugunsten des Patentschutzes von Computerprogrammen einnehme.[63]

Eine solche Interpretation erscheint jedoch gewagt. Es erscheint richtiger, diese Entscheidungen als Spiegelung der unterschiedlichen und entgegengesetzten Ansichten der Richter des *Supreme Court* bezüglich der Frage des Patentschutzes von Computerprogrammen anzusehen.[64] Die Meinungsverschiedenheiten schlugen sich auch in den Abstimmungsergebnissen der Richter nieder. *Diamond v. Diehr* erging mit einem Stimmenverhältnis von 5:4 Richterstimmen, *Diamond v. Bradley* sogar mit einem Stimmenverhältnis von 4:4 Richterstimmen.

Der Sachverhalt in *Diamond v. Diehr*[65] ähnelt demjenigen in *Parker v. Flook*[66]. Ein Vergleich der beiden Sachverhalte kann am besten in einem Schaubild durchgeführt werden.

Flook (Computerprogrammgesteuertes Verfahren zur katalytischen Umwandlung von Kohlenwasserstoffen für die Erdölraffination)	*Diehr* (Computerprogrammgesteuertes Verfahren zur Vulkanisierung und Formung rohen, unvulkanisierten synthetischen Gummis)
ein Computerprogramm wird benutzt, um Variablen, wie z.B. Temperatur, Druck und Durchlaufleistung zu überwachen	ein Computerprogramm wird benutzt, um eine Variable, nämlich die Temperatur in der Formpresse zu überwachen
ein Digitalcomputer berechnet ständig erneut die richtige Alarmgrenze — eine Zahl, die angibt, wann das katalytische Umwandlungsverfahren beendet oder verändert werden soll	ein Digitalcomputer berechnet ständig erneut die richtige Vulkanisierungszeit — eine Zahl, die angibt, wann sich die Formpresse öffnen soll

Trotzdem kam der *Supreme Court* zu einem anderen Ergebnis bezüglich des Patentschutzes. Dies liegt daran, daß er in *Diehr* ein anderes Prüfungsschema angewandt hat als in *Flook*.

60 *Parker v. Flook* (Fn. 55), 594.

61 *Diamond v. Diehr*, 450 U.S. 175 (1981) = GRUR Int. 1981, 646.

62 *Diamond v. Bradley*, 450 U.S. 381 (1981).

63 *Borking*, 109f., 144, 146; *Hanneman*, 91; *Nimtz*, Rutgers Comp. and Technol. L. J. 8 (1981), 267, 270; Note, Detroit College of L. Rev. (1982), 127, 129, 144; *Schmidt*, Jurimetrics J. 21 (1981), 345, 358 f.; *Sheridan*, Santa Clara L. Rev. 23 (1983), 989, 999.

64 Note, Drake L. Rev. 33 (1983-84), 155, 173; *Sprowl*, A.B.F. Res. J. (1981), 559, 563.

65 *Diamond v. Diehr* (Fn. 61).

66 *Parker v. Flook* (Fn. 55).

In *Diehr* führte der *Supreme Court* aus, die Schutzobjektanalyse gemäß 35 U.S.C. § 101 verlange nicht, daß die Patentanmeldung in alte und neue Elemente zerlegt werde. Die Anmeldung müsse vielmehr als Ganzes (*as a whole*), d.h. so wie von dem Anmelder formuliert, betrachtet werden.[67] Das Gericht betrachtete daher das Verfahren zur Behandlung von Gummi als Ganzes, beginnend mit dem Setzen des unbehandelten Gummis in die Presse bis zum Öffnen der Tür. Die Frage der Prüfung der Neuheit sei bei der Prüfung von 35 U.S.C. § 101 nicht entscheidend.[68] Auf sie käme es erst später im Rahmen des 35 U.S.C. § 102 an.[69] Auf 35 U.S.C. § 102 ging der *Supreme Court* dann später allerdings nicht mehr ein.

Dieses Prüfungsschema unterscheidet sich insofern von dem in *Flook*, als das Gericht in *Flook* bereits im Rahmen von 35 U.S.C. § 101 prüfte, ob die einzelnen Elemente der Patentanmeldung neu sind. In *Flook* wurde der Patentschutz verneint, weil alle Elemente, außer dem Algorithmus, bekannt waren.[70]

In *Diehr* ließ der *Supreme Court* außer acht, daß alle Elemente der Patentanmeldung bis auf die Methode, die Behandlungszeit[71] zu berechnen, bekannt[72] waren. Er berücksichtigte bei der Prüfung des Patentschutzes nicht, daß nur die Rechenmethode, d.h. der Algorithmus, nicht aber das ganze Gummibehandlungsverfahren, neu war.

Hätte das Gericht in *Diehr* das *Flook*-Prüfungsschema angewandt, nach dem bereits bei der Schutzobjektprüfung des 35 U.S.C. § 101 auf die Neuheit der einzelnen Elemente abgestellt wird, und nach dem neue Algorithmen zum Stand der Technik gerechnet werden, dann hätte es den Patentschutz ebenfalls verneinen müssen.

Das in *Diehr* angewandte Prüfungsschema, nach dem bei der Schutzobjektsprüfung des 35 U.S.C. § 101 *nicht* auf die Neuheit der einzelnen Elemente abgestellt wird, widerspricht der Systematik des Patentgesetzes. 35 U.S.C. § 101 verlangt ausdrücklich, daß jemand ein „neues“ Verfahren etc. „erfindet“.[73] Bereits der Begriff „erfinden“ legt nahe, daß etwas Neues geschaffen werden muß.[74] Dies wird dann durch das zusätzlich in 35 U.S.C. § 101 erwähnte Wort „neu“ noch verdeutlicht. 35 U.S.C. § 102 definiert dann lediglich den Begriff der

---

67 *Diamond v. Diehr*, 450 U.S. 175, 188 (1981).

68 *Diamond v. Diehr* (Fn. 67), 189.

69 *Diamond v. Diehr* (Fn. 67), 190, 191.

70 Siehe Ausführungen bei Fn. 56-60.

71 Die Behandlungszeit ist die Zeit, während der die Presse geschlossen bleiben soll.

72 Bekannt waren beispielsweise die chemischen Vorgänge, die bei einem Gummibehandlungsverfahren ablaufen, die verwendeten Rohmaterialien und die verwendeten Geräte, wie z.B. die Temperaturmeßgeräte.

73 Siehe Ausführungen bei Fn. 13.

74 In *Black*'s Law Dictionary ist das Wort „invention“ definiert als „the act of finding out something new“ (S. 740).

Neuheit. Die Neuheit wird jedoch nicht erst von 35 U.S.C. § 102, sondern bereits von dessen § 101 verlangt. Folglich muß sie auch schon dort geprüft werden.

Der *Supreme Court* versuchte dann, seine Entscheidung in *Diehr* noch auf die in *Cochrane v. Deener* gegebene Definition eines patentfähigen Verfahrens, wonach eine Umwandlung eines bestimmten Artikels in einen anderen Zustand oder in eine andere Sache erforderlich ist[75], zu stützen.[76] Er führte aus, daß die Patentanmeldung in *Diehr* diese Voraussetzung erfülle, da aufgrund des beanspruchten Verfahrens rohes unvulkanisiertes Gummi in einen anderen Zustand oder eine andere Sache verwandelt werde.[77] Diese Voraussetzung war jedoch auch in *Flook* erfüllt. Dort ging es um die Umwandlung von Kohlenwasserstoffen. Die *Diehr*-Umwandlung kann daher nicht dazu benutzt werden, die unterschiedlichen Entscheidungen zu rechtfertigen.

Schließlich führte der *Supreme Court* in *Diehr* noch aus, daß die Patentfähigkeit in *Flook* deshalb verneint worden sei, weil die Wirkungen bzw. Aktivitäten, die nach der Lösung bzw. Formel eintraten, die sog. *post-solution activities*, bedeutungslos (*insignificant*)[78] bzw. geringfügig (*token*)[79] gewesen seien. Damit deutet der *Supreme Court* an, daß die Wirkung des in *Diehr* beanspruchten Verfahrens bedeutsamer sei[80], und daß der Patentschutz in *Diehr* deshalb bejaht wurde.

Hängt in Zukunft der Patentschutz für Computerprogramme davon ab, ob die durch sie erzielten Wirkungen bedeutsam oder bedeutungslos sind, so vergrößert sich die Ungewißheit, die ohnehin schon bezüglich der Frage des Patentschutzes für Computerpogramme besteht.[81] Die Begriffe „bedeutsam" und „bedeutungslos" sind konturenlos. Es ist schwierig vorauszusehen, ob der *Supreme Court* im Einzelfall die Wirkungen als bedeutsam oder als bedeutungslos erachten wird.

Diamond v. Bradley[82] wurde kurze Zeit nach *Diamond v. Diehr* vom *Supreme Court* entschieden. In *Bradley* ging es um ein in einem ROM[83] gespeichertes Systemprogramm[84], das einen Austausch von Daten im Computer bewirkte.

---

75 Siehe Ausführungen bei Fn. 15.

76 *Diamond v. Diehr* (Fn. 67), 184.

77 Ebd.

78 *Diamond v. Diehr* (Fn. 67), 191.

79 *Diamond v. Diehr* (Fn. 67), 192 Fn. 14.

80 Die Wirkungen des Computerprogramms in *Flook* bestanden darin, die Alarmgrenze anzupassen. Die Wirkungen des Computerprogramms in *Diehr* bestanden darin, die Tür der Presse automatisch zu öffnen. M.E. ist das Anpassen von Alarmgrenzen für ein katalytisches Umwandlungsverfahren jedoch genauso bedeutungsvoll wie das automatische Türenöffnen in einem Gummibehandlungsverfahren.

81 Note, Rutgers Comp. and Technol. L. J. 8 (1981), 273, 301 f..

82 *Diamond v. Bradley*, 450 U.S. 381 (1981); siehe auch Ausführungen bei Fn. 62. Der Sachverhalt des Falles ist dargelegt in *In re Bradley*, 600 F.2d 807 (C.C.P.A. 1979).

83 Siehe Ausführungen bei Fn. 12 unter C..

Der *Supreme Court* bestätigte mit einer 4 gegen 4 Stimmen ergangenen Entscheidung[85] das Urteil des CCPA, der den Patentschutz bejaht hatte. Der *Supreme Court* begründete seine Entscheidung allerdings nicht.

Der CCPA hatte für die Bejahung des Patentschutzes auf die Kombination der *Hardware*elemente (des ROM-Chips) und nicht auf die in ihm enthaltene Information, d.h. das Programm, abgestellt.[86] Schon aus diesem Grund kann diese Entscheidung nicht als eindeutige Befürwortung eines Patentschutzes für Computerprogramme angesehen werden. Außerdem ist der Präzedenzwert der Entscheidung dadurch gemindert, daß die Entscheidung nur mit Stimmengleichheit und nicht mit -mehrheit ergangen ist.

Aus der höchstrichterlichen Rechtsprechung ist bisher keine eindeutige Regel zur patentrechtlichen Beurteilung von Computerprogrammen erkennbar. Auch die nach *Bradley* vom CCPA entschiedenen Fälle, die nicht zum *Supreme Court* gingen, tragen nicht zur Klärung der Rechtslage bei. In einigen Fällen[87] bejahte der CCPA den Patentschutz für Verfahren, die mit Hilfe von neuen Computerprogrammen ausgeführt wurden, in anderen Fällen[88] verneinte er den Patentschutz.

7. *Patentschutz für Computerchips*

Während die Frage des Patentschutzes für Computerprogramme von der amerikanischen Rechtsprechung schon mehrfach erörtert wurde[89], wurde die Frage des Patentschutzes für Computerchips von der amerikanischen Rechtsprechung bisher überhaupt noch nicht erörtert.

Patentschutz für Computerchips ist nur dann möglich, wenn sie in eine der von 35 U.S.C. § 101 genannten Schutzobjektsgruppen[90] fallen und sie die Voraussetzung der Neuheit[91] gemäß 35 U.S.C. §§ 101, 102 und der Nichtoffensichtlichkeit[92] gemäß 35 U.S.C. §§ 101, 103 erfüllen.

Computerchips könnten entweder in die Schutzobjektsgruppe der „Maschinen“ (*machine*) oder der „Erzeugnisse“ (*manufacture*) fallen. Die Schutzobjektsgruppe ist daher nicht so problematisch. Sehr problematisch ist jedoch, ob die

---

[84] Siehe Ausführungen bei Fn. 45, 46 unter C..

[85] Der vorsitzende Richter war nicht an der Entscheidung beteiligt. Er hatte sich für befangen erklärt.

[86] *In re Bradley*, 600 F.2d 807, 812 (C.C.P.A. 1979).

[87] So z.B. in *In re Abele*, 684 F.2d 902 (C.C.P.A. 1982) und in *In re Pardo*, 684 F.2d 912 (C.C.P.A. 1982).

[88] So z.B. in *In re Meyer*, 688 F.2d 789 (1982).

[89] Siehe Ausführungen unter E. I. 6..

[90] Siehe Ausführungen bei Fn. 13.

[91] Siehe Ausführungen unter E. I. 4. b) bb).

[92] Siehe Ausführungen unter E. I. 4. b) cc).

Computerchips auch die hohen Anforderungen erfüllen, die an die Neuheit und an die Nichtoffensichtlichkeit gestellt werden. Es werden zwar meistens Tausende von Stunden und Millionen von Dollars zur Entwicklung und Herstellung von Chips aufgewandt. Dies allein ist aber für Neuheit und Nichtoffensichtlichkeit nicht ausreichend. Der enorme Zeitaufwand und die hohen Kosten hängen vor allem mit der Schwierigkeit zusammen, die vielen Schaltungen auf so kleinem Raum unterzubringen. „Neu" und „nicht offensichtlich" i.S.d. Patentgesetzes werden die Chips dadurch allerdings nicht. Man wird davon ausgehen müssen, daß Chips i.d.R. die an die Neuheit und Nichtoffensichtlichkeit gestellten Anforderungen nicht erfüllen[93] und daher vom Patentschutz nicht erfaßt werden.

8. Schlußfolgerung

Die patentrechtliche Lage von Computerprogrammen ist in den USA derzeit ungewiß. Das Patentgesetz gibt keine ausdrückliche Antwort auf die Frage des Patentschutzes für Computerprogramme. Auch die Rechtsprechung hat sich bisher nicht eindeutig zu dieser Frage geäußert. Die Ungewißheit der Rechtslage hat zur Folge, daß Programmhersteller sich nicht auf einen Patentschutz verlassen können.

Die patentrechtliche Lage von Algorithmen hingegen ist klar. Es steht fest, daß sie vom Patentschutz ausgeschlossen sind. Algorithmen sind wissenschaftliche Regeln. Solche Regeln sind nicht patentfähig. Sie sind für jedermann frei verfügbar.

Die patentrechtliche Lage von Computerchips wurde von der Rechtspechung bisher noch nicht erörtert. Es ist denkbar, daß Computerchips in eine der in 35 U.S.C. § 101 genannten Schutzobjektsgruppen fallen. In der Regel werden Computerchips dennoch nicht patentrechtlich geschützt sein, weil sie die hohen Anforderungen, die vom Patentgesetz an die „Neuheit" und „Nichtoffensichtlichkeit" gestellt werden, nicht erfüllen.

Das Patentrecht bietet somit keinen brauchbaren und effektiven Schutz für Computerprogramme und Computerchips.

Das Patentrecht scheidet auch noch aus anderen Gründen als ideales Schutzsystem für Computerprogramme[94] und Computerchips[95] aus. Der Wert

---

[93] *Barnes/Thornburg*, Res Gestae 28 (1984), 266, 266; Comment, Southwestern Univ. L. Rev. 14 (1984), 685, 732; Note, Virginia L. Rev. 71 (1985), 249, 251; *Oxman*, Jurimetrics J. 20 (1980), 405, 425 f.;*Samuelson*, Minnesota L. Rev. 70 (1985), 471, 488.

[94] *Bender*, Western New Eng. L. Rev. 7 (1985), 405, 418; Comment, Louisiana L. Rev. 44 (1984), 1413, 1445; *Freed*, Jurimetrics J. 25 (1985), 347, 363; *Rodau*, Temple L. Quart. 57 (1984), 527, 532; *Selinger*, J. of L. & Com. 3 (1983), 65, 74.

[95] *Chesser*, Univ. of Western Ontario L. Rev. 22 (1984), 201, 202, 214 f.; Note, Virginia L. Rev. 71 (1985), 249, 250 f., 270; *Oxman*, Jurimetrics J. 20 (1980), 405, 434; *Petraske*, J. of the Pat. Off. Soc'y 65 (1983), 410, 412; *Wilson/La Barre*, J. of the Pat. and Tradm. Off. Soc'y 67 (1985), 57, 62 f..

des Patentschutzes ist insbesondere durch die lange Dauer des Patenterteilungsverfahrens und durch die Tatsache, daß das Patentrecht erst nach Erteilung des Patents entsteht, stark gemindert. Zwischen Anmeldung und Erteilung des Patents können bis zu drei Jahren liegen. Bis dahin sind Computerprogramme und -chips oft schon veraltet. Ein Schutzbedürfnis besteht hauptsächlich in den Anfangsjahren, wenn die Programme und Chips noch aktuell sind. Während dieser Zeit ist ein Patentschutz jedoch wegen des langen Patenterteilungsverfahrens nicht gegeben.

Nachteilhaft ist auch, daß die Erlangung und die Erhaltung eines Patents mit so hohen Verwaltungskosten verbunden sind.

II. Urheberrecht

1. Einleitung

Ermächtigungsgrundlage für das amerikanische Urheberrechtsgesetz ist, genauso wie für das Patentgesetz, die *Intellectual Property Clause* (Satz 8) des Art. I Abs. 8 der US-amerikanischen Verfassung.[1]

Auch hier besteht, genauso wie beim Patentrecht, ein Unterschied zum deutschen Recht. In der Bundesrepublik Deutschland ist das Urheberrecht verfassungsrechtlich durch Art. 14 GG (bzgl. seiner vermögenswerten Elemente) und durch Art. 1 Abs. 1 und Art. 2 GG (bzgl. seiner persönlichkeitsbezogenen Elemente) abgesichert.[2] Eine solche Absicherung fehlt in den USA. In den USA wurde vielmehr das Ziel der Förderung der Entwicklung der Wissenschaft (*promotion of the progress of science*) verfassungsrechtlich durch die *Intellectual Property Clause* verankert.

Von der Ermächtigung in der *Intellectual Property Clause* machte der amerikanische Gesetzgeber im Hinblick auf die Förderung der wissenschaftlichen Entwicklung erstmals im Jahre 1790 Gebrauch, indem er ein Gesetz zum Schutze von *writings of authors* erließ.[3] Der damals verfasste Gesetzestext wurde in den darauffolgenden Jahren mehrmals überarbeitet. Wichtige Änderungen erfolgten in den Jahren 1909[4], 1976[5] und 1980[6].

---

[1] Die *Intellectual Property Clause* hat folgenden Wortlaut: „Congress shall have power to promote the *Progess of Science* and useful arts by serving for limited Times to *Authors* and Inventors the exclusive Right to their respective *Writings* and Discoveries." (Hervorhebungen der Autorin). Siehe auch Ausführungen bei Fn. 1 unter E. I..

[2] Siehe Ausführungen bei Fn. 25, 26 unter D. II..

[3] Gesetz v. 31.5.1790, ch. 15, 1 Stat. 124 (1790).

[4] Gesetz v. 4.3.1909, ch. 320, 35 Stat. 1075 (1909).

[5] Gesetz v. 9.10.1976, Pub.L.No. 94-553, 90 Stat. 2541 (1976); in Kraft getreten am 1.1.1978; kodifiziert in 17 U.S.C. §§ 101-810 (1976).

[6] Gesetz v. 12.12.1980, Pub.L.No. 96-517, 94 Stat. 3028 (1980); kodifiziert in 17 U.S.C. §§ 101, 117 (1982).

Bis zur Urheberrechtsreform von 1976 bestand in den USA ein duales Urheberrechtssystem. Das unkodifizierte *Common Law* der einzelnen Staaten gewährte Schutz für unveröffentlichte Werke, währenddessen das Bundesurheberrechtsgesetz von 1909, der *Federal Copyright Act of 1909*, Schutz für veröffentlichte Werke gewährte. Die Urheberrechtsreform 1976 schaffte dieses duale System ab. Die Anwendung des einzelstaatlichen Urheberrechts wurde untersagt. Das Bundesurheberrechtsgesetz von 1909 wurde aufgehoben. Dafür trat das Bundesurheberrechtsgesetz von 1976 in Kraft, das das Urheberrecht nunmehr einheitlich regelt. Das gegenwärtig geltende Urheberrechtsgesetz ist in Titel 17 des *United States Code* (U.S.C.) kodifiziert.

2. *Schutzumfang*

a) Schutzdauer

Der durch das Urheberrechtsgesetz gewährte Schutz beginnt mit der Schöpfung eines Werkes. Er erlischt erst 50 Jahre nach dem Tode des Urhebers (17 U.S.C. § 302(a)). Unter Schöpfung versteht das Urheberrechtsgesetz die erstmalige Festlegung (17 U.S.C. § 101).

Die Schutzdauer ist damit zwar etwas kürzer als im deutschen Urheberrecht, in dem ein Schutz bis 70 Jahre nach dem Tode des Urhebers gewährt wird (§ 64 Abs. 1 UrhG). Sie ist dennoch sehr lang, insbesondere wenn man sie mit der im Patentrecht gewährten Schutzdauer vergleicht. Die lange Schutzdauer führt dazu, daß das Urheberrecht nur bedingt als Mittel der Förderung der Entwicklung von Literatur, Wissenschaft und Kunst in Betracht kommt. Die im deutschrechtlichen Teil dieser Arbeit zu der langen Urheberrechtsschutzdauer gemachten Ausführungen[7] treffen auch auf das amerikanische Urheberrecht zu.

b) Rechte des Urheberrechtsinhabers

Das amerikanische Urheberrecht anerkennt, im Gegensatz zum deutschen[8], keine *moral rights*, d.h. Urheberpersönlichkeitsrechte.[9] Die Nichtanerkennung von Urheberpersönlichkeitsrechten ist auch ein Grund dafür, daß die USA nicht der Revidierten Berner Übereinkunft (RBÜ), die Urheberpersönlichkeitsrechte schützt (Art. 6 RBÜ), beitreten.[10]

Das amerikanische Urheberrecht gewährt dem Urheber nur die in 17 U.S.C. § 106 aufgeführten Verwertungsrechte. Nach dieser Vorschrift hat der Urheber das Recht, (1) Vervielfältigungsstücke bzw. Werkexemplare (*copies*) des urheberrechtlich geschützten Werkes herzustellen, (2) Bearbeitungen (*deri-*

---

[7] Siehe Ausführungen bei Fn. 38-41 unter D. II..

[8] Siehe Ausführungen unter D. II. 2. b) bb).

[9] *Ulmer,* Urheber- und Verlagsrecht, 208.

[10] Siehe Ausführungen bei Fn. 20 unter A..

vative works), die auf dem urheberrechtlich geschützten Werk basieren, herzustellen, (3) Vervielfältigungsstücke des urheberrechtlich geschützten Werkes in der Öffentlichkeit durch Veräußerung oder eine andere Eigentumsübertragung oder durch Vermietung, Verpachtung oder Leihe zu verbreiten, (4) das urheberrechtlich geschützte Werk öffentlich aufzuführen, und (5) das urheberrechtlich geschützte Werk öffentlich darzubieten. Alle diese Rechte sind Ausschließlichkeitsrechte.

Eine Beschränkung der Verwertungsrechte ist in 17 U.S.C. § 107 enthalten. 17 U.S.C. § 107 ähnelt § 53 UrhG. Die darin enthaltene Beschränkung ist Ausdruck der sog. *fair use doctrine* (Lehre der redlichen Benutzung). Nach 17 U.S.C. § 107 stellt die „redliche Benutzung" eines urheberrechtlich geschützten Werkes einschließlich der Benutzung durch Vervielfältigung von Werkexemplaren oder Tonträgern keine Urheberrechtsverletzung dar, wenn sie für Zwecke der Kritik, der Kommentierung, der Nachrichtenerstattung, des Unterrichts oder der Forschung erfolgt.

Bei der Entscheidung, ob es sich in einem bestimmten Fall um die redliche Benutzung eines Werkes (*fair use*) handelt, sind nach 17 U.S.C. § 107 folgende Kriterien zu berücksichtigen: (1) der Zweck und der Charakter der Benutzung einschließlich der Frage, ob der Gebrauch kommerzieller Natur ist oder gemeinnützigen Erziehungs- und Unterrichtszwecken dient, (2) die Art des urheberrechtlich geschützten Werkes, (3) der Umfang und die Bedeutung des verwendeten Teils im Verhältnis zum urheberrechtlich geschützten Werk als Ganzem und (4) die Auswirkung der Benutzung auf den potentiellen Verkaufsmarkt und auf den Wert des urheberrechtlich geschützten Werkes.

Der *fair use doctrine* liegen zwei wichtige Prinzipien zugrunde. Das erste Prinzip basiert auf dem *First Amendment* der US-Verfassung, in dem *freedom of speech* und *freedom of press* garantiert werden. Das in dem *First Amendment* enthaltene Prinzip der Freiheit der Mitteilung von Gedanken setzt sich gegenüber dem Urheberrechtsschutz durch, wenn jemand ein urheberrechtlich geschütztes Werk zum Zwecke der Kritik, der Kommentierung, der Nachrichtenerstattung, des Unterrichts oder der Forschung benutzt.[11] Das zweite Prinzip, das für die *fair use doctrine* ausschlaggebend ist, ist von wirtschaftlichen Überlegungen geprägt. Ein *fair use*-Fall liegt nämlich, wie sich aus 17 U.S.C. § 107(4) ergibt, nur dann vor, wenn die Benutzung keine oder nur geringe Auswirkungen auf den potentiellen Verkaufsmarkt bzw. auf den Wert des urheberrechtlich geschützten Werkes hat.[12]

c) Ansprüche des Urheberrechtsinhabers

Die sich aus einer Urheberrechtsverletzung ergebenden Ansprüche sind in 17 U.S.C. §§ 502 ff. geregelt. Danach besteht ein Anspruch auf Unterlassung

---

[11] *Borking*, 248.

[12] Ebd..

(§ 502), Beschlagnahme und Vernichtung (§ 503), Schadensersatz und Gewinnherausgabe (§ 504) und Auslagenersatz für Kosten und Anwaltsgebühren (§ 505).

Bezüglich des Schadensersatzes hat der Urheberrechtsinhaber ein Wahlrecht. Er kann entweder Ersatz des konkreten Schadens, den er infolge der Verletzung erlitten hat, zusammen mit dem gesamten Verletzergewinn oder Ersatz eines gesetzlichen Schadens wählen (17 U.S.C. § 504(a)). Der gesetzliche Schadensersatzanspruch ist besonders in solchen Fällen relevant, in denen Schaden und Verletzergewinn nicht im Detail dargelegt und bewiesen werden können. Den gesetzlichen Schadensersatzanspruch kann das Gericht zwischen $ 250 und $ 10.000 festsetzen. Im Falle einer vorsätzlichen Urheberrechtsverletzung kann das Gericht einen gesetzlichen Schadensersatzanspruch sogar bis auf $ 50.000 zuerkennen (17 U.S.C. § 504(c)(2)).

3. Schutzvoraussetzungen

a) Verfahrensrechtliche Voraussetzungen

Ein wichtiger Unterschied zwischen dem amerikanischen und dem deutschen Urheberrecht besteht darin, daß nach dem amerikanischen Urheberrecht im Gegensatz zum deutschen[13] bestimmte Formalitäten, insbesondere der Urheberrechtsvermerk, vorgeschrieben sind. Das amerikanische Urheberrechtsgesetz verlangt in § 401, daß im Fall der Veröffentlichung von Werken, die mit Zustimmung des Urheberrechtsinhabers erfolgt, alle öffentlich verbreiteten Vervielfältigungsstücke mit einem Urheberrechtsvermerk versehen sein müssen (§ 401(a)). Der Vermerk muß bestehen aus dem Symbol ©, dem Wort *Copyright* oder der Abkürzung „Copr.", dem Jahr der Erstveröffentlichung des Werkes und dem Namen des Urheberrechtsinhabers (§ 401(b)). Die Anbringung eines Urheberrechtsvermerks ist erforderlich zur Wahrung des Urheberrechtsschutzes. Der Urheberrechtsschutz entfällt, wenn kein Urheberrechtsvermerk angebracht wird.[14] Das im amerikanischen Urheberrecht bestehende Erfordernis eines Urheberrechtsvermerks ist mit ein Grund dafür, daß die USA der Revidierten Berner Übereinkunft, die den Urheberrechtsschutz ohne Erfüllung irgendwelcher Formalitäten gewährt, nicht beitreten.[15]

Das amerikanische Urheberrechtsgesetz enthält für bestimmte Sonderfälle eine Ausnahmeregelung in § 405. Diese Ausnahmeregelung gilt z.B. für solche Fälle, in denen der Vermerk nur bei einer verhältnismäßig kleinen Anzahl der verbreiteten Exemplare unterblieben ist. Die Fortlassung des Vermerks führt in diesen Sonderfällen nicht zum Wegfall des Urheberrechtsschutzes. Gegen einen

---

[13] Siehe Ausführungen unter D. II. 3. a).

[14] Siehe z.B. *Data Cash Sys., Inc. v. JS & A Group, Inc.*, 628 F.2d 1038, 1041 ff. (7th Cir. 1980).

[15] Siehe Ausführungen bei Fn. 20 unter A..

gutgläubigen Verletzer besteht allerdings in diesen Fällen kein Schadensersatzanspruch (17 U.S.C. § 405(b)). Die Fortlassung des Urheberrechtsvermerks ist somit grundsätzlich mit einer Minderung des Rechtsschutzes verbunden.

Nach 17 U.S.C. § 408 besteht auch die Möglichkeit, das Werk bei dem *Copyright Office* registrieren zu lassen. Voraussetzung für eine Registrierung sind ein Antrag auf Registrierung, die Entrichtung einer Gebühr i.H.v. $ 10 und die Hinterlegung eines Werkexemplars (17 U.S.C. §§ 408(a), 708(a)). Eine Registrierung ist im Gegensatz zum Urheberrechtsvermerk nicht Voraussetzung für den Urheberrechtsschutz. Dies ist ausdrücklich in 17 U.S.C. § 408(a) klargestellt. Eine Registrierung ist jedoch zur Durchsetzung der Rechte von Vorteil. Eine Klage wegen Verletzung des Urheberrechts an einem Werk kann beispielsweise erst nach Registrierung oder des Versuchs einer Registrierung[16] erhoben werden (17 U.S.C. § 411(a)). Außerdem besteht kein Anspruch auf Ersatz des gesetzlichen Schadens und der Anwaltsgebühren im Falle von unveröffentlichten Werken, wenn sie vor Registrierung verletzt werden, und im Falle von veröffentlichten Werken, wenn sie nach Erstveröffentlichung, aber noch vor Registrierung verletzt werden (17 U.S.C. § 412). Ist eine Registrierung jedoch vor oder innerhalb von fünf Jahren nach der ersten Veröffentlichung eines Werkes vorgenommen worden, so wird dadurch bei allen gerichtlichen Verfahren der Anscheinsbeweis der Gültigkeit des Urheberrechts begründet (17 U.S.C. § 410(c)).

b) Materiellrechtliche Voraussetzungen

aa) Autorenwerk (*work of authorship*)

Wie sich aus 17 U.S.C. § 102 ergibt, schützt das amerikanische Urheberrechtsgesetz sog. *works of authorship*, d.h. Autorenwerke. In Absatz (a) dieser Vorschrift sind sieben Werkkategorien[17] genannt, die von dem Begriff *work of authorship* umfaßt sind.

Im Rahmen der Diskussion um den Schutz von Computerprogrammen und Computerchips sind vor allen Dingen die in dessen Nr. 1 genannte Werkart der „literarischen Werke“ und die in dessen Nr. 5 genannte Werkart der „Werke der

---

[16] Der Versuch einer Registrierung liegt vor, wenn der Antrag, die Registrierungsgebühr und die Hinterlegung beim *Copyright Office* erfolgt sind und dieses die Registrierung zurückgewiesen hat (17 U.S.C. § 411(a)).

[17] Die in 17 U.S.C. § 102(a) aufgeführten Werkkategorien sind:
1. literarische Werke;
2. musikalische Werke einschließlich der Begleittexte;
3. dramatische Werke einschließlich der Begleitmusik;
4. Pantomimen und choreographische Werke;
5. Werke der Malerei, Graphik und Bildhauerei;
6. Spielfilme und andere audiovisuelle Werke und
7. Tonaufnahmen.

Malerei, Graphik und Bildhauerei" von Bedeutung. Diese beiden Werkkategorien sind in 17 U.S.C. § 101 näher definiert.

Nach dieser Definition sind „literarische Werke" andere als audiovisuelle Werke, die in Worten, Zahlen, Wort- oder Zahlsymbolen oder Zeichen ausgedrückt sind, unabhängig von der Natur der Werkträger, wie z.B. Bücher, Zeitschriften, Manuskripte, Tonträger, Filme, Bänder, Platten oder Karten, in denen sie verkörpert sind.

„Werke der Malerei, Graphik und Bildhauerei" umfassen nach dieser Definition zwei- und dreidimensionale Werke der schönen, graphischen und angewandten Kunst, Fotografien, Drucke und Kunstdrucke, Landkarten, Globen, Tabellen, technische Zeichnungen, Diagramme und Modelle.

bb) Originalität (*originality*)

Materiellrechtliche Voraussetzung für den Urheberrechtsschutz ist nicht nur das Vorliegen eines *work of authorship*, das einer der in 17 U.S.C. § 102(a) genannten Kategorie angehört. 17 U.S.C. § 102(a) verlangt vielmehr auch, daß es sich um ein sog. *original work of authorship*, d.h. ein Originalautorenwerk, handelt.

Das Merkmal der *originality* im amerikanischen Urheberrecht ähnelt dem Merkmal der „persönlichen Schöpfung" im deutschen Urheberrecht. Es bedeutet, daß das Werk einem Autor, d.h. einer Person, seine Herkunft verdankt (*the work owes its origin to the author*)[18], daß der Autor das Werk aufgrund seiner eigenen Fähigkeiten (*by his own skill*) geschaffen hat[19], und daß der Autor etwas erkennbar Eigenes (*something recognizably his own*) zu früheren Behandlungen des gleichen Themas hinzugefügt hat[20].

Die an die Originalität gestellten Anforderungen sind sehr gering.[21] Insbesondere an das Erfordernis der „Hinzufügung etwas erkennbar Eigenen" scheinen sehr geringe Anforderungen gestellt zu werden, zumindest wesentlich geringere, als in der Bundesrepublik Deutschland[22] neuerdings an das Erfordernis der Persönlichkeitsprägung gestellt werden.

cc) Festlegung in einem körperlichen Ausdrucksmedium

17 U.S.C. § 102 verlangt ferner, daß die Originalautorenwerke in einem heute bekannten oder später entwickelten körperlichen Ausdrucksmedium festgelegt

---

[18] *Alfred Bell & Co. v. Catalda Fine Arts, Inc.*, 191 F.2d 99, 102 (2d Cir. 1951).

[19] *Runge v. Lee*, 441 F.2d 579, 581 (9th Cir. 1971), *cert. denied*, 404 U.S. 807 (1971); *Doran v. Sunset House Distrib. Corp.*, 197 F. Supp. 940, 944 (S.D. Cal. 1961), *aff'd*, 304 F.2d 251 (9th Cir. 1962).

[20] Siehe Fn. 19.

[21] *Borking*, 223; siehe ferner Fn. 19.

[22] Siehe Ausführungen bei Fn. 82, 174-178 unter D. II..

sind, von dem sie entweder direkt oder mit Hilfe einer Maschine oder eines Gerätes wahrgenommen, wiedergegeben oder in sonstiger Weise mitgeteilt werden können.

17 U.S.C. § 101 erklärt, daß ein Werk dann in einem körperlichen Ausdrucksmedium festgelegt ist, wenn seine Verkörperung in einem Werkexemplar durch den Autor oder unter seiner Leitung dauerhaft oder beständig genug ist, um für eine mehr als vorübergehende Dauer (*a period of more than transitory duration*) dessen Wahrnehmung, Wiedergabe oder Kommunikation in sonstiger Weise zu erlauben.

dd) Kommunikationsbestimmung bzw. -wirkung (*communicative purpose*)

In der amerikanischen Rechtsprechung und Literatur wird teilweise die Auffassung vertreten, daß nur solche Werke urheberrechtsfähig sind, die dazu bestimmt sind, von Menschen gelesen zu werden[23] bzw. solche, die einen sog. *communicative purpose*[24], d.h. eine Kommunikationsbestimmung oder -wirkung, haben.

Die Auffassung, daß urheberrechtsfähige Werke dazu bestimmt sein müssen, von Menschen gelesen zu werden, wird als die sog. *White Smith Doktrin* bezeichnet, da sie in der Entscheidung *White Smith Music Publishing Co. v. Apollo Co.*[25] entwickelt wurde. Diese Doktrin wurde jedoch durch das Urheberrechtsgesetz von 1976 verworfen.[26] 17 U.S.C. § 102 und § 101 (in der Definition eines Vervielfältigungsstücks) bestimmen, daß es ausreicht, daß Werke bzw. Vervielfältigungsstücke in körperlichen Ausdrucksmitteln festgelegt sind, von denen aus sie entweder direkt oder mit Hilfe einer Maschine oder eines Geräts wahrgenommen, wiedergegeben oder in sonstiger Weise mitgeteilt werden können. Dieser weitgefaßte Wortlaut war dazu bestimmt, die *White Smith* Doktrin abzuschaffen.[27] In diesen Bestimmungen kommt zwar auch der

---

[23] *White Smith Music Publishing Co. v. Apollo Co.*, 209 U.S. 1, 18 (1908), *Data Cash Sys., Inc. v. JS & A Group, Inc.*, 480 F. Supp. 1063, 1068 (N.D. Ill. 1979), *aff'd on other grounds*, 628 F.2d 1038 (7th Cir. 1980).

[24] *Apple Computer, Inc. v. Franklin Computer Corp.*, 545 F. Supp. 812, 824 f. (E.D. Pa. 1982), *rev'd*, 714 F.2d 1240 (3d Cir. 1983), *cert. dismissed*, 464 U.S. 1033 (1984); *Hersey* (Mitglied der National Commission On New Technological Uses of Copyrighted Works = CONTU), Final Report 28 ff. (1979) = Computer / L. J. 3 (1981), 53, 88 ff.; *Samuelson*, Duke L. J. 1984, 663, 711 Fn. 194; *Stern*, Computer / L. J. 3 (1981), 1, 10, 16; *Wharton*, Computer / L. J. 5 (1985), 433, 448.

[25] *White Smith Music Publishing Co. v. Apollo Co.*, 209 U.S. 1, 18 (1908).

[26] *Apple Computer, Inc. v. Franklin Computer Corp.*, 714 F.2d 1240, 1248 (3d Cir. 1983), *cert. dismissed*, 464 U.S. 1033 (1984); *Borking*, 223; Comment, North Carolina J. of Internat. L. and Com. Reg. 10 (1985), 667, 674, 697.

[27] In einem Bericht des Repräsentantenhauses zum Urheberrechtsgesetz von 1976 heißt es wie folgt: „This broad language is intended to avoid the artificial and largely unjustifiable distinction, derived from cases such as *White Smith Publishing Co. v. Apollo*

Begriff *communicate* (mitteilen) vor. Daraus kann jedoch noch nicht geschlossen werden, daß eine Kommunikationsbestimmung oder -wirkung erforderlich ist. Erforderlich ist nach dem Gesetzeswortlaut nur, daß das Werk bzw. Vervielfältigungsstück wahrgenommen, wiedergegeben oder mitgeteilt werden „kann“. Die „Möglichkeit“ einer Wahrnehmung, Wiedergabe oder Mitteilung (Kommunikation) ist somit ausreichend.

ee) Bearbeitungen (*derivative works*)

Das amerikanische Urheberrecht schützt, wie auch das deutsche[28], nicht nur Originalwerke, sondern auch Bearbeitungen (*derivative works*). Dies ergibt sich aus 17 U.S.C. § 103. Diese Vorschrift besagt, daß der Gegenstand des Urheberrechts, wie er in 17 U.S.C. § 102 näher bestimmt ist, Bearbeitungen umfaßt.

Der Begriff der „Bearbeitung“ ist definiert in 17 U.S.C. § 101 als ein Werk, das auf einem oder mehreren vorbestehenden Werken basiert. Als Beispiel einer Bearbeitung ist die Übersetzung genannt.

Nach 17 U.S.C. § 103(b) erstreckt sich das Bearbeiterurheberrecht nur auf den Teil, den ein Autor zu einem vorbestehenden Werk beigetragen hat. Es erstreckt sich also nicht mit auf den vorbestehenden Teil.

Aus der Formulierung, daß ein „Autor“ etwas zu einem vorbestehenden Werk „beigetragen“ hat und aus der Verweisung in 17 U.S.C. § 103 auf § 102, der „Originalwerke“ verlangt, folgt, daß Bearbeitungen persönliche Schöpfungen in dem Sinn sein müssen, daß sie von einer Person geschaffen sind und von dem Tun dieser Person geprägt sind.

ff) Lehre vom Gebrauchsgegenstand (*utilitarian* bzw. *useful article doctrine*)

Eine besondere Behandlung erfahren sog. *utilitarian* bzw. *useful articles* im amerikanischen Urheberrecht.

Was unter dem Begriff *useful article* zu verstehen ist, ist in 17 U.S.C. § 101 erklärt. Danach ist ein *useful article* ein Gegenstand, der eine ihm eigene Gebrauchsfunktion (*intrinsic utilitarian function*) hat, die nicht nur darin besteht, die äußere Erscheinung des Gegenstandes darzustellen oder Informationen zu vermitteln.

Im Rahmen der Ausführungen zu den „Werken der Malerei, Graphik und Bildhauerei“ bestimmt 17 U.S.C. § 101, daß solche Werke nur hinsichtlich ihrer Form, nicht jedoch hinsichtlich ihrer *utilitarian aspects* (Gebrauchsaspekte)

Co. ...“. (H.R. Rep. No. 1476, 94th Cong., 2d Session 52 (1976) = 1976 U.S. Code Cong. & Ad. News 5659, 5665).

[28] Siehe Ausführungen unter D. II. 3. b) ee).

vom Urheberrechtsschutz erfaßt werden. Ferner bestimmt 17 U.S.C. § 101, daß das Design eines Gebrauchsgegenstandes nur dann und nur in dem Umfang als Werk der Malerei, Graphik oder Bildhauerei angesehen wird, als das Design bildliche, graphische oder bildhauerische Elemente aufweist, die losgelöst von dem *utilitarian aspect* des Gegenstandes sind und geeignet sind, unabhängig von diesem zu bestehen.

Ein wichtiger, vom *Supreme Court* entschiedener, Fall, der zur Entwicklung der *utilitarian doctrine* (Lehre vom Gebrauchsgegenstand) beitrug, ist *Mazer v. Stein*[29]. *Stein* war ein Lampenhersteller. Für einige seiner Lampen benutzte er Statuetten als Sockel, die als Tänzer geformt waren. *Mazer* kopierte diese Lampen vollständig. Das Gericht hatte darüber zu entscheiden, ob die Statuetten vom Urheberrechtsschutz deshalb ausgeschlossen waren, weil sie als Sockel für Lampen dienten, die Gebrauchgegenstände waren. Das Gericht war der Auffassung, daß sie nicht vom Urheberrechtsschutz ausgeschlossen seien, da sie Kunstwerke seien, die unabhängig von dem Gebrauchszweck der Lampen bestehen könnten.[30]

Die *utilitarian article doctrine* findet auch Anwendung in Fällen, in denen etwas nach einem Plan oder einer Zeichnung, z.B. eines Architekten, gebaut wird. Die Pläne oder Zeichnungen selbst sind urheberrechtlich geschützt. Sie fallen in die Kategorie der „Werke der Malerei, Graphik und Bildhauerei". Sie sind keine *utilitarian* bzw. *useful articles*, da sie lediglich die äußere Erscheinung eines Gegenstandes darstellen bzw. Informationen vermitteln.[31]

Das an den Plänen oder Zeichnungen bestehende Urheberrecht gibt dem Urheber allerdings nur das Recht, andere von der Vervielfältigung dieser Pläne auszuschließen. Es gibt ihm nicht das Recht, andere auch von der Konstruktion eines Gebäudes nach dem Plan auszuschließen.[32] Das Gebäude ist i.d.R. auch nicht selbst urheberrechtsfähig, da es ein *utilitarian* bzw. *useful article* ist. Sein Hauptzweck besteht nämlich nicht darin, Informationen zu vermitteln.

gg) Freiheit der Ideen und Prinzipien

17 U.S.C. § 102(b) stellt klar, daß sich der Urheberrechtsschutz in keinem Fall auf eine Idee, ein Vorgehen, ein Verfahren, ein System, eine Arbeitsmethode, ein Konzept, ein Prinzip oder eine Entdeckung erstreckt.[33] Dem amerikanischen

---

[29] *Mazer v. Stein*, 347 U.S. 201 (1954).

[30] *Mazer v. Stein* (Fn. 29), 214-219.

[31] *Nimmer*, Bd. 1, § 2.08 D, 2-105; *Oxman*, Jurimetrics J. 20 (1980), 405, 443.

[32] *Imperial Homes Corp. v. Lamont*, 458 F.2d 895, 899 (5th Cir. 1972); *DeSilva Construction Corp. v. Herrald*, 213 F. Supp. 184, 195 (M.D. Fla. 1962); *Schuchart & Assoc. v. Solo Serve Corp.*, 540 F. Supp. 928, 941 (W.D. Tex. 1982); Comment, Southwestern Univ. L. Rev. 14 (1984), 685, 726 f.; Note, Drake L. Rev. 17 (1967), 79, 83 f..

[33] 17 U.S.C. § 102(b) lautet in der amerikanischen Fassung wie folgt: „In no case does copyright protection ... extend to any idea, procedure, process, system, method of operation, concept, principle, or discovery".

Urheberrechtssystem liegt somit wie dem deutschen[34] der Grundsatz der Ideenfreiheit zugrunde.

Urheberrechtsfähig ist lediglich der Ausdruck einer Idee (*expression of an idea*), nicht jedoch die Idee selbst. Der Ausdruck einer Idee ist allerdings auch nur dann urheberrechtlich geschützt, wenn er von der Idee trennbar ist.[35] Im Fall einer Fusion von Idee und Ausdruck, d.h. wenn der Ausdruck so eng mit der Idee verbunden ist, daß nur eine oder eine begrenzte Anzahl von Möglichkeiten existiert, um die Idee auszudrücken, ist der Ausdruck ebensowenig wie die Idee selbst urheberrechtlich geschützt.[36]

4. Rechte an Werken von Arbeitnehmern

Die Regelungen des amerikanischen Urheberrechts bezüglich der von Arbeitnehmern geschaffenen urheberrechtsfähigen Werke sind wesentlich unkomplizierter als die des deutschen Urheberrechts. Vor allen Dingen stimmen sie mit den arbeitsrechtlichen Grundsätzen überein. Nach 17 U.S.C. § 201(b) gilt nämlich der Arbeitgeber als der Urheber. Soweit Arbeitnehmer und Arbeitgeber keine anderweitige schriftliche Vereinbarung getroffen haben, gehören dem Arbeitgeber außerdem alle aus dem Urheberrecht fließenden Rechte.

5. Urheberrechtsschutz für Algorithmen

Nach 17 U.S.C. § 102(b) sind Ideen und Prinzipien vom Urheberrechtsschutz ausgeschlossen.[37]

Algorithmen können als Lösungsprinzipien[38] oder Ideen bezeichnet werden. Sie werden daher auch von 17 U.S.C. § 102(b) erfaßt und sind deshalb ebenfalls vom Urheberrechtsschutz ausgeschlossen.[39]

6. Urheberrechtsschutz für Computerprogramme

a) Urheberrechtsschutz für Quellenprogramme

In den USA wird der Urheberrechtsschutz für Quellenprogramme generell bejaht.[40]

---

[34] Siehe Ausführungen bei Fn. 102, 103 unter D. II..

[35] *Herbert Rosenthal Jewelry Corp. v. Kalpakian*, 446 F.2d 738, 742 (9th Cir. 1971); *Synercom Technology, Inc. v. University Computing Co.*, 462 F. Supp. 1003, 1014 (N.D. Tex. 1978).

[36] *Morrisey v. Proctor & Gamble Co.*, 379 F.2d 675, 678 f. (1st Cir. 1967); *Apple Computer, Inc. v. Franklin Computer Corp.*, 714 F.2d 1240, 1252 (3d Cir. 1983), *cert. dismissed*, 464 U.S. 1033 (1984); *Apple Computer, Inc. v. Formula Int'l, Inc.*, 725 F.2d 521, 525 (9th Cir. 1984).

[37] Siehe auch Ausführungen unter E. II. 3. b) gg).

[38] Siehe Ausführungen bei Fn. 53 unter C..

[39] *Borking*, 227; *Samuelson*, Duke L. J. 1984, 663, 755; *Stern*, Western New Eng. L. Rev. 7 (1985), 459, 483.

Quellen- und Objektprogramme bzw. allgemein Computerprogramme sind zwar nicht ausdrücklich in einer der in 17 U.S.C. § 102 genannten Werkkategorien erwähnt. Sie können jedoch in die Kategorie der „literarischen Werke" mit eingeordnet werden, da sie die die „literarischen Werke" kennzeichnenden Elemente, nämlich Worte, Zahlen, Zeichen[41], enthalten. Außerdem ergibt sich auch aus den Gesetzesmaterialien, daß der Gesetzgeber davon ausging, die Kategorie der literarischen Werke schließe Computerprogramme mit ein[42], und daß es deshalb nicht nötig sei, Computerprogramme ausdrücklich in einer der Werkkategorien zu erwähnen[43].

Das amerikanische Urheberrecht verlangt ebensowenig wie das deutsche[44], daß literarische Werke für jedermann verständlich sind. Ein beispielsweise in Hieroglyphen geschriebenes Buch gehört ebenso zu den literarischen Werken wie ein in normaler englischer Sprache geschriebenes Buch. Für die Einordnung als literarisches Werk und damit für die Urheberrechtsfähigkeit ist es unerheblich, daß nur Spezialisten, die sich mit Hieroglyphen auskennen, dieses Buch verstehen können.[45] Deshalb beeinträchtigt auch die Tatsache, daß Quellenprogramme nur von einigen Leuten verstanden werden, nicht ihre Einordnung als literarische Werke.

In den USA geht man auch generell davon aus, daß Quellenprogramme das Erfordernis der Originalität erfüllen. Da Quellenprogramme direkt von Programmierern erstellt werden, verdanken sie ihre Herkunft einem Autor, d.h. einem Menschen. Dies wird in der amerikanischen Rechtsprechung als ausreichend angesehen, um das Erfordernis der Originalität zu erfüllen.[46] Eine

---

[40] *Williams Elec., Inc. v. Artic Int'l, Inc.*, 685 F.2d 870 (3d Cir. 1982); *Apple Computer, Inc. v. Franklin Computer Corp.*, 714 F.2d 1240 (3d Cir. 1983); *Data Cash Sys., Inc. v. JS & A Group, Inc.*, 480 F. Supp. 1063, 1066 u. Fn. 4 (N.D. Ill. 1979); *Tandy Corp. v. Personal Micro Computers, Inc.*, 524 F. Supp. 171 (N.D. Cal. 1981); Comment, Loyola of Los Angeles L. Rev. 18 (1985), 919, 928; *Davidson*, Jurimetrics J. 23 (1983), 337, 361, 366; *Kessler/Hardy*, Internat. Bus. Lawyer 1982, 266, 266; *National Commission On New Technological Uses Of Copyrighted Works* (CONTU), Final Report 28 (1979) = Computer / L. J. 3 (1981), 53, 86 f.; Note, Computer / L. J. 5 (1984), 233, 242; Note, Notre Dame L. Rev. 59 (1984), 412, 418; *Stern*, Computer / L. J. 3 (1981), 1, 4.

[41] Siehe Definition der „literarischen Werke" in 17 U.S.C. § 101. Siehe ferner Ausführungen unter E. II. 3. b) aa).

[42] In einem Bericht des Repräsentantenhauses zum Urheberrechtsgesetz von 1976 heißt es wie folgt: „The term literary works includes computer programs to the extent that they incorporate authorship in the programmer's expression of original ideas as distinguished from the ideas themselves". (H.R. Rep. No. 1476, 94th Cong., 2d Sess. 54 (1976) = 1976 U.S. Code Cong. & Ad. News 5659, 5667).

[43] In dem unter Fn. 42 zitierten Bericht heißt es an anderer Stelle wie folgt: „Computer programs ... could be regarded as an extension of copyrightable subject matter Congress had already intended to protect, and were thus considered copyrightable from the outset without the need of new legislation". (H.R. Rep. No. 1476, 94th Cong., 2d Sess. 51 (1976) = 1976 U.S. Code Cong. & Ad. News 5659, 5664).

[44] Siehe Ausführungen bei Fn. 154 unter D. II..

[45] Note, Computer / L. J. 4 (1983), 171, 182.

Persönlichkeitsprägung i.S. eines deutlichen Überragens gegenüber dem Durchschnittskönnen wie in der deutschen Urheberrechtsprechung[47] wird von dem amerikanischen Urheberrecht nicht verlangt. In der amerikanischen Rechtsprechung und Literatur wird dieser Aspekt daher auch bezüglich Quellenprogrammen nicht besonders diskutiert.

Man kann somit davon ausgehen, daß Quellenprogramme nach dem amerikanischen Urheberrecht geschützt sind.

b) Urheberrechtsschutz für Objektprogramme

Die Frage des Urheberrechtsschutzes für Objektprogramme und insbesondere von Systemprogrammen, die in ROMs gespeichert sind, ist in den USA, im Gegensatz zur Frage des Urheberrechtsschutzes für Quellenprogramme, noch sehr umstritten.

In der Rechtsprechung haben sich bisher nur die unteren Gerichte, d.h. die *District Courts* und die *Courts of Appeals*, mit dieser Frage beschäftigt.[48] Der *Supreme Court* hat diese Frage noch nicht erörtert.[49] Die Gerichte, die sich bisher mit der Frage des Urheberrechtsschutzes für Objektprogramme befaßt haben, haben zwar überwiegend den Urheberrechtsschutz bejaht.[50] Sie waren sich jedoch nicht einig darüber, ob Objektprogramme als Originalautorenwerke nach 17 U.S.C. § 102, als Vervielfältigungsstücke der Quellenprogramme nach 17 U.S.C. § 106(1) oder als Bearbeitungen der Quellenprogramme nach 17 U.S.C. § 103 urheberrechtlich geschützt sind.

Der *Third Circuit* entschied beispielsweise im Jahre 1983 in *Apple Computer, Inc. v. Franklin Computer Corp.*, daß Objektprogramme als literarische Werke, d.h. als Autorenwerke, nach 17 U.S.C. § 102 geschützt seien.[51] Ein Jahr zuvor hatte das gleiche Gericht in *Williams Elec., Inc. v. Artic Int'l, Inc.* entschieden,

---

[46] Siehe Ausführungen bei Fn. 18.

[47] Siehe Ausführungen bei Fn. 82, 174 unter D. II.. Siehe ferner Ausführungen bei Fn. 22.

[48] So z.B. *Williams Elec., Inc. v. Artic Int'l, Inc.*, 685 F.2d 870 (3d Cir. 1982); *Apple Computer, Inc. v. Franklin Computer Corp.*, 714 F.2d 1240 (3d Cir. 1983), *cert. dismissed*, 464 U.S. 1033 (1984); *Apple Computer, Inc. v. Formula Int'l, Inc.*, 725 F.2d 521 (9th Cir. 1984); *Tandy Corp. v. Personal Micro Computers, Inc.*, 524 F. Supp. 171 (N.D. Cal. 1981); *GCA Corp. v. Chance*, 217 U.S.P.Q. (BNA) 718 (N.D. Cal. 1982); *Hubco Data Products Corp. v. Management Assistance, Inc.*, 219 U.S.P.Q. (BNA) 450 (D. Idaho 1983); *Data Cash Sys., Inc. v. JS & A Group, Inc.*, 480 F. Supp. 1063 (N.D. Ill. 1979); *Midway Mfg. Co. v. Strohon*, 564 F. Supp. 741 (N.D. Ill. 1983).

[49] Der einzige Fall, der für die Revision in Betracht kam und vom *Supreme Court* angenommen war, war *Apple Computer, Inc. v. Franklin Computer Corp.* (Fn. 48). Dieser Fall wurde dann jedoch für $ 2,5 Millionen verglichen. (Franklin Settles Apple's Lawsuit Over Copyright, Wall St. J., 5.1.1984, S. 18, Sp. 1).

[50] In allen den unter Fn. 48 genannten Fällen, mit Ausnahme von *Data Cash Sys., Inc. v. JS & A Group, Inc.*, wurde der Urheberrechtsschutz bejaht.

[51] *Apple Computer, Inc. v. Franklin Computer Corp.*, 714 F.2d 1240, 1249 (3d Cir. 1983).

Objektprogramme seien als Vervielfältigungsstücke der Quellenprogramme geschützt.[52]

Ebenso schwankend ist ein *District Court* in Kalifornien. In *Tandy Corp. v. Personal Micro Computers, Inc.* entschied er, daß in ROM gespeicherte Objektprogramme als Autorenwerke geschützt seien.[53] In *GCA Corp. v. Chance* entschied er dann, daß in ROM gespeicherte Objektprogramme eine *encryption* der Quellenprogramme und daher wie diese geschützt seien.[54] Damit ist gemeint, daß sie als Vervielfältigungsstücke der Quellenprogramme anzusehen sind.

Ansonsten haben sich noch ein *District Court* in Idaho in *Hubco Data Products Corp. v. Management Assistance, Inc.*[55] und ein *District Court* in Illinois in *Midway Mfg. Co. v. Strohon*[56] dafür ausgesprochen, Objektprogramme als Autorenwerke nach 17 U.S.C. § 102 zu schützen.

Der *Ninth Circuit*, der in *Apple Computer, Inc. v. Formula Int'l, Inc.*[57] den Urheberrechtsschutz für Objektprogramme bejahte, begründete überhaupt nicht, ob der Urheberrechtsschutz wegen des Vorliegens eines Autorenwerkes i.S.v. 17 U.S.C. § 102 oder eines Vervielfältigungsstückes i.S.v. 17 U.S.C. § 106(1) gewährt wurde. Der *Ninth Circuit* stellte lediglich pauschal fest, daß „alle" Computerprogramme, unbeachtlich der Funktion, die sie ausüben, urheberrechtlich geschützt seien.[58]

Die soeben erwähnten Entscheidungen zeigen, daß es den Gerichten hauptsächlich darum ging, die Computerprogramme auf irgendeine Weise durch das herkömmliche Urheberrechtssystem zu schützen, ungeachtet der Tatsache, ob auch wirklich alle Voraussetzungen des Urheberrechtsgesetzes erfüllt sind.

Ein *District Court* in Kalifornien gab in *Apple Computer, Inc. v. Formula Int'l, Inc.*[59] ausdrücklich zu, daß die Entscheidung, Objektprogrammen Urheberrechtsschutz zu gewähren, aus rechtspolitischen Erwägungen erfolge. Das Gericht führte aus, daß ein Schutz erforderlich sei, weil Unternehmer nur bei bestehender Schutzmöglichkeit bereit seien, Geld und Zeit in die Entwicklung von neuen Programmen zu investieren.[60] Der *Ninth Circuit*, der diese Entscheidung bestätigte[61], hat diese rechtspolititschen Erwägungen nicht beanstandet.

---

52 *Williams Elec., Inc. v. Artic Int'l, Inc.*, 685 F.2d 870, 876 f. (3d Cir. 1982).

53 *Tandy Corp. v. Personal Micro Computers, Inc.*, 524 F. Supp. 171, 173 (N.D. Cal. 1981).

54 *GCA Corp. v. Chance*, 217 U.S.P.Q. (BNA) 718, 720 (N.D. Cal. 1982).

55 *Hubco Data Products Corp. v. Management Assistance, Inc.*, 219 U.S.P.Q. (BNA) 450, 454 (D. Idaho 1983).

56 *Midway Mfg. Co. v. Strohon*, 564 F. Supp. 741, 750 (N.D. Ill. 1983).

57 *Apple Computer, Inc. v. Formula Int'l, Inc.*, 725 F.2d 521 (9th Cir. 1984).

58 *Apple Computer, Inc. v. Formula Int'l, Inc.* (Fn. 57), 523 f..

59 *Apple Computer, Inc. v. Formula Int'l, Inc.*, 562 F. Supp. 775 (C.D. Cal. 1983).

60 *Apple Computer, Inc. v. Formula Int'l, Inc.* (Fn. 59), 783.

Es kann daher davon ausgegangen werden, daß die Entscheidung des *Ninth Circuit* auf den gleichen rechtspolitischen Erwägungen fußt.

Ein *District Court* von Illinois hatte seine Entscheidung in *Midway Mfg. Co. v. Strohon*[62] ebenfalls teilweise mit rechtspolitischen Argumenten begründet. Das Gericht argumentierte, daß ein lediglich für Quellenprogramme gewährter Schutz bedeutungslos sei, und daß deshalb auch das Reproduzieren der Objektprogramme geschützt werden müsse.[63]

Ein *District Court* von Kalifornien hatte in *Tandy Corp. v. Personal Micro Computers, Inc.*[64] die sog. *loophole theory* (Schlupflochtheorie), entwickelt, die ebenfalls Ausdruck rechtspolitischer Erwägungen ist. Das Gericht führte aus, daß das Urheberrechtsgesetz so ausgelegt werden müsse, daß keine *loopholes* (Schlupflöcher) entstünden, aufgrund derer Mitbewerber ungestraft Programme kopieren könnten.[65] Auf die *loophole theory* berief sich dann auch der *Third Circuit* in *Williams Elec., Inc. v. Artic Int'l, Inc.*.[66]

In dem nun folgenden Teil wird untersucht, ob Objektprogramme auch nach dem Wortlaut des Urheberrechtsgesetzes und gemäß urheberrechtlicher Grundsätze Urheberrechtsschutz genießen, oder ob Urheberrechtsschutz nur aus rechtspolitischen Erwägungen bejaht werden kann.

Objektprogramme könnten urheberrechtlich geschützt sein (aa) als *original work of authorship* (Originalautorenwerk) nach 17 U.S.C. § 102, (bb) als *copy* (Vervielfältigungsstück) des Quellenprogramms nach 17 U.S.C. § 106(1) und (cc) als *derivative work* (Bearbeitung) des Quellenprogramms nach 17 U.S.C. § 103.

aa) Objektprogramm — geschützt als *original work of authorship* nach 17 U.S.C. § 102?

Ein Urheberrechtsschutz ist für Objektprogramme möglich, falls sie die Voraussetzungen von 17 U.S.C. § 102 erfüllen.

Objektprogramme bestehen aus Kombinationen der Ziffern „0“ und „1“, d.h. aus Zahlen. Werke, die in Zahlen ausgedrückt sind, fallen in die Kategorie der „literarischen Werke“ i.S.v. 17 U.S.C. § 102.[67] Sie sind daher auch *works of authorship* i.S.d. Vorschrift.

Teilweise wurde jedoch in der amerikanischen Rechtsprechung[68] und Literatur[69] die Meinung geäußert, Objektprogramme und insbesondere Systempro-

---

[61] Siehe Ausführungen bei Fn. 57, 58.

[62] *Midway Mfg. Co. v. Strohon*, 564 F. Supp. 741 (N.D. Ill. 1983).

[63] *Midway Mfg. Co. v. Strohon* (Fn. 62), 751.

[64] *Tandy Corp. v. Personal Micro Computers, Inc.*, 524 F. Supp. 171 (N.D. Cal. 1981).

[65] *Tandy Corp. v. Personal Micro Computers, Inc.* (Fn. 64), 175.

[66] *Williams Elec., Inc. v. Artic Int'l, Inc.*, 685 F.2d 870, 877 (3d Cir. 1982).

[67] Siehe Definition der „literarischen Werke“ in 17 U.S.C. § 101. Siehe ferner Ausführungen unter E. II. 3. b) aa).

gramme seien nicht nach 17 U.S.C. § 102 schutzfähig, weil sie nur der Betätigung von Computern, nicht aber der Kommunikation dienten. Diese Auffassung muß jedoch zurückgewiesen werden. Erstens verlangt das amerikanische Urheberrechtsgesetz keine Kommunikationsbestimmung. Erforderlich ist lediglich, daß die „Möglichkeit" der Wahrnehmung, Wiedergabe oder Kommunikation besteht.[70] Da Objektprogramme, selbst wenn sie auf ROMs gespeichert sind, wahrnehmbar gemacht werden können[71], erfüllen sie dieses Erfordernis. Aber selbst wenn man den Gesetzeswortlaut dahin auslegen würde, daß eine Kommunikationsbestimmung erforderlich ist, so würde dies nicht zu einem Ausschluß der Objektprogramme vom Urheberrechtsschutz nach 17 U.S.C. § 102 führen, da Objektprogramme auch kommunikationsbestimmt sind. Dies wurde bereits im deutschrechtlichen Teil dieser Arbeit dargelegt.[72]

Ein anderer Einwand gegen den Urheberrechtsschutz für Objektprogramme nach 17 U.S.C. § 102 hängt mit der *utilitarian article doctrine*[73] zusammen. Teilweise wird die Auffassung vertreten, Objektprogramme, die der Betätigung von Computern dienten, seien *utilitarian articles* (Gebrauchsartikel) und wegen der *utilitarian article doctrine* vom Urheberrechtsschutz ausgeschlossen.[74]

Auch dieser Einwand muß zurückgewiesen werden. Die *utilitarian article doctrine* bezieht sich nämlich nur auf die Kategorie der „Werke der Malerei, Graphik und Bildhauerei"[75] und nicht auch auf die Kategorie der „literarischen Werke". Da Objektprogramme, selbst wenn sie in ROM-Chips gespeichert sind, lediglich in die Kategorie der „literarischen Werke", nicht aber auch in die Kategorie der „Werke der Malerei, Graphik und Bildhauerei" fallen, ist die *utilitarian article doctrine* nicht auf sie anwendbar.[76]

Allenfalls das ROM, das Speichermedium, könnte in die Kategorie der „Werke der Malerei, Graphik und Bildhauerei" fallen und daher die *utilitarian article doctrine* auslösen. Ob dies der Fall ist, wird jedoch erst im Zusammenhang mit der Frage des Urheberrechtsschutzes von Computerchips relevant und

---

[68] *Apple Computer, Inc. v. Franklin Computer Corp.*, 545 F. Supp. 812, 824 f. (E.D. Pa. 1982), *rev'd*, 714 F.2d 1240 (3d Cir. 1983), *cert. dismissed*, 464 U.S. 1033 (1984).

[69] *Borking*, 458; *Hersey* (Mitglied der National Commission on New Technological Uses Of Copyrighted Works = CONTU), Final Report 28 ff. (1979) = Computer / L. J. 3 (1981), 53, 87-90; *Samuelson*, Duke L. J. 1984, 663, 711 Fn. 194; *Stern*, Computer / L. J. 3 (1981), 1, 10, 16; *Wharton*, Computer / L. J. 5 (1985), 433, 448.

[70] Siehe Ausführungen unter E. II. 3. b) dd).

[71] Siehe Ausführungen bei Fn. 201 unter D. II..

[72] Siehe Ausführungen bei Fn. 194 unter D. II..

[73] Siehe Ausführungen unter E. II. 3. b) ff).

[74] *Samuelson*, Duke L. J. 1984, 663, 741 - 749; *Samuelson*, Minnesota L. Rev. 70 (1985), 741, 508 ff.; *Stern*, Computer / L. J. 3 (1981), 1, 14.

[75] Die *utilitarian article doctrine* ist nur im Rahmen der Ausführungen zu den „Werken der Malerei, Graphik und Bildhauerei" in 17 U.S.C. § 101 erwähnt.

[76] Comment, North Carolina J. of Internat. L. and Com. Reg. 10 (1985), 667, 698.

wird daher auch erst dort erörtert.[77] Für die Frage des Urheberrechtsschutzes von Computerprogrammen, die in einem ROM gespeichert sind, d.h. der Botschaft, ist es unerheblich, ob der Urheberrechtsschutz des ROM-Chips, d.h. des Speichermediums, von der *utilitarian article doctrine* beeinträchtigt wird. Es muß zwischen dem ROM-Chip und dem darauf befindlichen Programm unterschieden werden.[78]

Der Urheberrechtsschutz für Objektprogramme nach 17 U.S.C. § 102 wird demnach nicht von der *utilitarian article doctrine* beeinträchtigt.

Man kann somit davon ausgehen, daß Objektprogramme die Voraussetzungen der Autorenwerke i.S.v. 17 U.S.C. § 102 erfüllen.

Objektprogramme erfüllen auch das weitere Erfordernis des 17 U.S.C. § 102 der „Festlegung in einem körperlichen Ausdrucksmedium“[79], da sie sich auf Bändern, Disketten oder Chips (z.B. ROMs) befinden, die alle körperliche Ausdrucksmedien sind. Ferner sind die Objektprogramme in diesen Medien auch so dauerhaft bzw. beständig verkörpert, daß sie für eine mehr als nur vorübergehende Dauer wahrgenommen, wiedergegeben oder in anderer Weise mitgeteilt werden können. Die Objektprogramme sind daher auch „festgelegt“ i.S.d. Urheberrechtsgesetzes.[80]

Die letzte im Rahmen von 17 U.S.C. § 102 zu nehmende Hürde ist das Erfordernis der *originality*. Es muß sich um ein *original work of authorship* handeln. Das Erfordernis der *originality* wurde in den bisherigen Gerichtsentscheidungen, die zum Urheberrechtsschutz von Objektprogrammen ergangen sind, nur wenig beachtet.[81]

Der Kern des Problems liegt darin, daß *originality* i.S.d. Urheberrechtsgesetzes nur dann gegeben ist, wenn das Werk einem Autor, d.h. einem Menschen, seine Herkunft verdankt.[82] Wird ein Objektprogramm aufgrund Compilierung des Quellenprogramms von einem Computer erzeugt, was der Regelfall ist[83], so

---

[77] Siehe Ausführungen unter E. II. 7..

[78] Siehe Ausführungen bei Fn. 19 unter C..

[79] *Apple Computer, Inc. v. Franklin Computer Corp.*, 714 F.2d 1240, 1249 (3d Cir. 1983), *cert. dismissed*, 464 U.S. 1033 (1984); *Tandy Corp. v. Personal Micro Computers, Inc.*, 524 F. Supp. 171, 173 (N.D. Cal. 1981).

[80] Siehe Ausführungen unter E. II. 3. b) cc).

[81] Die einzige Entscheidung, in der ein Gericht auf das Erfordernis der *originality* etwas ausführlicher einging, ist *Hubco Data Products Corp. v. Management Assistance* (219 U.S.P.Q. (BNA) 450 (D. Idaho 1983)). Aber auch in dieser Entscheidung wurde das Problem der *originality* nicht umfassend erörtert. Das Gericht führte lediglich aus, daß *originality* nicht „Neuheit“ i.S.d. Patentgesetzes bedeute (a.a.O. S. 454), daß ein Objektprogramm daher auch dann *original* sein kann, wenn andere Firmen ähnliche Objektprogramme benutzen (a.a.O. S. 454).

[82] Siehe Ausführungen bei Fn. 18.

[83] Siehe Ausführungen bei Fn. 38 unter C..

verdankt es seine Herkunft einem Computer und nicht einem Menschen. *Originality* gemäß der soeben gegebenen Definition liegt dann nicht vor.

Objektprogramme erfüllen daher, wenn sie nicht ausnahmsweise von einem Programmierer persönlich geschrieben werden, nicht alle Voraussetzungen des 17 U.S.C. § 102. Sie sind somit nicht als *original work of authorship* nach 17 U.S.C. § 102 schutzfähig.[84]

bb) Objektprogramm — geschützt als *copy* des Quellenprogramms nach 17 U.S.C. § 106 (1)?

17 U.S.C. § 106 (1) gibt dem Urheberrechtsinhaber das ausschließliche Recht, von dem urheberrechtlich geschützten Originalautorenwerk *copies* (Vervielfältigungsstücke) herzustellen. Man könnte Objektprogramme als *copies* der Quellenprogramme ansehen und ihnen daher nach dieser Vorschrift Urheberrechtsschutz gewähren. Ob dies möglich ist, wird nachstehend geprüft.

Bei einer solchen Prüfung orientiert man sich am besten zunächst am Wortlaut des Gesetzes. Das Urheberrechtsgesetz enthält in § 101 eine Definition des Begriffs *copies*. Danach sind *copies* körperliche Gegenstände, in denen ein Werk auf irgendeine heute bekannte oder später entwickelte Weise festgelegt ist, und von denen das Werk direkt oder mit Hilfe einer Maschine oder eines Gerätes wahrgenommen, wiedergegeben oder sonstwie mitgeteilt werden kann. Objektprogramme sind auf Bändern, Disketten oder Chips (z.B. ROMs), d.h. auf körperlichen Gegenständen, festgelegt. Sie können auch mit Hilfe eines Spezialgerätes wahrgenommen werden.[85] Von daher erfüllen sie die in der Definition genannten Voraussetzungen.

Dies ist aber noch nicht ausreichend, um einen Urheberrechtsschutz auszulösen. Urheberrechtsschutz wird nicht unbedingt schon dadurch ausgelöst, daß dem Wortlaut einer einzelnen Vorschrift des Urheberrechtsgesetzes Genüge getan ist. Diese Vorschrift muß vielmehr im Zusammenhang mit den übrigen Vorschriften des Urheberrechtsgesetzes und den urheberrechtlichen Grundsätzen gesehen werden.

Im vorliegenden Zusammenhang muß insbesondere der Grundsatz beachtet werden, daß vom Urheberrecht nur der Ausdruck (*expression*), nicht jedoch auch die Idee geschützt wird.[86] Als *copy* kann daher auch nur ein solches Werkstück geschützt werden, das den gleichen Ausdruck wie das Originalstück hat. Liegt ihm lediglich die gleiche Idee zugrunde, so kann es nicht als *copy* qualifiziert werden. Der Ausdruck eines Buches beispielsweise besteht aus der in dem Buch verwandten Sprache, der Wortwahl, der Anordnung der Buchstaben,

---

[84] *Hardy*, Arizona L. Rev. 26 (1984), 845, 850; Note, Washington and Lee L. Rev. 41 (1984), 1361, 1376 u. Fn. 97.

[85] Siehe Ausführungen bei Fn. 201 unter D. II..

[86] Siehe Ausführungen unter E. II. 3. b) gg).

Zeichen und Symbole. Lediglich ein Werkexemplar, in dem die Buchstaben gleichermaßen wie im Original angeordnet sind, d.h. mit denen des Originals übereinstimmen, kann als *copy* qualifiziert werden.

Die in Objektprogrammen verwendeten Ziffern „1" und „0" stimmen nicht mit den in Quellenprogrammen verwendeten Buchstaben und Worten überein. Objektprogramm und Quellenprogramm verfügen daher nicht über den gleichen Ausdruck. Das Objektprogramm kann daher nicht als *copy* des Quellenprogramms urheberrechtlich geschützt werden.[87]

cc) Objektprogramm — geschützt als *derivative work* des Quellenprogramms nach 17 U.S.C. § 103?

Die letzte Möglichkeit, Objektprogramme urheberrechtlich zu schützen, ist 17 U.S.C. § 103. Diese Vorschrift gewährt Urheberrechtsschutz für *derivative works*, d.h. Bearbeitungen.

Ein *derivative work* ist nach der Definition in 17 U.S.C. § 101 ein Werk, das auf einem oder mehreren vorbestehenden Werken basiert. Als Beispiel eines *derivative work* ist u.a. die Übersetzung genannt. Da das Objektprogramm eine Übersetzung des Quellenprogramms ist[88], könnte man folgern, daß das Objektprogramm ein *derivative work* des Quellenprogramms darstellt und daher urheberrechtlich geschützt ist.[89] Eine solche Folgerung wäre jedoch übereilt.

Aus dem Urheberrechtsgesetz ergibt sich, daß nur solche *derivative works* geschützt sind, die von einem Autor, d.h. einem Menschen, stammen.[90] Es muß ein persönlicher, d.h. menschlicher, Beitrag zu einem vorbestehenden Werk vorliegen.[91] Da Quellenprogramme grundsätzlich mit dem Compiler eines Computers und nicht von einem Programmierer selbst übersetzt werden[92], erfüllen die Objektprogramme nicht diese für schutzfähige *derivative works* geforderten Voraussetzungen. Sie sind daher nicht als *derivative works* der Quellenprogramme nach 17 U.S.C. § 103 schutzfähig.[93]

---

[87] *Borking*, 456; *Hardy*, Arizona L. Rev. 26 (1984), 845, 861.

[88] Siehe Ausführungen bei Fn. 38 unter C..

[89] Comment, Hamline L. Rev. 7 (1984), 103, 108; *Kelso/Rebay*, Santa Clara L. Rev. 23 (1983), 1001, 1021; Note, Oklahoma L. Rev. 36 (1983), 119, 135.

[90] Siehe Ausführungen unter E. II. 3. b) ee).

[91] Siehe Ausführungen unter E. II. 3. b) ee).

[92] Siehe Ausführungen bei Fn. 38 unter C..

[93] *Borking*, 231; Comment, Louisiana L. Rev. 44 (1984), 1413, 1419; *Davidson*, Jurimetrics J. 23 (1983), 337, 382; *Hardy*, Arizona L. Rev. 26 (1984), 845, 850 ff.; *Stern*, Computer / L. J. 3 (1981), 1, 14.

c) Programmlauf — urheberrechtlich geschützte Handlung?

Die amerikanischen Gerichte haben die Frage, ob der Programmlauf[94], d.h. die Benutzung eines Computerprogramms in einem Computer, urheberrechtlich geschützt ist, bisher ebensowenig geklärt wie die deutschen Gerichte.

Man könnte daran denken, daß der Programmlauf nach 17 U.S.C. § 106(1) geschützt ist. Nach dieser Vorschrift steht dem Urheber das ausschließliche Recht zu, *copies* von dem urheberrechtlich geschützten Werk herzustellen. Voraussetzung für einen Urheberrechtsschutz des Programmlaufs nach dieser Vorschrift ist also, daß das für den Programmlauf eingelesene Objektprogramm ein urheberrechtlich geschütztes Werk ist, und daß beim Programmlauf eine *copy* i.S.d. Urheberrechtsgesetzes von dem Objektprogramm erstellt wird.

Im vorhergehenden Kapitel wurde ausgeführt, daß Objektprogramme gemäß dem Wortlaut des Urheberrechtsgesetzes und urheberrechtlicher Grundsätze nicht vom Urheberrechtsschutz erfaßt werden. Bereits deshalb müßte ein Urheberrechtsschutz für den Programmlauf ausscheiden.

Vertritt man hingegen die Auffassung, daß Objektprogramme vom Urheberrechtsschutz erfaßt werden, dann muß weiter geprüft werden, ob die bei einem Programmlauf entstehende, erneute Festlegung des Objektprogramms im Arbeitsspeicher eine für eine *copy* i.S.d. Urheberrechtsgesetzes ausreichende Festlegung ist.

In der Definition der *copy* in 17 U.S.C. § 101 ist bestimmt, daß das Werk (erneut) festgelegt sein muß. Nähere Angaben zur Festlegung sind in dieser Definition nicht enthalten. Der Begriff „festgelegt" ist allerdings an einer anderen Stelle in 17 U.S.C. § 101 definiert. Nach dieser Definition ist ein Werk dann „festgelegt", wenn seine Verkörperung dauerhaft oder beständig genug ist, so daß es für eine „mehr als nur vorübergehende Dauer" wahrgenommen, wiedergegeben oder mitgeteilt werden kann. Man könnte die Auffassung vertreten, daß bei einem Programmlauf keine derartige Festlegung erfolgt, weil das in den Arbeitsspeicher eingelesene Programm verschwindet, sobald der Strom ausgeschaltet wird.[95] Gegen diese Auffassung spricht jedoch, daß in der Definition der „Festlegung" lediglich verlangt wird, daß die Verkörperung für eine mehr als nur vorübergehende Dauer wahrgenommen usw. werden „kann". Es wird nicht verlangt, daß sie auch tatsächlich immer so lange wahrgenommen wird. Die Möglichkeit der Wahrnehmung für eine mehr als nur vorübergehende Dauer ist bei einem Programmlauf gegeben. Die Verkörperung kann solange wahrgenommen werden, wie der Computer angeschaltet ist.

Erstaunlicherweise ist nun aber in den Gesetzesmaterialien ein gegenteiliger Hinweis enthalten. In einem Bericht des Repräsentantenhauses zum Urheberrechtsgesetz wird ausdrücklich darauf hingewiesen, daß schwindende (*evanes-*

---

[94] Zum Ablauf des Programmlaufs siehe Ausführungen unter D. II. 6. c).

[95] *Stern*, Western New Eng. L. Rev. 7 (1985), 459, 462 f..

cent) oder vorübergehende (*transient*) Reproduktionen nicht „festgelegt“ i.S.d. Urheberrechtsgesetzes sind. Als Beispiele werden solche Reproduktionen genannt, die nur kurz auf eine Leinwand projiziert werden, im Fernsehen gezeigt werden oder im Speicher eines Computers gefangen werden.[96] Danach ist also die bei einem Programmlauf erfolgende Festlegung eines Programms im Arbeitsspeicher nicht ausreichend für eine *copy*. Ein Urheberrechtsschutz scheidet demnach für den Programmlauf sogar dann aus, wenn die Objektprogramme als urheberrechtlich geschützt erachtet werden.

Der Programmlauf erfüllt somit nicht die vom amerikanischen Gesetzgeber an eine *copy* gestellten Anforderungen.

7. Urheberrechtsschutz für Computerchips

Die Schutzfähigkeit von Computerchips nach dem Urheberrechtsgesetz ist sehr zweifelhaft. Die amerikanischen Gerichte hatten bisher noch keine Gelegenheit, eine diesbezügliche Entscheidung zu treffen. Es gab zwar schon einige Fälle, in denen Urheberrechtsverletzungen im Zusammenhang mit Computerchips geltend gemacht wurden, und die bei Gerichten anhängig gemacht wurden.[97] Diese Fälle wurden jedoch alle durch Vergleich beendet.[98]

Die zweidimensionalen Zeichnungen, die zur Herstellung von Chips angefertigt werden[99], könnten wie Architektenpläne bzw. -zeichnungen[100] nach 17 U.S.C. § 102(a)(5) als „Werke der Malerei, Graphik und Bildhauerei“ geschützt werden.[101] Bei der Beurteilung solcher Werke muß immer auch die in 17 U.S.C. § 101 gegebene Definition der „Werke der Malerei, Graphik und Bildhauerei“ berücksichtigt werden. In dieser Definition kommt die *utilitarian article doctrine*[102] zum Ausdruck. Nach dieser Definition sind solche Werke nur hinsichtlich ihrer Form, nicht jedoch hinsichtlich ihrer *utilitarian aspects* geschützt. Ferner sind sie nur in dem Umfang geschützt, in dem ihre bildlichen, graphischen oder bildhauerischen Elemente von dem *utilitarian aspect* des Gegenstandes losgelöst sind und sie geeignet sind, unabhängig von diesem zu

---

[96] H.R. Rep. No. 1476, 94th Cong., 2d Sess. 53 (1976) = 1976 U.S. Code Cong. & Ad. News 5659, 5666.

[97] *Intersil, Inc. v. Teledyne Corp.*, No. C82-4187 (N.D. Cal.) (Diese Klage wurde am 7.9.1982 eingereicht); *Zilog Corp. v. Nippon Elec. Co.*, No. C83-1241 (N.D. Cal.) (Diese Klage wurde am 14.3.1983 eingereicht); *Zilog Corp. v. Nippon Elec. Co.*, No. 337-TA-153 (I.T.C.) (Diese Klage wurde am 13.6.1983 eingereicht).

[98] *Kastenmeier/Remington*, Minnesota L. Rev. 70 (1985), 417, 454 Fn. 162; *Wilson/La Barre*, J. of the Pat. and Tradm. Off. Soc'y 67 (1985), 57, 64.

[99] Siehe Ausführungen unter C. I. 3..

[100] Der Urheberrechtsschutz für Architektenpläne und -zeichnungen nach 17 U.S.C. § 102(a)(5) ist seit langem anerkannt. Siehe dazu Ausführungen bei Fn. 31.

[101] Comment, Southwestern Univ. L. Rev. 14 (1984), 685, 727; *Root III*, Rutgers Comp. and Technol. L. J. 8 (1981), 205, 224.

[102] Siehe Ausführungen unter E. II. 3. b) ff).

existieren. *Utilitarian* bzw. *useful aspects* sind solche Aspekte, die weder mit der Darstellung der äußeren Erscheinung eines Gegenstandes noch mit der Vermittlung von Informationen zu tun haben.[103] Da die hauptsächliche Aufgabe der zweidimensionalen Zeichnungen darin besteht, die Gestaltung der bei Chips verwendeten Schichten darzustellen und darüber Informationen zu vermitteln, sind sie hauptsächlich von *non-utilitarian aspects* gekennzeichnet und somit nach 17 U.S.C. § 102(a)(5) urheberrechtsschutzfähig.

Dies bedeutet jedoch nicht, daß die Chips, die nach diesen Zeichnungen konstruiert werden, ebenfalls nach 17 U.S.C. § 102(a)(5) urheberrechtlich geschützt sind. Das an den Zeichnungen nach 17 U.S.C. § 102(a)(5) bestehende Urheberrecht gibt dem Urheber nur das Recht, andere von der Vervielfältigung der Zeichnungen, nicht jedoch auch von der Konstruktion des in der Zeichnung dargestellten Gegenstandes auszuschließen.[104]

Chips sind auch nicht selbst urheberrechtsschutzfähig nach 17 U.S.C. § 102(a)(5). Sie sind reine *utilitarian articles*. Sie bezwecken nicht, irgendwelche Informationen zu vermitteln. Sie enthalten keine bildlichen, graphischen oder bildhauerischen Elemente, die von den *utilitarian aspects* losgelöst sind und unabhängig von diesen existieren können.

Ein urheberrechtlicher Schutz für Chips scheidet daher aus.[105]

8. *Schlußfolgerung*

Das amerikanische Urheberrecht gewährt keinen ausreichenden Schutz für Computerprogramme und Computerchips.

Lediglich Quellenprogramme sind urheberrechtlich geschützte Werke.

Die urheberrechtliche Lage der Objektprogramme ist bisher noch umstritten. Mehrere unterinstanzliche Gerichte haben den Urheberrechtsschutz für Objektprogramme bejaht. Diese Gerichte waren sich allerdings nicht einig darüber, nach welchen urheberrechtlichen Vorschriften die Objektprogramme geschützt werden sollten. Sie berücksichtigten den Gesetzestext auch nur auszugsweise. Die Entscheidungen sind überwiegend mit rechtspolitischen Erwägungen begründet. Läßt man die rechtspolitischen Erwägungen jedoch außer Acht und konzentriert sich auf den vollständigen Gesetzestext und die urheberrechtlichen

---

[103] Siehe Definition des *useful article* in 17 U.S.C. § 101. Siehe ferner Ausführungen unter E. II. 3. b) ff).

[104] Siehe Ausführungen bei Fn. 32.

[105] H.R. Rep. No. 781, 98th Cong., 2d Sess. 8 f. (1984) = 1984 U.S. Code Cong. & Ad. News 5750, 5757 f.; S. Rep. No. 425, 98th Cong., 2d Sess. 6 (1984); *Barnes/Thornburg*, Res Gestae 28 (1984), 266, 266; *Bates*, Hastings Internat. and Comp. L. Rev. 4 (1981), 473, 491; *Chesser*, Univ. of Western Ontario L. Rev. 22 (1984), 201, 219 f.; Comment, South Texas L. J. 24 (1983), 817, 832; Comment, Southwestern Univ. L. Rev. 14 (1984), 685, 729-732; *Mantle*, Computer / L. J. 4 (1984), 669, 680; Note, Virginia L. Rev. 71 (1985), 249, 273-276; *Root III*, Rutgers Comp. and Technol. L. J. 8 (1981), 205, 224.

Grundsätze, dann kommt man zu dem Ergebnis, daß Objektprogramme urheberrechtlich nicht geschützt sind. Sie sind weder *original works of authorship* noch *copies* oder *derivative works* der Quellenprogramme.

Vom Urheberrechtsschutz ist somit nur ein Teil der Programme, nämlich die Quellenprogramme, erfaßt. Dies ist für einen effektiven Rechtsschutz bei weitem nicht ausreichend. Programmierer sind insbesondere an einem Rechtsschutz für Objektprogramme interessiert, denn i.d.R. dienen die Objektprogramme als Grundlage der Piraterie.

Der Urheberrechtsschutz erfaßt auch nicht alle relevanten Nutzungsformen, insbesondere nicht die Benutzung von Programmen, d.h. deren Lauf im Computer.

Ferner ist auch der Algorithmus vom Urheberrechtsschutz ausgeschlossen.

Computerchips erfüllen ebenfalls nicht die urheberrechtlichen Voraussetzungen.

Das Urheberrechtsgesetz ist daher kein für den Schutz von Computerprogrammen und -chips geeignetes Rechtssystem.

III. Trade Secret Law

1. Einleitung

Das amerikanische *Trade Secret Law* (Recht der Geschäfts- bzw. Betriebsgeheimnisse) basiert im Gegensatz zum Patent- und Urheberrecht nicht auf der Verfassung. Es ist vielmehr ein Produkt des *Common Law*. Daher ist es in den einzelnen Staaten teilweise unterschiedlich ausgestaltet.

Vor einigen Jahren wurde der Versuch unternommen, das *Trade Secret Law* bundeseinheitlich durch den sog. *Uniform Trade Secrets Act*[1] zu regeln. Die *National Conference of Commissioners on Uniform State Laws* genehmigte das Gesetz und empfahl den Bundesstaaten, das Gesetz anzunehmen.[2] Bisher ist der *Uniform Trade Secrets Act* allerdings nur von wenigen Bundesstaaten angenommen worden.[3]

2. Trade Secret — Definition

Die am meisten zitierte Definition eines *trade secret* ist die, die in dem *First Restatement of Torts* enthalten ist. Danach kann ein *trade secret* bestehen aus einer Formel, einem Muster, einer Vorrichtung oder einer Zusammenstellung

---

[1] Der *Uniform Trade Secrets Act* (1980) ist abgedruckt in *Milgrim*, Bd. 3, App. A.

[2] *Milgrim*, Bd. 3, App. A-5.

[3] Die Bundesstaaten, die den *Uniform Trade Secrets Act* bisher angenommen haben, sind: Connecticut, Delaware, Indiana, Kalifornien, Kansas, Louisiana, Minnesota, North Dakota und Washington. Vgl. Milgrim, Bd. 3, App. AA-2.

von Informationen, die in einem Unternehmen benutzt werden und die dem Unternehmer die Möglichkeit geben, einen Wettbewerbsvorteil gegenüber seinen Mitbewerbern zu erlangen.[4] In dem *Second Restatement of Torts* wurden die das *Trade Secret Law* betreffenden Vorschriften weggelassen, weil sich das *Trade Secret Law* zu einem eigenständigen Rechtssystem entwickelt hatte. Der *Uniform Trade Secrets Act* bestimmt nun, daß der Begriff *trade secret* gleichbedeutend mit dem Begriff „Information" ist und eine Formel, ein Muster, eine Zusammenstellung, ein Programm, eine Vorrichtung, eine Methode, eine Technik oder ein Verfahren einschließt.

Da Computerprogramme und Computerchips eine Menge Informationen enthalten, können sie gemäß den beiden soeben gegebenen Definitionen Gegenstand eines *trade secret* sein.[5] Aber auch Algorithmen fallen unter diese Definitionen.

Voraussetzung für den Schutz einer Information nach dem *Trade Secret Law* ist, daß die Information *secret*, d. h. geheim, ist und bleibt. Im First Restatement of Torts sind die folgenden sechs Kriterien genannt, die bei der Beurteilung einer Information als „geheim" berücksichtigt werden sollen:

(1) in welchem Umfang die Information außerhalb des Unternehmens bekannt ist (externe Geheimhaltung),

(2) in welchem Umfang Angestellte und andere mit dem Unternehmen in Berührung Kommende die Information kennen (interne Geheimhaltung),

(3) in welchem Umfang Vorkehrungen getroffen werden, um die Information geheimzuhalten (Sicherheitsmaßnahmen)[6],

(4) der Wert, den diese Information für den Unternehmer und seine Mitbewerber hat (externer Wert),

---

[4] *Restatement (First) of Torts*, § 757, *comment b* (1939) = *Milgrim*, Bd. 1, § 2.01, 2-11.

[5] Daß Computerprogramme *trade secrets* sein können, ist allgemein anerkannt. Vgl. *Hancock v. Decker*, 379 F.2d 552 (5th Cir. 1967); *University Computing Co. v. Lykes-Youngston Corp.*, 504 F.2d 518 (5th Cir. 1974); *Management Science Am., Inc. v. Cyborg Sys., Inc.*, 6 CLSR (Callaghan) 921 (N.D. Ill. 1978); *Warrington Assoc. v. Real-Time Eng'g Sys., Inc.*, 522 F. Supp. 367 (N.D. Ill. 1981); *Com-Share, Inc. v. Computer Complex, Inc.*, 338 F. Supp. 1229 (E.D. Mich. 1971), aff'd, 458 F.2d 1341 (6th Cir. 1972); *Telex Corp. v. IBM Corp.*, 367 F. Supp. 258 (N.D. Okla. 1973), *rev'd on other grounds*, 510 F.2d 894 (10th Cir. 1975), *cert. dismissed*, 423 U.S. 802 (1975); *Cypertek Computer Prod., Inc. v. Whitfield*, 203 U.S.P.Q. (BNA) 1020 (Cal. App. Dep't Super. Ct. 1977); *Computer Print Sys., Inc. v. Lewis*, 281 Pa. Super. 240, 422 A.2d 148 (1980); *Bender*, Western New Eng. L. Rev. 7 (1985), 405, 434; Note, St. John's L. Rev. 57 (1982), 92, 111; *Raysman*, Jurimetrics J. 18 (1978), 335, 343.

[6] Als Sicherheitsmaßnahmen kommen beispielsweise in Betracht die Benutzung von Paßwörtern, der Einbau selbstzerstörerischer Elemente, die beim Kopieren des Programms aktiviert werden, die Beschränkung des Zugangs zu „sensitiven" Bereichen im Unternehmen, Nichtoffenbarungsvereinbarungen mit Angestellten und Kunden, Lizenzierung statt Verkauf.

(5) der Aufwand an Zeit und Geld, der zur Entwicklung der Information erforderlich war (Investition),

(6) die Leichtigkeit bzw. Schwierigkeit, mit der sich andere die Information zulässigerweise beschaffen können (Zugänglichkeit).[7]

Die Geheimhaltung der Informationen von Computerprogrammen ist nicht immer einfach, insbesondere dann nicht, wenn die Programme im Massengeschäft vertrieben werden. Die Kunden werden oft nicht bereit sein, Nichtoffenbarungsvereinbarungen (*non-disclosure agreements*) zu unterschreiben. Aber auch für die Verkäufer oder Lizenzgeber wird es meistens zu umständlich und lästig sein, solche Vereinbarungen auszuarbeiten und von allen Kunden unterschreiben zu lassen. Standardprogramme[8] werden daher den Kunden i.d.R. ohne spezielle Vereinbarungen überlassen werden. Ein vorbehaltloser Vertrieb kann jedoch dazu führen, daß der *trade secret* Rechtsschutz verloren geht[9], weil er mit einer Offenbarung der Information verbunden ist.

Ob der *trade secret* Rechtsschutz auch durch das Anbringen eines Urheberrechtsvermerks verloren geht, ist umstritten. Man könnte die Auffassung vertreten, der Urheberrechtsvermerk sei auch eine Art der Offenbarung und habe deshalb den Verfall des *trade secret* Rechtsschutzes zur Folge.[10] Die Rechtsprechung ist dieser Auffassung bisher allerdings noch nicht gefolgt. Nach der bisherigen Rechtsprechung führt allein der Urheberrechtsvermerk noch nicht zum Verlust dieses Rechtsschutzes.[11]

3. Schutzumfang

a) Rechte

Das *Trade Secret Law* schützt den Rechtsinhaber davor, daß ein anderer sein *trade secret* offenbart oder benutzt, vorausgesetzt, daß

(1) der andere das Geheimnis auf widerrechtliche Art und Weise erlangt hat (sog. *misappropriation*, d.h. widerrechtliche Aneignung),

(2) die Offenbarung oder Benutzung eine Verletzung einer Geheimhaltungspflicht (*breach of confidence*) darstellt,

---

[7] *Restatement (First) of Torts, comment b* (1939).

[8] Siehe Ausführungen bei Fn. 48 unter C..

[9] *Gilburne/Johnston*, Computer / L. J. 3 (1982), 211, 231; Note, Washington Univ. L. Quart. 63 (1985), 131, 135.

[10] *Bender*, Western New Eng. L. Rev. 7 (1985), 405, 437.

[11] *Management Science Am., Inc. v. Cyborg Sys., Inc.*, 6 CLSR (Callaghan) 921, 924 (N.D. Ill. 1978); *Technicon Medical Information Sys. v. Green Bay Packing*, 211 U.S.P.Q. (BNA) 343, 347 (E.D. Wis. 1980), *aff'd*, 687 F.2d 1032 (7th Cir. 1982), *cert. denied*, 459 U.S. 1106 (1983); *M. Bryce & Assoc., Inc. v. Gladstone*, 107 Wis. 2d 241, 319 N.W.2d 907, 914-919 (Ct. App. 1982), *cert. denied*, 459 U.S. 944 (1982).

(3) der andere das Geheimnis von einer dritten Person mit dem Hinweis erfahren hat, daß es sich um ein Geheimnis handelt, und die dritte Person das Geheimnis auf widerrechtliche Art und Weise erlangt hat, oder die Offenbarung durch die dritte Person einen Vertrauensbruch darstellt, oder

(4) der andere, als er das Geheimnis kennenlernte, wußte, daß es sich um ein Geheimnis handelt, und daß die Offenbarung ihm gegenüber auf einem Fehler beruht.[12]

Der unter (1) genannte Punkt, die sog. *misappropriation*, kann auftreten im Zusammenhang mit Diebstahl, Bestechung oder Spionage. *Misappropriation* liegt jedoch nicht nur dann vor, wenn eine Wegnahme im physikalischen Sinn stattgefunden hat. *Misappropriation* kann auch bei bloßem Auswendiglernen gegeben sein.[13]

Voraussetzung einer *misappropriation* ist, daß ein anderer das Geheimnis mit sog. *improper means*, d.h. auf widerrechtliche Art und Weise, erlangt hat. Eine Erlangung mit *proper means* ist nicht vom *trade secret* Rechtsschutz umfaßt. Es gibt zwei Möglichkeiten, das Geheimnis mit *proper means* zu erlangen. Die erste Möglichkeit ist die völlig unabhängige Entdeckung, so z.B. wenn ein Programmierer ein Programm schreibt, das genauso beschaffen ist wie ein schon von einem anderen Programmierer geschriebenes Programm, ohne dieses andere Programm je gesehen oder davon gehört zu haben.[14] Die zweite Möglichkeit ist das sog. *reverse engineering*. Dies ist ein Verfahren, in dem ein schon existierendes Produkt analysiert wird, um herauszufinden, wie das Produkt hergestellt wird.[15] Ein *trade secret* Rechtsschutz wäre demzufolge nicht möglich, wenn jemand ein Programm kauft, den Objektcode mit einem Decompiler zurück in den für Menschen besser verständlichen Quellencode übersetzt und dann die dadurch erlangten Informationen benutzt, um ein eigenes Programm zu schreiben.[16]

Wie sich aus dem unter (2) genannten Punkt ergibt, besteht ein *trade secret* Rechtsschutz nicht nur im Falle einer *misappropriation*, sondern auch wenn die Offenbarung oder Benutzung eines Geheimnisses eine *breach of confidence*, d.h. die Verletzung einer Geheimhaltungspflicht, darstellt.

Die Verletzung einer Geheimhaltungspflicht setzt voraus, daß überhaupt eine Pflicht zur Geheimhaltung bestand. Eine solche Pflicht kann durch ausdrückliche Vereinbarung, z.B. durch ein sog. *non-disclosure* agreement, begründet werden.[17]

---

[12] Vgl. *Restatement (First) of Torts* § 757 (1939).

[13] *Sperry Rand Corp. v. Rothlein*, 241 F. Supp. 549, 563 (D. Conn. 1964); *Cypertek Computer Prod., Inc. v. Whitfield*, 203 U.S.P.Q. (BNA) 1020, 1025 (Cal. App. Dep't Super. Ct. 1977); *Bender*, Western New Eng. L. Rev. 7 (1985), 405, 434.

[14] Comment, Louisiana L. Rev. 44 (1984), 1413, 1431 f..

[15] Comment (Fn. 14), 1432.

[16] Ebd..

Arbeitnehmer trifft eine Pflicht zur Geheimhaltung allerdings nicht immer nur dann, wenn eine solche Pflicht ausdrücklich vereinbart wurde. Arbeitnehmer können vielmehr auch stillschweigend die Pflicht übernehmen, die *trade secrets* ihres Arbeitgebers weder zu offenbaren noch unrechtmäßig zu benutzen.[18] Ob ein Arbeitnehmer eine Pflicht zur Geheimhaltung stillweigend übernommen hat, hängt von den Umständen des Einzelfalls[19] und von der Rechtsprechung in den einzelnen Bundesstaaten ab. Eine einheitliche festumgrenzte Regel gibt es nicht. Eine stillschweigend übernommene Pflicht wurde von einigen Gerichten beispielsweise für solche Fälle bejaht, in denen das Geheimnis existierte, bevor der Arbeitnehmer in das Arbeitsverhältnis eintrat und der Arbeitnehmer Kenntnis von dem Geheimnis aufgrund des Arbeitsverhältnisses erhielt[20] bzw. für solche Fälle, in denen der Arbeitgeber dem Arbeitnehmer die Aufgabe übertrug, ein bestimmtes geheimnisträchtiges Projekt zu entwickeln und der Arbeitgeber dafür erhebliche Ressourcen aufwandte[21]. Eine stillschweigend übernommene Geheimhaltungspflicht wurde jedoch abgelehnt für Fälle, in denen der Arbeitnehmer das Geheimnis aufgrund eigenen Könnens und ohne nennenswerte Unterstützung des Arbeitgebers in Form von Information oder finanziellen Mitteln entwickelt hat.[22]

b) Ansprüche

Liegt eine der vier unter a)(1)-(4) genannten Verletzungshandlungen vor, dann hat der *trade secret* Rechtsinhaber einen Anspruch auf Unterlassung[23], Schadensersatz[24] und Ersatz der Anwaltskosten[25].

---

17 *University Computing Co. v. Lykes-Youngston Corp.*, 504 F.2d 518, 535 (5th Cir. 1974); *Management Science Am., Inc. v. Cyborg Sys., Inc.*, 6 CLSR (Callaghan) 921, 926 (N.D. Ill. 1978); *M. Bryce & Assoc., Inc. v. Gladstone*, 107 Wis. 2d 241, 319 N.W.2d 907, 911 f. (Ct. App. 1982), *cert. denied*, 459 U.S. 944 (1982).

18 *Structural Dynamics Research Corp. v. Eng'g Mechanics Research Corp.*, 401 F. Supp. 1102, 1111 (E.D. Mich. 1975); *Jostens, Inc. v. Nat'l Computer Sys.*, 318 N.W.2d 691, 701 (Minn. 1982); Comment, Louisiana L. Rev. 44 (1984), 1413, 1432 f..

19 *Milgrim*, Bd. 1, § 5.02 (4), 5-43.

20 *Structural Dynamics Research Corp. v. Eng'g Mechanics Research Corp.*, 401 F. Supp. 1102, 1111 (E.D. Mich. 1975); *Amoco Prod. Co. v. Lindley*, 609 P.2d 733, 744 (Okla. 1980); *Wexler v. Greenberg*, 399 Pa. 569, 160 A.2d 430, 434 f. (1960).

21 *Structural Dynamics Research Corp. v. Eng'g Mechanics Research Corp.*, 401 F. Supp. 1102, 1112 (E.D. Mich. 1975); *Wexler v. Greenberg*, 399 Pa. 569, 160 A.2d 430, 436 (1960).

22 *Structural Dynamics Research Corp. v. Eng'g Mechanics Research Corp.*, 401 F. Supp. 1102, 1111 f. (E.D. Mich. 1975); *Amoco Prod. Co. v. Lindley*, 609 P.2d 733, 744 f. (Okla. 1980); *Wexler v. Greenberg*, 399 Pa. 569, 160 A.2d 430, 436 (1960).

23 *Restatement (First) of Torts* § 757, *comment e* (1939); *Uniform Trade Secrets Act* § 2.

24 *Restatement (First) of Torts* § 757, *comment e* (1939); *Uniform Trade Secrets Act* § 3.

25 *Uniform Trade Secrets Act* § 4.

4. Ausschluß des Trade Secret Law durch das Patent- oder Urheberrecht?

Zum Schluß muß noch die Frage beantwortet werden, ob das *Trade Secret Law*, das als *Common Law* durch die Rechtsprechung der einzelnen Bundesstaaten ausgestaltet ist, neben dem Bundespatent- und -urheberrecht zur Anwendung kommen kann, oder ob es vielmehr durch das Bundespatent- und/oder -urheberrecht oder die Patent- und Urheberrechtsklausel in der Verfassung (Art. I Abs. 8 S. 8)[26] ausgeschlossen ist.

a) Verhältnis zwischen *Trade Secret Law* und Patentrecht

Auf das Verhältnis von *Trade Secret Law* und Patentrecht ist der *Supreme Court* ausführlich in dem Fall *Kewanee Oil Co. v. Bicron Corp.*[27] eingegangen. Der *Supreme Court* entschied, daß das in dem konkreten Fall betroffene *Trade Secret Law* von Ohio nicht durch das Bundespatentrecht ausgeschlossen sei.[28] Das Gericht führte zur Begründung seiner Entscheidung u.a. aus, daß die Patentklausel der Verfassung dem Kongreß keine ausschließliche Ermächtigung zur Regelung von *discoveries*, d.h. Entdeckungen, gebe. Die Bundesstaaten seien daher ebenfalls zur Regelung von *discoveries* berechtigt.[29] Der *Supreme Court* bemerkte auch, daß nicht alle Entdeckungen vom Patentschutz erfaßt seien[30], und daß es deshalb erforderlich sei, den *trade secret* Rechtsschutz als Alternative zum Patentrechtsschutz zu haben. Er wies ferner auf die negativen Auswirkungen hin, die für die Forschung und Entwicklung entstünden, wenn Entdeckungen nicht vom *trade secret* Rechtsschutz erfaßt wären.[31] Der *Supreme Court* folgerte daraus, daß das *Trade Secret Law* sogar dann nicht vom Patentrecht ausgeschlossen sei, wenn eine Entdeckung patentfähig ist.[32]

Ein Entdecker bzw. Erfinder kann somit zwischen *Trade Secret Law* und Patentrecht frei wählen. Hat er allerdings ein Patent beantragt und wird ein solches auch erteilt, so ist ein *trade secret* Rechtsschutz insoweit nicht mehr möglich, als die Erfindung aufgrund der Patentvorschriften offenbart wird.[33]

---

[26] Siehe Ausführungen bei Fn. 1 unter E. I..

[27] *Kewanee Oil Co. v. Bicron Corp.*, 416 U.S. 470 (1974).

[28] *Kewanee Oil Co. v. Bicron Corp.* (Fn. 27), 491 ff..

[29] *Kewanee Oil Co. v. Bicron Corp.* (Fn. 27), 479.

[30] *Kewanee Oil Co. v. Bicron Corp.* (Fn. 27), 483.

[31] *Kewanee Oil Co. v. Bicron Corp.* (Fn. 27), 485, 488.

[32] *Kewanee Oil Co. v. Bicron Corp.* (Fn. 27), 489.

[33] *Data Gen. Corp. v. Digital Computer Controls, Inc.*, 357 A.2d 105, 113 (Del. Ch. 1975); *Materials Dev. Corp. v. Atl. Advanced Metals, Inc.*, 172 U.S.P.Q. (BNA) 595, 612 (Mass. Super. Ct 1971).

b) Verhältnis zwischen *Trade Secret Law* und Urheberrecht

Zum Verhältnis zwischen *Trade Secret Law* und Urheberrecht hat sich der *Supreme Court* bisher noch nicht geäußert. Dieses Verhältnis kann jedoch mit Hilfe des Urheberrechtsgesetzes festgelegt werden.

17 U.S.C. § 301 schließt die Anwendung aller *Common Law* Rechte und aller Rechte, die aufgrund anderer Gesetze bestehen, aus, sofern sie irgendeinem der in 17 U.S.C. § 106 genannten Ausschließlichkeitsrechte gleichbedeutend (*equivalent*) sind und es sich um ein Werk handelt, das die Schutzvoraussetzungen von 17 U.S.C. § 102 oder § 103 erfüllt (17 U.S.C. § 301(a)). Es muß daher geprüft werden, ob die vom Urheberrecht gewährten Rechte den vom *Trade Secret Law* gewährten Rechten gleichbedeutend sind, d.h. ob der gewährte Schutz identisch ist.

Das Urheberrecht schützt lediglich den Ausdruck von Ideen, nicht jedoch die Idee selbst.[34] Das *Trade Secret Law* hingegen schützt auch Ideen. Urheberrecht und *Trade Secret Law* schützen daher unterschiedliche Bereiche. Der von ihnen gewährte Schutz ist somit nicht identisch bzw. gleichbedeutend. Daraus folgt, daß ein Rechtsschutz nach dem *Trade Secret Law* neben dem Urheberrecht möglich ist.[35]

Auch aus den Gesetzesmaterialien zu 17 U.S.C. § 301 ergibt sich, daß das *Trade Secret Law* nicht durch das Urheberrecht ausgeschlossen werden sollte, sondern vielmehr neben dem Urheberrecht bestehen bleiben sollte. In einem Bericht des Repräsentantenhaus zur Urheberrechtsreform von 1980 wird die Frage erörtert, ob die Urheberrechtsreform dazu führen könnte, daß die Schutzmöglichkeiten für Computersoftware nach Staatenrecht und insbesondere nach dem *Trade Secret Law* beschränkt würden. In dem Bericht wird dann ausgeführt, daß man sich nach Rücksprache mit dem Copyright Office darauf geeinigt habe, daß die Schutzmöglichkeiten für Computersoftware nach dem Recht der einzelnen Staaten nicht durch die Urheberrechtsreform eingeschränkt würden.[36]

5. *Schlußfolgerung*

Trade secret Rechtsschutz ist möglich für Computerprogramme und Computerchips, zumindest solange die in ihnen enthaltenen Informationen geheimgehalten werden und bleiben.

[34] Siehe Ausführungen unter E. II. 3. b) gg).

[35] *Technicon Medical Information Sys. v. Green Bay Packing*, 687 F.2d 1032, 1038 f. (7th Cir. 1982), *cert. denied*, 459 U.S. 1106 (1983); *Warrington Assoc. v. Real-Time Eng'g Sys., Inc.*, 522 F. Supp. 367, 368 f. (N.D. Ill. 1981); *M. Bryce & Assoc., Inc. v. Gladstone*, 107 Wis. 2d 241, 319 N.W.2d 907, 915 (Ct. App. 1982), *cert. denied*, 459 U.S. 944 (1982); Comment, Louisiana L. Rev. 44 (1984), 1413, 1446; *Mantle*, Computer / L. J. 4 (1984), 669, 691; *Milgrim*, Bd. 1, § 2.06 A (3), 2-115; Note, Washington Univ. L. Quart. 63 (1985), 131, 151 f..

[36] H.R. Rep. No. 1307, 96th Cong., 2d Sess. 23 f. (1980) = 1980 U.S. Code Cong. & Ad. News 5460, 6482 f..

Ein Vorteil des *trade secret* Rechtssystems besteht in seinem großem Schutzumfang. Es schützt nicht nur den Ausdruck einer Idee, sondern auch die Idee selbst. Dies ist insbesondere für einen Schutz von Computerprogrammen vorteilhaft, weil dadurch auch der Algorithmus geschützt werden kann.

Das *trade secret* Rechtssystem ist andererseits aber auch durch einige für den Schutz von Computerprogrammen und -chips sehr nachteiligen Prinzipien gekennzeichnet, was dazu führt, daß das *Trade Secret Law* weder für Computerprogramme[37] noch für Computerchips[38] ein ideales Schutzsystem ist.

Ein wesentlicher Nachteil des *Trade Secret Law* besteht darin, daß der Schutz sofort verloren geht, sobald das Geheimnis öffentlich wird. Um den Schutz aufrechtzuerhalten, muß ein Unternehmer daher umfangreiche Nichtoffenbarungsvereinbarungen mit Kunden und allen denjenigen ausarbeiten, die mit dem geheimnisträchtigen Produkt in Kontakt kommen. Dies ist umständlich, sehr zeitaufwendig und daher praktisch nicht realisierbar. Solche Vereinbarungen werden in der Praxis insbesondere dann nicht getroffen, wenn es sich um den Vertrieb eines Produkts in großem Umfang mit sehr vielen Kunden handelt. Ein vorbehaltloser Vertrieb führt jedoch i.d.R. zu einem Verlust des *trade secret* Rechtsschutzes. Ein *trade secret* Rechtsschutz ist daher für Computerprogramme gerade in dem Bereich nicht gegeben, in dem er besonders benötigt wird, nämlich im Bereich der in großem Umfang vertriebenen Programme.

Ein weiterer Nachteil des *Trade Secret Law* besteht darin, daß es die Interessen der Allgemeinheit nur wenig berücksichtigt. Dadurch, daß eine Geheimhaltung Voraussetzung für die Gewährung eines Rechtsschutzes ist, wird der freie Austausch von Informationen erschwert und teilweise sogar verhindert. Dies führt dazu, daß die Allgemeinheit oft viel Zeit und Kapital aufwenden muß, um etwas herauszufinden, was ein anderer bereits seit langem herausgefunden hat. Die Prinzipien des *Trade Secret Law* führen oft zu unnötiger Doppelarbeit. Doppelarbeit stellt eine Verschwendung von Ressourcen dar.

Das Hauptproblem des *Trade Secret Law* besteht darin, daß es die sich gegenüberstehenden Interessen nicht gut ausbalanciert. Der Schutz für ein *trade secret* geht vollständig verloren, wenn das Geheimnis, auch nur teilweise, an die Öffentlichkeit gerät. Um den Schutz aufrechtzuerhalten, muß also eine strenge Geheimhaltung erfolgen. Diese ist für den Unternehmer umständlich und kompliziert und für die Allgemeinheit mit Doppelinvestitionen verbunden.

---

[37] *Bender*, Western New. Eng. L. Rev. 7 (1985), 405, 437 f.; Note, Drake L. Rev. 26 (1977), 180, 184; Note, Harvard L. Rev. 96 (1983), 1723, 1743; Note, Univ. of Kansas L. Rev. 33 (1984), 167, 171 f.; Note, Vand. L. Rev. 37 (1984), 147, 157; *Pope/Pope*, Alabama L. Rev. 30 (1979), 527, 533; *Rodau*, Temple L. Quart. 57 (1984), 527, 534 f.; *Samuelson*, Duke L. J. 1984, 663, 760 ff.; *Selinger*, J. of L. and Com. 3 (1983), 65, 86.

[38] *Chesser*, Univ. Western Ontario L. Rev. 22 (1984), 201, 215; Note, Virginia L. Rev. 71 (1985), 249, 271; *Samuelson*, Minnesota L. Rev. 70 (1985), 471, 487 f.; *Wilson/La Barre*, J. of the Pat. and Tradm. Off. Soc'y 67 (1985), 57, 62.

Ein weiterer Nachteil des *Trade Secret Law* besteht auch noch darin, daß es von Bundesstaat zu Bundesstaat unterschiedlich gehandhabt wird. Eine für alle Bundesstaaten verbindliche, einheitliche Regelung besteht nicht.

IV. Vertragsrecht

1. Einleitung

Das amerikanische Vertragsrecht ist genauso wie das *Trade Secret Law* ein Produkt des *Common Law*. Eine bundeseinheitliche gesetzliche Regelung besteht nicht.

Der durch das Vertragsrecht gewährte Schutz ist im Gegensatz zum Patent- und Urheberrechtsschutz nicht gegenüber jedermann, sondern nur gegenüber Vertragspartnern durchsetzbar.

Bestimmungen zum Schutz von Computerprogrammen und Computerchips können insbesondere in Arbeitgeber-Arbeitnehmer-Verträgen sowie in Lizenzverträgen aufgenommen werden.

2. Schutzbestimmungen in Arbeitgeber-Arbeitnehmer-Verträgen und in Lizenzverträgen

Für Arbeitgeber-Arbeitnehmer- und für Lizenzverträge kommen die gleichen Schutzbestimmungen in Betracht, die bereits im deutschrechtlichen Teil dieser Arbeit dargelegt wurden.[1] Die problematischste dieser Bestimmungen ist die Bestimmung des Wettbewerbsverbots, die sog. *non-competition-clause*, die in Arbeitgeber-Arbeitnehmer-Verträgen oft vorkommt. Die einzelnen Bundesstaaten vertreten unterschiedliche Meinungen bezüglich der Gültigkeit solcher Bestimmungen.

In einigen Bundesstaaten sind *non-competition* Klauseln sogar gesetzlich verboten, so z.B. in Kalifornien[2] und in Michigan[3]. Dementsprechend haben dann auch Gerichte nach diesem Recht zu beurteilende *non-competition* Klauseln für unwirksam erachtet.[4]

In den übrigen Bundesstaaten sind *non-competition* Klauseln gesetzlich ausdrücklich weder verboten noch erlaubt. In diesen Staaten ist es somit allein

---

[1] Siehe Ausführungen unter D. IV. 2. u. 3..

[2] *Cal. Bus. & Prof. Code* § 16600 (West 1964).

[3] *Mich. Comp. Laws Ann.* § 445.761 (West 1967).

[4] Für das kalifornische Recht siehe z.B. *Winston Research Corp. v. Minnesota Mining & Mfg. Co.*, 350 F.2d 134, 140 Fn. 4 (9th Cir. 1965); *Cypertek Computer Prod., Inc. v. Whitfield*, 203 U.S.P.Q. (BNA) 1020, 1022 (Cal. App. Dep't Super. Ct. 1977). Für das Recht von Michigan siehe z.B. *Structural Dynamics Research Corp. v. Eng'g Mechanics Research Corp.*, 401 F. Supp. 1102, 1114 (E.D. Mich. 1975).

der Rechtsprechung überlassen, ob solche Klauseln durchsetzbar sind oder nicht. Überwiegend wird in diesen Staaten von der Rechtsprechung die Auffassung vertreten, daß solche Klauseln durchsetzbar sind, sofern sie *reasonable* sind. Zur Feststellung der *reasonableness* wird dann geprüft, ob die Klausel zeitliche und geographische Limitierungen enthält, wie diese Limitierungen gestaltet sind, und ob eine solche Klausel überhaupt zum Schutz der Interessen notwendig ist.[5]

Mehrere Gerichte hielten *non-competition* Klauseln für unwirksam und damit für nicht durchsetzbar, weil der zeitliche oder geographische Anwendungsbereich entweder zu weit oder zu unbestimmt war, oder weil sie über das zum Schutz Notwendige hinausgingen.[6]

Teilweise haben Gerichte *non-competition* Klauseln auch deshalb für nicht durchsetzbar erachtet, weil sie erst nach Beginn des Arbeitsverhältnisses vereinbart worden waren und dafür keine *consideration*[7] gegeben worden war.[8]

3. *Schlußfolgerung*

Computerprogramme und Computerchips können in den USA aufgrund vertraglicher Regelungen geschützt werden. Allerdings ist der durch das Vertragsrecht gewährte Schutz nicht besonders stark. Dies ergibt sich einmal

---

[5] *On-Line Sys., Inc. v. Staib*, 479 F.2d 308, 309 (8th Cir. 1973) („The courts of Pennsylvania do enforce reasonable covenants not to compete ,..., reasonableness is measured by appropriate limitations on duration and geographic area"); *Business Intelligence Serv., Inc. v. Hudson*, 580 F. Supp. 1068, 1071 (S.D.N.Y. 1984) („Under New York law, a non-competition agreement is enforceable if the restriction is reasonable in scope and duration and necessary to protect against disclosure of trade secrets"); *Analogic Corp. v. Data Translation, Inc.*, 371 Mass. 643, 358 N.E.2d 804, 807 (1976) („It is well settled that a covenant restricting trade or competition will be enforced if it is reasonably limited in time and space and is consonant with the public interest").

[6] *On-Line Sys., Inc. v. Staib*, 479 F.2d 308, 310 (8th Cir. 1973) („Since the noncompetition clause here at issue contains no geographic limitation whatever,..., we set aside the injunctive order"); *Direction Assoc., Inc. v. Programming & Sys., Inc.*, 412 F. Supp. 714, 719 f. (S.D.N.Y. 1976) („The restrictive covenant is unenforceable ... It has no geographical limitation which would confine it to the former employer's area of activity"); *Trilog Assoc., Inc. v. Famularo*, 455 Pa. 243, 314 A.2d 287, 294 (1974) („There is no restriction on the kind of employment prohibited or upon the territory covered. Such a covenant is a completely unreasonable restraint of trade and cannot be upheld").

[7] *Consideration* ist ein für das amerikanische Vertragsrecht typischer Rechtsbegriff. Er kann im Deutschen am besten mit „Gegenleistung" übersetzt werden.

[8] *Modern Controls, Inc. v. Andreadakis*, 578 F.2d 1264, 1267 (8th Cir. 1978) („[A covenant not to compete] which is not ancillary to the initial employment contract can be sustained only if it is supported by independent consideration"); *Burroughs Corp. v. Cimakasky*, 346 F. Supp. 1398, 1399 (E.D. Pa. 1972) („Under Pennsylvania law a restrictive employment covenant must be ancillary to the taking of employment to be valid. [Defendant] took employment in 1967, and the present covenant was signed four years later. Plaintiff gave nothing in return for this later agreement. This covenant must be considered not binding on [defendant].").

daraus, daß vertragliche Regelungen nicht gegenüber jedermann, sondern nur gegenüber Vertragspartnern durchsetzbar sind. Zum anderen sind selbst gegenüber Vertragspartnern nicht alle Vereinbarungen durchsetzbar. Problematisch ist vor allem die Durchsetzbarkeit von *non-competition* Klauseln. In einigen Bundesstaaten sind solche Klauseln aufgrund gesetzlicher Vorschriften immer unwirksam, in anderen Bundesstaaten sind sie unter bestimmten Voraussetzungen wirksam. Das Vertragsrecht gewährleistet damit keinen effektiven Rechtsschutz.

V. Sonderrecht (Semiconductor Chip Protection Act of 1984)[1]

1. Einleitung

Ein Sonderrecht für Computerprogramme gibt es in den USA bisher ebensowenig wie in der Bundesrepublik Deutschland.

Im Bereich der Computerchips hingegen sind die USA der Bundesrepublik Deutschland ein gutes Stück voraus. Seit dem 8.11.1984 ist in den USA ein Gesetz in Kraft, das speziell auf Computerchips zugeschnitten ist. Dies ist der sog. *Semiconductor Chip Protection Act of 1984*[2] (*Chip Act*). Der *Chip Act* versucht, einen Ausgleich zwischen den wirtschaftlichen Interessen der Chiphersteller einerseits und der Allgemeinheit andererseits zu erreichen.

Der Senat wollte die Vorschriften über den Schutz von Computerchips ursprünglich in die urheberrechtlichen Vorschriften integrieren. Das Repräsentantenhaus wandte sich jedoch gegen eine solche Integration. Es begründete seine Auffassung damit, daß die Aufnahme von *useful objects*[3] in den Schutzbereich des Urheberrechts zu einer fundamentalen Abweichung von bisherigen urheberrechtlichen Prinzipien führen würde.[4] Gegen eine Integration wurde auch eingewandt, daß die Leben-plus-50 Jahresschutzfrist des Urheberrechts zu lang für Computerchips sei. In dem Bericht des Repräsentantenhauses wurde zu einer möglichen Integration eines Schutzes von Chips bzw. von *mask works* in das Urheberrecht u.a. folgendes ausgeführt:

> In considering whether the copyright system could provide the best form of domestic protection for mask works, the Committee notes that the present copyright law does not protect useful articles, as such, and semiconductor chip products are useful articles

---

[1] *Semiconductor Chip Protection Act* = Gesetz zum Schutz von Halbleiterchips.

[2] Gesetz v. 8.11.1984, Pub. L. No. 98-620, tit. III, 98 Stat. 3347, kodifiziert in 17 U.S.C. §§ 901-914. Siehe dazu auch Keustermans/Arckens, ch. 10.

[3] Siehe Ausführungen unter E. II. 3. b) ff).

[4] H.R. Rep. No. 781, 98th Cong., 2d Sess. 8 ff. (1984) = 1984 U.S. Code Cong. & Ad. News 5750, 5757 ff..

> ... The prohibition against copyright in useful articles is a fundamental principle of our copyright laws, adhered to for the nearly 200 years of their existence.[5] ... The Committee decided that the problems associated with any attempt to place protection for mask works or semiconductor chip designs under the copyright law could be avoided entirely by creating *a sui generis form of protection*, apart from and independent of the copyright laws. This new form of legal protection would *avoid the possible distortion of the copyright law and* would *establish a more appropriate and efficacious form of protection for mask works*. Rather than risk confusion and uncertainty in, and distortion of, existing copyright law as a result of attempting to modify fundamental copyright principles to suit the unusual nature of chip design, the Committee concludes that a new body of statutory and decisional law should be developed.[6]

Senat und Repräsentantenhaus einigten sich schließlich darauf, den Schutz von Computerchips in einem separaten Kapitel am Schluß des Urheberrechtsgesetzes zu regeln. Der *Chip Act* ist jetzt in Kapitel 9 des Titel 17 des *United States Code* (U.S.C.) kodifiziert. Er ist ein Gesetz *sui generis*. Er enthält einige patentrechtliche, einige urheberrechtliche und eine Reihe neuer Elemente.

In der Entstehungsphase des *Chip Act* tauchte eine verfassungsrechtliche Frage auf. Fraglich war, ob der *Chip Act* auf die *Intellectual Property Clause* (Art. I Abs. 8 S. 8)[7] der US-Verfassung oder auf die *Commerce Clause* (Art. I Abs. 8 S. 3)[8] der US-Verfassung, wonach der Kongreß zur Regelung des Handels ermächtigt ist, gestützt werden sollte. Um sicher zu gehen, wurde in den *Chip Act* in § 910(a) eine Begrenzung des Anwendungsbereichs auf solche Handlungen aufgenommen, die im Zusammenhang mit *commerce* stehen. 17 U.S.C. § 910(a) lautet wie folgt:

> Any person who violates any of the exclusive rights of the owner of a mask work under this chapter, by conduct in or affecting commerce, shall be liable as an infringer of such rights.

Im Zusammenhang mit der verfasssungsrechtlichen Grundlage des *Chip Act* führten die Senatoren *Mathias* und *Leahy* in ihrem *Explanatory Memorandum*, in dem sie über die mit dem Repräsentantenhaus erzielten Ergebnisse berichteten, u.a. das folgende aus:

> In order to avoid any constitutional questions on the issue of whether, as both Houses found, mask works are protectable as writings within the meaning of the

---

[5] H.R. Rep. No. 781, 98th Cong., 2d Sess. 8 (1984) = 1984 U.S. Code Cong. & Ad. News 5750, 5757.

[6] H.R. Rep. No. 781, 98th Cong., 2d Sess. 10 (1984) = 1984 U.S. Code Cong. & Ad. News 5750, 5759, Hervorhebungen der Autorin.

[7] Sowohl das Patentgesetz als auch das Urheberrechtsgesetz basieren auf der *Intellectual Property Clause*. Vgl. Ausführungen bei Fn. 1 unter E. I. und bei Fn. 1 unter E. II..

[8] Die *Commerce Clause* lautet wie folgt: „Congress shall have Power To regulate Commerce with foreign Nations, and among the several States, and with the Indian Tribes".

Constitution's intellectual property clause, section 910(a) of the amendment includes a commerce limitation, so that it reaches only piratical conduct in or affecting commerce. As a practical matter, this will cover virtually all of the kind of conduct that gave rise to this legislation.[9]

2. Schutzvoraussetzungen

a) Materiellrechtliche Voraussetzungen

aa) Maskenwerk (*mask work*)

Der *Chip Act* gewährt Schutz für *mask work(s) fixed in a semiconductor chip product* (17 U.S.C. § 902(a)(1)). Darunter versteht man das dreidimensionale Chip-Endprodukt, das aufgrund der Benutzung einer Maske oder einer ähnlichen Technologie entsteht.[10]

In den nun folgenden Ausführungen wird der Begriff „*Mask Work*" synonym mit dem Begriff „*Chip*" verwendet werden.

bb) Originalität (*originality*)

Der *Chip Act* bestimmt in § 902(b), daß ein Schutz nicht erhältlich ist, wenn der Chip entweder nicht *original* ist oder aus Designs besteht, die in der Halbleiterindustrie alltäglich (*commonplace*) oder allgemein bekannt (*familiar*) sind.

Das *originality*-Erfordernis des *Chip Act* unterscheidet sich von dem des Urheberrechtsgesetzes. Die Anforderungen im *Chip Act* sind höher. Nach dem *Chip Act* scheint es im Gegensatz zum Urheberrecht[11] nicht auszureichen, daß der Chiphersteller zeigt, er habe etwas Eigenes hinzugefügt. Es wird mehr als eine bloße Hinzufügung verlangt. Die Hinzufügung darf weder *commonplace* noch *familiar* in der Halbleiterindustrie sein. Dies bedeutet allerdings nicht, daß eine Neuheit oder Nichtoffensichtlichkeit wie im Patentrecht vorliegen muß. Dies wird ausdrücklich in den Gesetzesmaterialien klargestellt.[12] Aus den

---

[9] Explanatory Memorandum der Senatoren *Mathias* und *Leahy*, 130 Cong. Rec. S12916, 12918 (daily ed. Oct.3, 1984).

[10] *Wilson/La Barre*, J. of the Pat. and Tradm. Off. Soc'y 67 (1985), 57, 70. Vgl. auch die Definition der *mask works* in 17 U.S.C. § 902(a)(2), die wie folgt lautet: „A mask work is a series of related images, however fixed or encoded (A) having or representing the predetermined, three-dimensional pattern of metallic, insulating, or semiconductor material present or removed from the layers of a semiconductor chip product, and (B) in which series the relation of the images to one another is that each image has the pattern of the surface of one form of the semiconductor chip product." Vgl. ferner die Definition von *fixed* in 17 U.S.C. § 901(a)(3): „A mask work is fixed in a semiconductor chip product when its embodiment in the product is sufficiently permanent or stable to permit the mask work to be perceived or reproduced from the product for a period of more than transitory duration".

[11] Siehe Ausführungen bei Fn. 20 unter E. II..

Gesetzesmaterialien geht hervor, daß der Sinn und Zweck der *originality*-Vorschrift darin besteht, solche Chiphersteller zu schützen, die viel Arbeit und Kapital in die Herstellung eines Chips, der mehr als nur unwesentliche Abweichungen gegenüber früheren Chips enthält, investiert haben.[13] Die Betonung liegt mehr auf wirtschaftlichen Aspekten (hohe Investitionen in Form von Arbeit und Kapital) als auf erfinderischen Aspekten.

Die *originality* im *Chip Act* wird im Gegensatz zur Neuheit und Nichtoffensichtlichkeit im Patentrecht auch nicht schon bei Erteilung des Chiprechts geprüft, sondern erst in einem Prozeß, falls ein solcher eingeleitet wird.[14] Der Grund dafür, daß von einem dem Patentrecht ähnlichen „Durchleuchten durch die Verwaltung" (*administrative screening*) vor Erteilung des Chiprechts abgesehen wurde, ist wirtschaftlicher Natur. Es wurde berücksichtigt, daß das wirtschaftliche Leben eines Chips relativ kurz ist[15] im Vergleich zu dem wirtschaftlichen Leben der herkömmlichen patentfähigen Gegenstände, und daß das Chiprecht wertlos wäre, wenn es erst nach einem langen Prüfungsverfahren gewährt würde.[16]

cc) Freiheit der Ideen und Prinzipien

Der *Chip Act* bestimmt in § 902(c), ähnlich wie im Urheberrechtsgesetz in § 102(b)[17], daß sich der Schutz nicht auf eine Idee, ein Verfahren, ein System, eine Arbeitsmethode, ein Konzept, ein Prinzip oder eine Entdeckung erstreckt, unabhängig davon, wie sie bzw. es in einem Chip beschrieben, erklärt, dargestellt oder verkörpert ist.[18]

b) Verfahrensrechtliche Voraussetzungen

Der *Chip Act* bestimmt, daß der Eigentümer[19] eines *mask work* es mit einem *mask work*-Vermerk versehen kann (17 U.S.C. § 909(a)). Der Vermerk besteht

---

[12] H.R. Rep. No. 781, 98th Cong., 2d Sess. 19 = 1984 U.S. Code Cong. & Ad. News 5750, 5768.

[13] 130 Cong. Rec. S12917 (daily ed. Oct.3, 1984) (Aussagen der Senatoren *Mathias* und *Leahy* in ihrem *Explanatory Memorandum*).

[14] H.R. Rep. No. 781, 98th Cong., 2d Sess. 19 Fn. 38, 24 f. = 1984 U.S. Code Cong. & Ad. News 5750, 5768 Fn. 38, 5773 f.; *Stern*, Minnesota L. Rev. 70 (1985), 271, 277.

[15] Das kommerzielle Leben von Chips liegt normalerweise zwischen zwei und fünf Jahren. Vgl. Comment, South Texas L.J. 24 (1983), 817, 850.

[16] *Stern*, Minnesota L. Rev. 70 (1985), 271, 382 f..

[17] Siehe Ausführungen unter E. II. 3. b) gg).

[18] 17 U.S.C. § 902(c) lautet in der amerikanischen Fassung wie folgt: „In no case does protection under this chapter for a mask work extend to any idea, procedure, process, system, method of operation, concept, principle, or discovery, regardless of the form in which it is described, explained, illustrated, or embodied in such work".

[19] Der „Eigentümer" eines *mask work* ist nach der Definition in 17 U.S.C. § 901(a)(6) derjenige, der das *mask work* geschaffen hat oder derjenige, dem er alle seine Rechte

aus den Worten *mask work*, dem Symbol „M“ oder dem Symbol Ⓜ und dem Namen des Eigentümers bzw. einer Abkürzung des Namens (17 U.S.C. § 909(b)). Die Anbringung des Vermerks ist jedoch im Gegensatz zum Urheberrechtsvermerk nach dem Urheberrecht[20] nicht Voraussetzung für einen Schutz. Dies ist ausdrücklich im *Chip Act* klargestellt (17 U.S.C. § 909(a)). Die Anbringung des Vermerks begründet allerdings einen Anschein der Kenntnis des Schutzes (17 U.S.C. § 909(a)).

Der Eigentümer eines *mask work* kann auch Registrierung beim *Copyright Office* beantragen (17 U.S.C. § 908(a)). Beantragt der Eigentümer eine Registrierung nicht innerhalb von zwei Jahren nach der ersten kommerziellen Nutzung, dann ist der Chiprechtsschutz beendet (17 U.S.C. § 908(a)). Die Registrierung bzw. Beantragung der Registrierung ist somit zur Erhaltung des Schutzes erforderlich. Eine Registrierung ist ferner zur Durchsetzung der Rechte in einem Rechtsstreit erforderlich (17 U.S.C. § 910(b)(1)).

3. *Schutzumfang*

a) Schutzdauer

Der von dem *Chip Act* gewährte Schutz beginnt entweder im Zeitpunkt der Registrierung oder im Zeitpunkt der ersten kommerziellen Ausnutzung (*first commercial exploitation*)[21] des Chips, je nachdem, was früher liegt (17 U.S.C. § 904(a)). Von diesem Zeitpunkt an besteht der Schutz 10 Jahre lang (17 U.S.C. § 904(b)). Wird allerdings eine Registrierung nicht innerhalb von zwei Jahren nach der ersten kommerziellen Nutzung beantragt, dann ist die Schutzdauer schon nach den zwei Jahren beendet (17 U.S.C. § 908(a)).

Die Schutzdauer nach dem *Chip Act* ist gegenüber der nach dem Patent- und dem Urheberrechtsgesetz bestehenden Schutzdauer erheblich verkürzt, weil das kommerzielle Leben von Chips relativ kurz ist. Da das kommerzielle Leben von Chips normalerweise zwischen zwei und fünf Jahren liegt[22], ist die 10-jährige Schutzdauer lange genug, um die in das Produkt gesteckten Investitionen wiederzuerlangen und einen Gewinn zu machen.

übertragen hat. Ist allerdings die Arbeit innerhalb eines Arbeitsverhältnisses gemacht worden, dann ist Eigentümer der Arbeitgeber, für den das *mask work* geschaffen wurde oder derjenige, dem alle Rechte des Arbeitgebers übertragen worden sind.

[20] Siehe Ausführungen bei Fn. 14 unter E. II.

[21] 17 U.S.C. § 901(a)(5) definiert „to commercially exploit“ als „in der Öffentlichkeit zu kommerziellen Zwecken zu verbreiten (*to distribute*)“. 17 U.S.C. § 901(a)(4) definiert „to distribute“ als „zu verkaufen, zu vermieten (verpachten), in Verwahrung zu geben oder anderswie zu übertragen oder anzubieten zu verkaufen, zu vermieten (verpachten), in Verwahrung zu geben oder sonstwie zu übertragen.

[22] Siehe Ausführungen bei Fn. 15.

b) Rechte des Chiprechtsinhabers

Der Eigentümer[23] eines *mask work* hat gemäß 17 U.S.C. § 905 die ausschließlichen Rechte das Folgende zu tun oder für das Folgende eine Ermächtigung zu erteilen: (1) das *mask work* mit optischen, elektronischen oder anderen Mitteln zu reproduzieren, (2) ein Halbleiterchipprodukt, das das *mask work* enthält, zu importieren oder zu verbreiten, (3) eine andere Person zu veranlassen, eine der in (1) oder (2) genannten Handlungen zu unternehmen.

Der ausschließliche Schutz wird allerdings durch zwei Vorschriften im *Chip Act* eingeschränkt. Zum einen befindet sich eine Beschränkung in der Vorschrift über das sog. *reverse engineering* (17 U.S.C. § 906(a)), zum anderen in der Vorschrift über den gutgläubigen Erwerb von Chips (17 U.S.C. § 907).

Aufgrund der *reverse engineering*-Vorschrift (17 U.S.C. § 906(a)) ist es gestattet, die Chips zu analytischen oder Unterrichtszwecken zu reproduzieren, und die aufgrund der Analyse gewonnenen Ergebnisse in ein anderes (neues) Chip einzuarbeiten, das gemacht wird, um verbreitet zu werden. Die aufgrund der Analyse hergestellten (neuen) Chips müssen allerdings gegenüber dem Originalchip weiterentwickelt oder verbessert sein. Die Herstellung eines völlig identischen Chips ist nicht erlaubt.[24]

Die *reverse engineering*-Vorschrift versucht einen Ausgleich zwischen den Interessen der Chiphersteller einerseits und den Interessen der Forschungsinstitute, Wettbewerber und Kunden, d.h. der Öffentlichkeit, andererseits herzustellen.[25]

Die Vorschrift über den gutgläubigen Erwerb von Chips (17 U.S.C. § 907) schützt solche Chiperwerber, die bis zu dem Erwerb keine Kenntnis von dem Schutz hatten. Sie schulden dem Chipeigentümer nur eine angemessene Gebühr für solche Chips, die sie nach Kenntniserlangung verbreiten (17 U.S.C. § 907(a)(2)). Das gleiche gilt für diejenigen, die Chips von solchen gutgläubigen Erwerbern kaufen (17 U.S.C. § 907(c)). Diese Vorschrift soll den Interessenwiderstreit der Chiphersteller, die in die Herstellung von Chips investiert haben und der gutgläubigen Verbraucher, die in den Erwerb der Chips investiert haben, ausgleichen.[26]

c) Ansprüche des Chiprechtsinhabers

Die sich aus einer Chiprechtsverletzung ergebenden Ansprüche sind in 17 U.S.C. § 911 geregelt. Danach besteht ein Anspruch auf Unterlassung

---

23 Siehe Ausführungen bei Fn. 19.

24 H.R. Rep. No. 781, 98th Cong., 2d Sess. 22 = 1984 U.S. Code Cong. & Ad. News 5750, 5771.

25 H.R. Rep. No. 781, 98th Cong., 2d Sess. 22 = 1984 U.S. Code Cong. & Ad. News 5750, 5771; *Kastenmeier/Remington*, Minnesota L. Rev. 70 (1985), 417, 450.

26 *Kastenmeier/Remington*, Minnesota L. Rev. 70 (1985), 417, 451.

(§ 911(a)), Schadensersatz und Gewinnherausgabe (§ 911(b)(c)), Beschlagnahme und Vernichtung (§ 911(e)) und Ersatz der Anwaltsgebühren (§ 911(f)).

Bezüglich des Schadensersatzes hat der Chiprechtsinhaber ein Wahlrecht. Er kann entweder den Ersatz des konkreten Schadens und den Verletzergewinn geltend machen (17 U.S.C. § 911(b)) oder den gesetzlichen Schadensersatz, der bis zur Höhe von $ 250.000 gewährt werden kann (17 U.S.C. § 911(c)).

d) Schutz ausländischer Chiphersteller

Ausländische Chiphersteller, d.h. solche, die weder die amerikanische Staatsangehörigkeit haben noch ihren Geschäftssitz in den USA haben, werden unter gewissen Voraussetzungen auch vom Schutz des *Chip Act* erfaßt. Voraussetzung für einen solchen Schutz ist, daß eine der folgenden Situationen gegeben ist: (1) sie sind Staatsangehörige oder Geschäftsansässige eines Staates, der mit den USA durch ein entsprechendes bi- oder multilaterales Schutzabkommen verbunden ist[27], (2) die erste kommerzielle Ausnutzung der Chips erfolgt in den USA,[28], oder (3) der Präsident der USA ordnet einen solchen Schutz an, nachdem er zu dem Schluß gekommen ist, daß der Heimatstaat des Ausländers seinerseits amerikanische Chiphersteller in wesentlich gleichem Umfang schützt[29], d.h. wenn Gegenseitigkeit gewährleistet ist (sog. Gegenseitigkeitsklausel).

Der *Chip Act* enthält auch eine internationale Übergangsregelung (§ 914), nach der der amerikanische Handelsminister drei Jahre lang ermächtigt ist, einen Interimsschutz auf Antrag für ausländische Chiphersteller zu gewähren. Voraussetzung für einen Interimsschutz ist u.a., daß der ausländische Staat sich nachweisbar darum bemüht, mit den USA ein Abkommen im Sinne der soeben unter (1) beschriebenen Situation abzuschließen oder ein dem *Chip Act* ähnliches Gesetz einzuführen, und daß weder private noch öffentliche Stellen an einer widerrechtlichen Verwendung, Verbreitung oder kommerziellen Ausnutzung von Chips beteiligt sind (17 U.S.C. § 914(a)). Der Interimsschutz kann bis zur Höchstdauer von drei Jahren nach Verabschiedung des *Chip Act*, d.h. bis zum 8.11.1987, gewährt werden (17 U.S.C. § 914(e)).

Sinn und Zweck der Gegenseitigkeitsklausel und der Interimsregelung ist es, ausländische Staaten zur Schaffung eines ähnlichen Schutzsystems anzuspornen.

Auf Antrag der Kommission der Europäischen Gemeinschaften[30] (EG) wurde den Staatsangehörigen und Gebietsansässigen der Bundesrepublik

---

[27] 17 U.S.C. § 902(a)(1)(A).

[28] 17 U.S.C. § 902(a)(1)(B).

[29] 17 U.S.C. § 902(a)(1)(C), § 902(a)(2).

[30] Interim Protection for Mask Works of Nationals, Domiciliaries and Sovereign Authorities of the European Economic Community, Fed. Reg. 70, 26821 (28.6.1985); GRUR Int. 1985, 607, 607.

Deutschland sowie allen anderen Mitgliedsstaaten der EG mit Ausnahme des Vereinigten Königreichs, das selbst einen Antrag gestellt hat,[31] zunächst ein Schutz bis zum 12.9.1986 gewährt[32]. Auf einen weiteren Antrag hin wurde der Schutz dann bis zum 8.11.1987[33], d.h. bis zu dem Tag, bis zu dem nach dem *Chip Act* allenfalls ein Interimsschutz gewährt werden darf, verlängert. Eine Fortdauer des Schutzes über den 8.11.1987 hinaus kann nur erreicht werden, wenn bis zu diesem Zeitpunkt auch die Gegenseitigkeitsklausel voll erfüllt ist und dies durch den Präsidenten der USA anerkannt wurde.[34]

Um möglichst bald die Voraussetzungen der Gegenseitigkeitsklausel zu erfüllen, erließ der Rat der EG am 16.12.1986, auf Vorschlag der EG-Kommission[35], eine Richtlinie über den Rechtsschutz für Topographien von Halbleitererzeugnissen[36]. In den Mitgliedsstaaten der EG sollen nun in Ausführung dieser Richtlinie nationale Gesetzesentwürfe ausgearbeitet werden.

4. *Schlußfolgerung*

Der *Chip Act* versucht einen Ausgleich der wirtschaftlichen Interessen der Chiphersteller und der Allgemeinheit zu erreichen. Er trägt den wirtschaftlichen Interessen der Hersteller durch die ihnen gewährten ausschließlichen Rechte der Reproduktion und Verbreitung (17 U.S.C. § 905) Rechnung. Den wirtschaftlichen Interessen der Allgemeinheit wird durch die *reverse engineering*-Vorschrift (17 U.S.C. § 906) und die Gutglaubensschutzvorschrift (17 U.S.C. § 907) Rechnung getragen.

Der *Chip Act* berücksichtigt auch, daß das wirtschaftliche Leben der Chips relativ kurz ist. Diese Berücksichtigung zeigt sich darin, daß der Schutz ohne langwieriges Prüfungsverfahren entsteht und dann aber schon nach 10 Jahren endet.

Der *Chip Act* zeigt, daß die Einführung eines Gesetzes *sui generis* zur Regelung neu auftretender Probleme möglich ist.

---

[31] Interim Protection for Mask Works of Nationals, Domiciliaries and Authorities of the United Kingdom of Great Britain and Northern Ireland, Fed. Reg. 50, 24666 (12.6.1985). Es wurde ein Schutz für drei Jahre gewährt, vgl. Fed. Reg. 50, 26818, 26820 (28.6.1985).

[32] Fed. Reg. 50, 37892, 37894 f. (18.9.1985); vgl. auch Informationen des Bundesministers der Justiz, Recht 1986, 39, 39; USA/Europäische Gemeinschaften — Vorläufiger Schutz nach dem *Semiconductor Chip Protection Act*, GRUR Int. 1985, 700, 700.

[33] USA/Europa — Verlängerung des Interimschutzes für Chips, GRUR Int. 1986, 668.

[34] Vgl. Ausführungen bei Fn. 29.

[35] (KOM (85) 775 endg. (85/C 360/02), ABl. Nr. C 360 vom 31. 12. 1985, S. 14ff.; ebenfalls abgedruckt in GRUR Int. 1986, 465ff.

[36] (87/54/EWG), ABl. Nr. L 24 vom 27. 1. 1987, S. 36ff.; ebenfalls abgedruckt in GRUR Int. 1987, 156ff.; für ausführliche Besprechung dieser Richtlinie siehe Keustermans/Arckens, ch. 11.

Der *Chip Act* hat auch positive Auswirkungen auf einen internationalen Schutz von Computerchips. Seine Gegenseitigkeitsklausel und die Interimsregelung haben dazu geführt, daß sich nun auch andere Staaten um einen Spezialschutz für Computerchips bemühen.

F. Schlußbetrachtung

I. Notwendigkeit eines Sondergesetzes

Die herkömmlichen Rechtssysteme zum Schutz von Vermögensinteressen sind das Patent-, Urheber-, Wettbewerbs-, *Trade Secret*- und Vertragsrecht. Rechtsschutz für Computerprogramme wurde bisher aufgrund dieser Rechtssysteme gesucht. Sondergesetze zum Schutz von Computerprogrammen gibt es bisher weder in der Bundesrepublik Deutschland noch in den USA. In den USA gibt es allerdings bereits ein Sondergesetz zum Schutz von Computerchips.

Die Einstellung, neu auftretende Probleme nicht sogleich mit gesetzgeberischen Neuregelungen anzugehen, sondern zunächst eine Lösung auf der Grundlage des geltenden Rechts zu suchen, ist grundsätzlich begrüßenswert. Sie verhindert Gesetzesüberflutungen oder schränkt sie zumindest ein. Eine solche Einstellung bringt jedoch auch Risiken mit sich. Sie kann dazu führen, daß das geltende Recht auf immer mehr Bereiche ausgedehnt wird, u.a. auch auf solche, die mit den gesetzlichen Voraussetzungen nicht in Einklang stehen. Die gesetzlichen Voraussetzungen werden dann einfach ignoriert. Es kommt zu einer uferlosen Ausweitung des Schutzes in Bereiche, für die das Rechtssystem nicht geschaffen ist.

Diese Situation ist in einigen von der Rechtsprechung entschiedenen Computerprogrammfällen eingetreten. Mehrere Gerichte, insbesondere in den USA, erachteten Computerprogramme nach den herkömmlichen Rechtssystemen für geschützt. Diese Entscheidungen beruhten überwiegend auf rechtspolitischen Erwägungen. Die Richter sahen die Notwendigkeit eines Schutzes und versuchten daher, die Computerprogramme in die existierenden Rechtssysteme zu zwängen, ungeachtet dessen, daß teilweise nicht alle Voraussetzungen erfüllt waren. Einige Gerichte lehnten den Schutz für die von ihnen zu beurteilenden Computerprogramme nach den herkömmlichen Rechtssystemen jedoch auch ab.

Eine lediglich von rechtspolitischen Erwägungen geleitete Rechtsanwendung bietet keinen verläßlichen und effektiven Schutz für Computerprogramme bzw. -chips.

Ein effektiver, umfassender und verläßlicher Rechtsschutz kann nur durch die Schaffung eines speziell auf Computerprogramme und -chips zugeschnittenen Gesetzes sichergestellt werden.[1] Selbst in der Rechtsprechung wurde schon

[1] Ein Sonderrechtsschutz für Computer*programme* wird in der deutschen Literatur u.a. befürwortet von: *Bauer*, CuR 1985, 5, 12; *Betten*, Mitt. d. dt. PAW 1983, 62, 65, 68; *Betten*,

einige Male die Auffassung geäußert, daß die herkömmlichen Rechtssysteme keine geeignete Grundlage für den Rechtsschutz von Computerprogrammen bilden, und daß vielmehr eine sondergesetzliche Regelung angebracht sei.[2]

Das Internationale Büro der Weltorganisation für geistiges Eigentum (WIPO)[3] verabschiedete 1977 sog. Mustervorschriften für den Schutz von Computersoftware[4] und leitete diese den Regierungen der Mitgliedstaaten der Weltorganisation zu. Diese Mustervorschriften sind in Form eines in sich geschlossenen *sui generis*-Gesetzes abgefaßt. Sie sind dazu bestimmt, den Staaten dabei zu helfen, ihre für den Schutz von Computersoftware anwendbaren Rechtsvorschriften zu vervollständigen bzw. ihnen Bestimmtheit zu verleihen.[5] Auf diese Vorschriften könnte, zumindest teilweise, bei der Schaffung eines neuen nationalen Gesetzes zum Schutz von Computerprogrammen zurückgegriffen werden.

Für die Schaffung eines deutschen Gesetzes zum Schutz von Computerchips kann der amerikanische *Semiconductor Chip Protection Act of 1984* als Vorbild dienen. Der *Chip Act* zeigt, daß es möglich ist, ein aufgrund technologischer Entwicklungen entstandenes neues Gebiet in einem Spezialgesetz zu regeln.

Da Computerprogramme und -chips nicht nur innerhalb der Landesgrenzen verbreitet und benutzt werden, sondern auch grenzüberschreitend, sollte man sich auch um einen einheitlichen internationalen Schutz bemühen.[6]

GesRZ 1986, 25, 30; *Pakuscher*, UFITA 80 (1977), 35, 41 f.; *Schulze*, GRUR 1985, 997, 1006 f.; *Zahn*, GRUR 1978, 207, 219; Ein Sonderrechtsschutz für Computer*chips* wird in der deutschen Literatur u.a. befürwortet von: *Betten*, GesRZ 1986, 25, 30; *Kindermann/Körber/Kolle*, GRUR Int. 1986, 329, 332; Ein Sonderrechtsschutz für Computer*programme* wird in der amerikanischen Literatur befürwortet von: *Chandler*, Univ. of Baltimore L. Rev. 11 (1982), 195, 255; Comment, Louisiana L. Rev. 44 (1984), 1413, 1448, 1454-1483; Comment, Tennessee L. Rev. 47 (1980), 787, 810; *Davis*, Rutgers J. of Comput. and the L. 6 (1977), 1, 24; *Galbi*, Bull. Copyright Soc'y 17 (1970), 280, 280; Note, Cath. Univ. L. Rev. 21 (1971), 181, 200; Note, Drake L. Rev. 26 (1977), 180, 197; Note, St. John's L. Rev. 57 (1982), 92, 121-126; Note, Suffolk Univ. L. Rev. 17 (1983), 656, 683, 686; *Pope/Pope*, Alabama L. Rev. 30 (1979), 527, 553; *Samuelson*, Minnesota L. Rev. 70 (1985), 471, 507-528; *Scafetta*, John Marshall J. of Practice and Procedure 8 (1975), 381, 397.

[2] Für die deutsche Rechtsprechung siehe: OLG Karlsruhe Urt. v. 9.2.1983-6 U 150/81 = GRUR 1983, 300, 307-Inkassoprogramm; für die amerikanische Rechtsprechung siehe: *Gottschalk v. Benson*, 409 U.S. 63, 72 f. (1972); *Parker v. Flook*, 437 U.S. 584, 595 (1978); *Apple Computer, Inc. v. Formula Int'l, Inc.*, 562 F. Supp. 775, 783 (C.D. Cal. 1983), *aff'd*, 725 F.2d 521 (9th Cir. 1984).

[3] „WIPO" steht für *World Intellectual Property Organization*.

[4] Die WIPO-Mustervorschriften sind abgedruckt in GRUR Int. 1978, 286, 290f..

[5] Materialien zu WIPO-Mustervorschriften, GRUR Int. 1978, 286, 289.

[6] *Féderation Internationale des Conseils en Propriété Industrielle*, Mitt. d. dt. PAW 1982, 200; *Keplinger*, Emory L. J. 30 (1981), 483, 512; *Kindermann/Körber/Kolle*, GRUR Int. 1986, 329, 332; *Kolle*, GRUR 1974, 7, 19; Note, Loyola Univ. of Chicago L. J. 14 (1982), 105, 107; *Pakuscher*, UFITA 80 (1977), 35, 42.

II. Vorschlag für ein neues Gesetz

Das Ziel eines speziell auf Computerprogramme bzw. Computerchips zugeschnittenen Gesetzes sollte es sein, einen effektiven Schutz zu gewähren, um aktuelle und potentielle Investoren zu einer vermehrten und verbesserten Entwicklung neuer Programme und Chips anzuspornen.

Computerprogramme und -chips sind reine Wirtschaftsgüter. Bei ihnen stehen wirtschaftliche Gesichtspunkte im Vordergrund. Die Persönlichkeit des Herstellers ist sekundär. Dies muß bei der Ausgestaltung des Gesetzes berücksichtigt werden. Erforderlich ist also nicht so sehr ein persönlichkeitsrechtlicher Schutz, sondern vielmehr ein Investitionsschutz.[7]

Das Gesetz sollte auch den Interessen der Allgemeinheit an einem Informationstransfer Rechnung tragen. Es sollte die sich gegenüberstehenden Interessen der Programm- bzw. Chipentwickler und der Allgemeinheit ausbalancieren.

Das Gesetz sollte Vorschriften enthalten, die das Folgende regeln:

1. materielle Schutzvoraussetzungen (Schutzobjekte),
2. verfahrensrechtliche Schutzvoraussetzungen,
3. Rechtsinhaberschaft, insbesondere auch im Arbeitsverhältnis,
4. Rechte des Rechtsinhabers,
5. Ansprüche des Rechtsinhabers,
6. Schutzdauer,
7. Ausschluß eines Schutzes nach anderen Gesetzen.

Eine mögliche Ausgestaltung dieser Regelungspunkte wird in dem nun folgenden Teil dargestellt.

1. Materiellrechtliche Schutzvoraussetzungen (Schutzobjekte)

Der Schutzobjektskatalog sollte sehr weit gefaßt sein. Er sollte Computerchips, Computerprogramme — diese sowohl im Quellen- als auch im Objektcode — erläuternde Dokumentationen und vor allen Dingen auch Algorithmen umfassen.

Ein effektiver Schutz ist nur gewährleistet, wenn auch der Algorithmus mit in den Schutz einbezogen ist, denn die Konzeption des Algorithmus stellt einen großen Teil der Arbeit bei der Erstellung nichttrivialer Programme dar und macht oft den größten Teil der Entwicklungskosten aus. Die Konzeption des Algorithmus spielt eine bedeutende Rolle bei der Erstellung von Computerprogrammen und muß daher auch geschützt werden.[8]

---

[7] *Betten*, Mitt. d. dt. PAW 1984, 201, 203.

[8] *Bauer*, CuR 1985, 5, 12; *Betten*, Mitt. d. dt. PAW 1984, 201, 207; *Borking*, 437f.; *Haberstumpf*, GRUR 1986, 222, 224f.; *Samuelson*, Duke L. J. 1984, 663, 767; *Schulze*, GRUR 1985, 997, 1007.

Der Schutz des Algorithmus darf jedoch nicht zu einer Monopolisierung führen. Die Allgemeinheit muß die Möglichkeit haben, ihn zu benutzen. Dieser Interessenwiderstreit, d.h. das Interesse des Programmherstellers an einer Belohnung für die Konzeption des Algorithmus und das Interesse der Allgemeinheit an einer Benutzung des Algorithmus kann durch die Einführung einer Zwangslizenz ausgeglichen werden. Der Schöpfer des Algorithmus könnte verpflichtet werden, jedem, der den Algorithmus benutzen will, eine Lizenz zu gewähren. Dafür erhielte er dann eine Lizenzgebühr.[9]

Zusätzlich zu dem Vorliegen einer der aufgelisteten Schutzobjekte sollte nicht auch noch verlangt werden, daß eine „persönliche geistige Schöpfung" oder „Originalität" vorliegt. Diese Begriffe, die aus dem Urheberrecht stammen, stellen zu sehr auf die Persönlichkeitskomponente ab, was insbesondere bei Objektprogrammen, die durch eine Compilierung im Computer erzeugt werden, Schwierigkeiten bereitet. Aber auch bei Quellenprogrammen bereiten diese Begriffe Schwierigkeiten, wie die Rechtsprechung des BGH[10] zeigt. Die Prüfung, ob ein Programm auch wirklich die an die Persönlichkeitsprägung gestellten Anforderungen erfüllt, ist diffizil und erfordert oft ein Sachverständigengutachten, was die Gewährung eines schnellen, insbesondere eines einstweiligen, Rechtsschutzes verhindert.[11] Ein schneller Rechtsschutz ist jedoch für die Computerprogramm- und -chipbranche besonders wichtig. Schwierigkeiten bei der Bestimmung der Schutzfähigkeit sollten daher vermieden werden. Wenn überhaupt noch eine zusätzliche materiellrechtliche Voraussetzung aufgenommen werden soll, dann sollte diese im Zusammenhang mit den gemachten Investitionen stehen. Da für die Entwicklung der meisten Programme und Chips jedoch grundsätzlich erhebliche Investitionen gemacht werden, ist eine solche zusätzliche Voraussetzung fast überflüssig. Es erscheint daher materiellrechtlich ausreichend, wenn eines der genannten Schutzobjekte vorliegt. Eine zusätzliche materiellrechtliche Voraussetzung muß nicht aufgenommen werden.

2. *Verfahrensrechtliche Schutzvoraussetzungen*

Die Erlangung des Schutzes könnte von der Erfüllung einiger Förmlichkeiten, wie z.B. Hinterlegung, Registrierung, Schutzvermerk, abhängig gemacht werden.

Die Vor- und Nachteile der Einführung solcher Förmlichkeiten wurden ausgiebig von der WIPO im Rahmen der Ausarbeitung von Mustervorschriften für den Schutz von Computersoftware erörtert.[12]

Das Hauptargument zugunsten eines obligatorischen Hinterlegungs- und Registrierungssystems ist, daß es zur Offenbarung des Programms bzw. Chips

---

[9] Note, Computer / L. J. 4 (1983), 421, 438.

[10] Siehe Ausführungen bei Fn. 174, 179 unter D. II..

[11] Siehe Ausführungen bei Fn. 187 unter D. II..

[12] Siehe Materialien zu WIPO-Mustervorschriften, GRUR Int. 1978, 286, 288f..

gegenüber der Öffentlichkeit führt. Aufgrund der Offenbarung wird die Öffentlichkeit frühzeitig über neue und fortschrittliche Programme und Chips informiert. Dadurch kann Doppelarbeit, d.h. Doppelinvestitionen von Mühe und Zeit, vermieden werden, was der wirtschaftlichen Effizienz dient. Dritte können ihre Mühe und Zeit dann auf die Entwicklung anderer Programme und Chips richten.[13]

Für ein System der obligatorischen Hinterlegung und Registrierung spricht auch, daß es die Identifizierung des Schutzgegenstandes erleichtert.[14] Es vermittelt der Allgemeinheit die Kenntnis, welche Programme und Chips zur Veräußerung oder Lizenzierung verfügbar sind.[15]

Außerdem wird durch ein solches System Klarheit darüber geschaffen, seit und bis wann das Programm bzw. der Chip geschützt ist.[16]

Als Argument gegen ein Hinterlegungs- und Registrierungssystem kann man die dadurch verursachte Steigerung des Verwaltungsaufwandes anführen.[17] Außerdem könnte eine obligatorische Hinterlegung eine abschreckende Wirkung auf die Programm- und Chip-Schöpfer haben, weil sie zu einer Offenbarung ihrer Werke gezwungen wären.[18] Dieses Argument ist allerdings nicht besonders stark, denn zur Offenbarung sind Erfinder auch nach dem Patentrecht gezwungen. Eine abschreckende Wirkung ist dadurch noch nicht festgestellt worden. Außerdem wird als Gegenleistung für die Offenbarung ein umfassender Rechtsschutz gewährt, so daß der Hinterleger durch die Offenbarung keine Nachteile erleidet. Deshalb spricht mehr für als gegen die Einführung eines Systems der Hinterlegung und Registrierung.

Zusätzlich zur Hinterlegung und Registrierung sollte verlangt werden, daß auf jedem Produkt ein Vermerk angebracht wird, der auf die Registrierung hindeutet. Der Vermerk sollte den Namen des Registranten und das Jahr der Registrierung enthalten.

3. Rechtsinhaberschaft

Die ursprüngliche Rechtsinhaberschaft, d.h. die vor Übertragung der Rechte bestehende Rechtsinhaberschaft, sollte demjenigen zustehen, der in die Herstellung und Entwicklung der Computerprogramme bzw. -chips investiert hat. Eine solche, von wirtschaftlichen Erwägungen geprägte Bestimmung führt insbesondere in Arbeitsverhältnissen zu eindeutigen Lösungen. Entwickelt ein Arbeit-

---

[13] Materialien zu WIPO-Mustervorschriften, GRUR Int. 1978, 286, 288.

[14] *Betten*, Mitt. d. dt. PAW 1984, 201, 208.

[15] Materialien zu WIPO-Mustervorschriften, GRUR Int. 1978, 286, 288.

[16] *Betten*, Mitt. d. dt. PAW 1984, 201, 208.

[17] *Kolle*, GRUR 1982, 443, 460; Materialien zu WIPO-Mustervorschriften, GRUR Int. 1978, 286, 289.

[18] Materialien zu WIPO-Mustervorschriften, GRUR Int. 1978, 286, 289.

nehmer während des Arbeitsverhältnisses ein Programm oder Chip, dann entstünden die diesbezüglichen Schutzrechte automatisch und originär in der Person des Arbeitgebers, der die Entwicklung finanziert hat.[19] Eine solche Regelung stimmt auch mit den arbeitsrechtlichen Grundsätzen überein, nach denen das Arbeitsergebnis eines Arbeitnehmers unmittelbar dem Arbeitgeber zusteht.[20].

Die Notwendigkeit einer solchen Regelung wurde auch bereits im amerikanischen Urheberrecht und Chiprecht erkannt. Nach § 201(b) des amerikanischen Urheberrechtsgesetzes wird der Arbeitgeber kraft gesetzlicher Fiktion als Urheber angesehen. Ihm gehören alle aus dem Urheberrecht fließenden Rechte. Nach § 901(a)(6) des *Chip Act* ist Eigentümer und damit Rechtsinhaber einer innerhalb eines Arbeitsverhältnisses entwickelten *mask work* ebenfalls der Arbeitgeber.[21]

Aufgrund solcher Regelungen erspart man sich die beispielsweise nach dem deutschen Urheberrecht notwendigen und sehr problematischen Konstruktionen der stillschweigenden Nutzungseinräumung vom Arbeitnehmer auf den Arbeitgeber[22].

4. Rechte des Rechtsinhabers

Der Rechtsinhaber sollte das ausschließliche Recht haben, das Schutzobjekt zu benutzen. Es sollte möglichst der Begriff „benutzen" gewählt werden, weil dieser am umfassensten ist. Benutzungshandlungen sind z.B. das Verbreiten, das Kopieren, das Verändern, das Übersetzen von einer Sprache in die andere (z.B. von FORTRAN in ALGOL) oder von einer Phase in die andere (z.B. von dem Quellencode in den Objektcode) und der Programmlauf. Diese Liste ist jedoch nicht abschließend. Sie gibt nur einige der möglichen Benutzungshandlungen wieder.

Bei der Ausgestaltung des ausschließlichen Benutzungsrechts muß jedoch auch den Interessen berechtigter Programmbesitzer, z.B. Lizenznehmer, Rechnung getragen werden. Sie haben ein wesentliches Interesse daran, Sicherungskopien (*back-up copies*) der ihnen überlassenen Programme auch ohne ausdrückliche Erlaubnis des Rechtsinhabers herzustellen. Das Erstellen solcher Kopien sollte daher nicht von dem ausschließlichen Benutzungsrecht erfaßt werden.

5. Ansprüche des Rechtsinhabers

Für den Fall einer Rechtsverletzung sollte der Rechtsinhaber einen Anspruch haben (1) auf Unterlassung, (2) auf Ersatz des konkreten Schadens und

---

[19] Vgl. § 2 Abs. 1 WIPO-Mustervorschriften = GRUR Int. 1978, 286, 290.

[20] *Kindermann*, GRUR 1985, 1008, 1010; *Kolle*, GRUR 1985, 1016, 1018; *Schaub*, 683.

[21] Siehe Ausführungen bei Fn. 19 unter E. V..

[22] Siehe Ausführungen unter D. II. 4..

Herausgabe des Verletzergewinns bzw. alternativ auf Ersatz eines gesetzlichen Schadens und (3) auf Beschlagnahme und Vernichtung.

Zur schnellen Klärung von Streitigkeiten um Computerprogramme und -chips sollten auch Vermittlungs-, Schlichtungs- oder Schiedsgerichtsverfahren bzw. -stellen gesetzlich vorgesehen werden, die zumindest teilweise mit EDV-Spezialisten besetzt sind.

6. Schutzdauer

Bei der Bestimmung der Schutzdauer müssen zwei Aspekte berücksichtigt werden. Erstens müssen die Interessen des Investors berücksichtigt werden. Er ist daran interessiert, daß er während der Schutzdauer seine Investitionen wiedererhält und auch einen Gewinn macht. Nur dann besteht ein Anreiz für ihn, überhaupt in die Entwicklung von Computerprogrammen und -chips zu investieren. Zweitens müssen die Interessen der Allgemeinheit berücksichtigt werden. Die Allgemeinheit ist an einer optimalen Förderung der Entwicklung fortschrittlicher Computerprogramme und -chips interessiert. Außerdem ist sie daran interessiert, diese Programme und Chips möglichst bald ungehindert benutzen zu dürfen, zumindest zu einem Zeitpunkt, zu dem die Produkte wirtschaftlich noch von Interesse sind.

Die Entwicklung fortschrittlicher Computerprogramme und -chips wird nur dann optimal gefördert, wenn auf die aktuellen und potentiellen Investoren ein dauernder Anreiz ausgeübt wird, in eine solche Entwicklung zu investieren. Ein solcher Anreiz wird nur dann ausgeübt, wenn die Gewinne nicht „ewiglich", sondern nur relativ kurzfristig gesichert sind. Eine kurze Schutzdauer zwingt die Investoren, ihr wirtschaftliches Potential nicht brach liegen zu lassen, nachdem sie ein erfolgreiches Produkt entwickelt haben; sie bewirkt, daß die Investoren ihre erste Leistung wiederholen und ihr wirtschaftliches Potential für weitere Produkte einsetzen und dadurch die Entwicklung weiterhin fördern.[23]

Angemessen erscheint eine siebenjährige Schutzdauer.[24] Diese Zeit ist ausreichend für den Investor, um seine Investitionen wieder einzubringen und Gewinne zu machen, aber gleichzeitig einen Anreiz auszuüben, weiterhin das wirtschaftliche Potential zur Entwicklung neuer Programme und Chips einzusetzen. Eine solche Schutzdauer ermöglicht außerdem der Allgemeinheit, die Programme und Chips zu einem Zeitpunkt frei zu verwerten, zu dem sie wirtschaftlich wenigstens noch etwas von Interesse sind.

---

[23] Siehe auch die Ausführungen unter B..

[24] Eine kurze Schutzdauer befürworten auch: *Betten*, Mitt. d. dt. PAW 1983, 62, 69; Comment, Tennessee L. Rev. 47 (1980), 787, 811; *Galbi*, Bull. Copyright Soc'y 17 (1970), 280, 280; *Kolle*, GRUR 1974, 7, 19; *Pakuscher*, UFITA 80 (1977), 35, 42; *Samuelson*, Duke L. J. 1984, 663, 766 f.

Die gegenüber den Urheberrechts-[25] und Patentgesetzen[26] verkürzte Schutzdauer kann nicht nur mit dem kurzen kommerziellen Leben der Programme und Chips gerechtfertigt werden, sondern auch damit, daß die an die Schutzobjekte gestellten Anforderungen nicht so hoch sind wie insbesondere im deutschen Urheberrecht, wo zusätzlich eine hohe Persönlichkeitsprägung verlangt wird bzw. im Patentrecht, wo zusätzlich Neuheit und Nichtoffensichtlichkeit verlangt wird. Ist der Schutz leichter, d.h. unter geringeren Anforderungen erhältlich, dann ist es gerechtfertigt, wenn die Schutzdauer ebenfalls geringer ist.

Grundsätzlich sollte die Schutzdauer im Zeitpunkt der Registrierung beginnen. Es sollte jedoch auch die Möglichkeit gewährt werden, daß der Schutz ausnahmsweise schon ein Jahr vor Registrierung beginnt. Diese Möglichkeit sollte solchen Personen gewährt werden, die die Programme bzw. Chips innerhalb eines Jahres registrieren lassen und vorher einen Vermerk an den Programmen bzw. Chips anbringen, in dem die Registrierungsabsicht erklärt wird. Die Notwendigkeit einer solchen Regelung ergibt sich daraus, daß Programme und Chips manchmal schon vor Registrierung an die Öffentlichkeit gelangen, z.B. weil sie noch getestet werden müssen. In diesem Vorstadium der Registrierung muß schon eine Schutzmöglichkeit bestehen.

7. *Ausschluß eines Schutzes nach anderen Gesetzen*

Das Gesetz sollte schließlich noch eine Vorschrift enthalten, in der die Anwendbarkeit des Patent-, Urheber- und Wettbewerbsrechts bzw. *Trade Secret Law* auf die von diesem Gesetz umfaßten Schutzobjekte ausgeschlossen ist. Eine solche Vorschrift ist nötig, um etwaige Rechtsstreitigkeiten einfach und unkompliziert zu gestalten und einen Rechtsschutz schnell durchsetzbar zu machen. Ohne eine solche Vorschrift würden unter Umständen Hersteller von Computerprogrammen und -chips, die keine Investitionen erbracht haben (z.B. Arbeitnehmer) versuchen, Schutz aufgrund der herkömmlichen Rechtssysteme zu erlangen, wodurch die alten kontroversen Fragen wieder aufgeworfen würden und die Rechtsstreite verzögert und erschwert würden. Dies kann durch eine Ausschlußvorschrift verhindert werden.

Es ist zwar denkbar, daß die Ausschlußvorschrift zusammen mit der Vorschrift über die Rechtsinhaberschaft zu einer Einschränkung der Rechtspositionen aus Art. 14 GG und Art. 2 GG potentiell patentrechtlich geschützter Erfinder oder potentiell urheberrechtlich geschützter Autoren, die Computerprogramme oder -chips entwickelt haben, aber keine Investitionen dafür

---

[25] Nach dem deutschen Urheberrechtsgesetz (§ 64 Abs. 1) beginnt die Schutzfrist mit der Schöpfung und endet erst 70 Jahre nach dem Tod des Urhebers. Nach dem amerikanischen Urheberrechtsgesetz (§ 302(a)) beginnt die Schutzfrist mit der Schöpfung und endet 50 Jahre nach dem Tod des Urhebers.

[26] Nach dem deutschen Patentgesetz (§ 16 Abs. 1 S. 1) besteht eine Schutzfrist von 20 Jahren ab Anmeldung. Nach dem amerikanischen Patentgesetz (§ 154) besteht eine Schutzfrist von 17 Jahren ab Erteilung des Patents.

erbracht haben, wie beispielsweise Arbeitnehmer, führen. Die Wahrscheinlichkeit, daß dieser Fall eintritt, ist jedoch gering, weil Computerprogramme und -chips, wie ausgeführt wurde, meistens nicht die patentrechtlichen oder urheberrechtlichen Voraussetzungen erfüllen. Aber selbst wenn sie diese Voraussetzungen ausnahmsweise erfüllen, sind die Ausschlußklausel und die Vorschrift über die Rechtsinhaberschaft verfassungsrechtlich nicht zu beanstanden. Die vom Bundesverfassungsgericht in einem zum Urheberrecht ergangenen Beschluß enthaltenen Ausführungen, die im folgenden wiedergegeben werden, können auch zur Rechtfertigung der Ausschlußklausel in dem vorgeschlagenen neuen Gesetz herangezogen werden:

> Die Gewährleistung nach Maßgabe des Art. 14 Abs. 1 S. 1 GG bedeutet nicht Unantastbarkeit einer Rechtsposition für alle Zeiten; sie besagt auch nicht, daß jede inhaltliche Veränderung einer geschützten Rechtsstellung unzulässig wäre. Die konkreten, dem einzelnen Eigentümer zugeordneten und durch die Verfassung garantierten Rechte unterliegen nach Maßgabe des Art. 14 Abs. 1 S. 2 GG der Disposition des Gesetzgebers. Diese Vorschrift gibt dem Gesetzgeber zunächst die Befugnis, den Inhalt neuer Rechte zu bestimmen, also solche Rechte zu begründen, die die Gesetze bisher nicht kannten. Hierin erschöpft sich ihre Bedeutung aber nicht. Sie ermächtigt den Gesetzgeber auch, in bereits begründete Rechte einzugreifen und diesen einen neuen Inhalt zu geben. Art. 14 Abs. 1 S. 2 GG besagt nach seinem rechtsgeschichtlichen Zusammenhang mit Art. 153 Abs. 1 WRV und seinem Sinn: Die Eigentumsgarantie und das konkrete Eigentum sollen keine unüberwindliche Schranke für die gesetzgebende Gewalt bilden, *wenn Reformen sich als notwendig erweisen.*[27]

Die Ausschlußklausel kann verfassungsrechtlich auch noch damit gerechtfertigt werden, daß dem Gesetzgeber bei der Ausgestaltung von Eigentumsrechten[28] und insbesondere im Bereich der wirtschaftlichen Betätigung[29] eine weitgehende Gestaltungsfreiheit zukommt. Das Ermessen des Gesetzgebers bei der Bestimmung des Inhalts und der Schranken des Eigentums ist lediglich durch das Abwägungsgebot[30] und das Verhältnismäßigkeitsgebot[31] begrenzt.

Die vorgeschlage Ausschlußklausel und die Vorschrift über die Rechtsinhaberschaft dienen dazu, einen umfassenden, unkomplizierten und schnell durchsetzbaren Investitionsschutz zu gewährleisten und dadurch die Investitionsbereitschaft aktueller und potentieller Investoren im Interesse der Allgemeinheit an einer Fortentwicklung von Computerprogrammen und Computerchips zu verstärken. Dies reicht zur Legitimation unter dem Gesichtspunkt des Art. 14 GG und des Art. 2 GG aus.

---

[27] BVerfGE 31, 275, 284f. (Hervorhebungen der Autorin).

[28] BVerfGE 21, 73, 83; 42, 263, 294.

[29] BVerfGE 50, 290, 338; 53, 135, 145.

[30] BVerfGE 25, 112, 117f.; 31, 229, 242; 58, 137, 147f.; *Bryde* in: *von Münch*, Art. 14 Rdn. 57; *Papier* in: *Maunz/Dürig*, Art. 14 Rdn. 254.

[31] BVerfGE 50, 290, 341; *Hesse*, Rdn. 448; *Papier* in: *Maunz/Dürig*, Art. 14 Rdn. 258.

Literaturverzeichnis

Angell, James B. / Terry, Stephen C. / Barth, Phillip W.: Silicon Micromechanical Devices, Scientific American 248 (Apr. 1983), 44

Arckens, Ingrid / Keustermans, Jeff: Der US-amerikanische Semiconductor Chip Protection Act of 1984, RIW 1985, 280

Axster, Herbert / Axster, Oliver: Die Urheberrechtsschutzfähigkeit von Rechenprogrammen, BB 1967, 606

Bappert, Walter: Wege zum Urheberrecht, Frankfurt 1962

Barnes / Thornburg: Semiconductor Chip Protection, Res Gestae 28 (1984), 266

Bates, Amy Pierson: Copyright Protection for Firmware: An International View, Hastings Internat. and Comp. L. Rev. 4 (1981), 473

Bauer, Klaus-Albert: Rechtsschutz von Computerprogrammen in der Bundesrepublik Deutschland — eine Bestandsaufnahme nach dem Urteil des Bundesgerichtshofs vom 9. Mai 1985, CuR 1985, 5

Baumbach, Adolf / Duden, Konrad / Hopt, Klaus: Handelsgesetzbuch, 26. Aufl., München 1985

Baumbach, Adolf / Hefermehl, Wolfgang: Wettbewerbsrecht, 14. Aufl., München 1983

Becker, Helmut / Horn, Wolfgang: Der Schutz von Computersoftware in der Rechtspraxis, DB 1985, 1274

Beier, Friedrich-Karl: Zukunftsprobleme des Patentrechts, GRUR 1972, 214

— Wettbewerbsfreiheit und Patentschutz, GRUR 1978, 123

— Zur historischen Entwicklung des Erfordernisses der Erfindungshöhe, GRUR 1985, 606

Bender, David: Software Protection: The 1985 Perspective, Western New Eng. L. Rev. 7 (1985), 405

Benkard, Georg: Patentgesetz, 7. Aufl., München 1981

Bernhardt, Wolfgang: Lehrbuch des deutschen Patentrechts, 3. Aufl., München 1973

Bernhardt, Wolfgang / Krasser, Rudolf: Lehrbuch des deutschen Patentrechts, 4. Aufl., München 1986

Betten, Jürgen: Zum Rechtsschutz von Computerprogrammen, Mitt. d. dt. PAW 1983, 62

— Urheberrechtsschutz von Computerprogrammen, Mitt. d. dt. PAW 1984, 201

— Urheberrechtsschutz von Computerprogrammen in der Bundesrepublik Deutschland, GesRZ 1986, 25

— Einführung in das Thema, Mitt. d. dt. PAW 1986, 10

Black's Law Dictionary, 5. Aufl., St. Paul Minnesota 1979

Bohlig, Manfred: Warenzeichen: Eine alternative Schutzmöglichkeit für Computerprogramme?, CuR 1986, 126

Bollack, Gert: Die Rechtsstellung des Urhebers im Dienst- oder Arbeitsverhältnis, GRUR 1976, 74

Boraiko, Allen A.: The Chip, Nat'l Geographic 162 (1982), 421

Borking, John: Third Party Protection of Software and Firmware, Amsterdam, New York, Oxford 1985

Brandi-Dohrn, Matthias: Zur Reichweite und Durchsetzung des urheberrechtlichen Softwareschutzes, GRUR 1985, 179

Braun, Bernd: Rechtsschutz für Rechenprogramme, BB 1971, 1343

Brutschke, Paul Gerhard: Urheberrecht und EDV, München 1972

Chandler, James P.: Proprietary Protection of Computer Software, Univ. of Baltimore L. Rev. 11 (1982), 195

Chesser, James: Copyright Protection for Integrated Circuits: Reevaluating Old Ideas About New Competitive Processes, Univ. of Western Ontario L. Rev. 22 (1984), 201

Comment: Computer Corporation Puts the Byte Back into Copyright Protection for Computer Programs, Golden Gate U. L. Rev. 14 (1984), 281

Comment: Copyright Protection for Programs Stored in Computer Chips: Competing with IBM and Apple, Hamline L. Rev. 7 (1984), 103

Comment: Softright: A Legislative Solution to the Problem of Users' and Producers' Rights in Computer Software, Louisiana L. Rev. 44 (1984), 1413

Comment: Proving Copyright Infringement of Computer Software: An Analytical Framework, Loyola of Los Angeles L. Rev. 18 (1985), 919

Comment: Copyright Protection for Computer Programs in Object Code in ROM, North Carolina J. of Internat. L. and Com. Reg. 10 (1985), 667

Comment: Copyright for Integrated Circuit Designs: Will the 1976 Act Protect Against Chip Pirates?, South Texas L. J. 24 (1983), 817

Comment: Roms, Rams, and Copyright: The Copyrightability of Computer Chips, Southwestern Univ. L. Rev. 14 (1984), 685

Comment: Copyright Protection for Computer Programs, Tennessee L. Rev. 47 (1980), 787

Däubler, Wolfgang: Arbeitnehmerrechte an Computerprogrammen?, ArbuR 1985,169

Davidson, Duncan M.: Protecting Computer Software: A Comprehensive Analysis, Jurimetrics J. 23 (1983), 337

Davis, Harold L.: Computer Programs and Subject Matter Patentability, Rutgers J. of Comput. and the L. 6 (1977), 1

Deutsche Vereinigung für gewerblichen Rechtsschutz und Urheberrecht: Mitteilungen, GRUR 1979, 300

Dittrich, Robert: Urheberrechtsschutz für Computerprogramme, RdW 1983, 39

Dörries, Hans: Zum Erfordernis der Erfinderischen Tätigkeit aus der Sicht eines Anmelders, GRUR 1985, 627

Engel, F.W.: Zum Begriff der technischen Erfindung nach der Rechtsprechung des Bundesgerichtshofes, GRUR 1978, 201

Erdmann, Willi: Möglichkeiten und Grenzen des Urheberrechts, CuR 1986, 249

Féderation Internationale des Conseils en Propriété Industrielle, Resolution, Mitt. d. dt. PAW 1982, 200

Flechsig, Norbert: Die Novelle zur Änderung und Ergänzung des Urheberrechts, NJW 1985, 1991

Freed, Roy N.: Legal Interests Related to Software Programs, Jurimetrics J. 25 (1985), 347

Fromm, Friedrich Karl / Nordemann, Wilhelm: Kommentar zum Urheberrechtsgesetz und zum Wahrnehmungsgesetz, 5. Aufl., Stuttgart, Berlin, Köln, Mainz 1983

Galbi, Elmer: Proposals for New Legislation to Protect Computer Programming, Bull. Copyright Soc'y 17 (1970), 280

Gall, Günter: Computerprogramme und Patentschutz, Mitt. d. dt. PAW 1985, 182

von Gamm, Otto-Friedrich Frhr.: Urheberrechtsgesetz, München 1968

— Wettbewerbsrecht, Köln, Berlin, München 1964

— Der urheber- und wettbewerbsrechtliche Schutz von Rechenprogrammen, WRP 1969,96

— Die sklavische Nachahmung, GRUR 1978, 453

— Die Lehre vom geistigen Eigentum, UFITA 94 (1982), 73

— Neue Rechtsprechung zum Wettbewerbsrecht, WM 1986, Sonderbeilage Nr. 8, 3

Gaul, Dieter / Bartenbach, Kurt: Handbuch des gewerblichen Rechtsschutzes, 3. Aufl., Köln 1986

Gerstenberg, Ekkehard: Die Urheberrechte an Werken der Kunst, der Architektur und der Photographie, München 1968

Gilburne, Miles R. / Johnston, Ronald L.: Trade Secret Protection for Software Generally and in the Mass Market, Computer / L. J. 3 (1982), 211

Gloy, Wolfgang: Handbuch des Wettbewerbsrechts, München 1986

von Gravenreuth, Günter Frhr.: Kritische Anmerkungen zur Novelle des Urheberstrafrechts, GRUR 1985, 111

— Erste Strafentscheidungen zur Software-Piraterie, GRUR 1985, 416

Haberstumpf, Helmut: Zur urheberrechtlichen Beurteilung von Programmen für Datenverarbeitungsanlagen, GRUR 1982, 142

— Computerprogramme und Algorithmus, UFITA 95 (1983), 221

— Grundsätzliches zum Urheberrechtsschutz von Computerprogrammen nach dem Urteil des Bundesgerichtshofs vom 9. Mai 1985, GRUR 1986, 222

Hanneman, Henri: The Patentability of Computer Software, Antwerp, Boston, London, Frankfurt 1985

Hardy, I. Trotter: Six Copyright Theories for the Protection of Computer Object Programs, Arizona L. Rev. 26 (1984), 845

Haß, Peter: Gedanken zur sklavischen Nachahmung, GRUR 1979, 361

Häußer, Erich: Anspruchsformulierung, Offenbarung und Patentfähigkeit im deutschen Patentrecht, Mitt. d. dt. PAW 1983, 123

von Hellfeld, Axel: Der Schutz von Computerprogramme enthaltenden Erfindungen durch das Europäische und das Deutsche Patentamt — eine Konfrontation — , GRUR 1985, 1025

Hesse, Konrad: Grundzüge des Verfassungsrechts der Bundesrepublik Deutschland, 15. Aufl., Heidelberg 1985

Huber, Anton: Zur patentrechtlichen Wertung der Programme für Datenverarbeitungsanlagen, GRUR 1969, 642

Hubmann, Heinrich: Urheber- und Verlagsrecht, 4. Aufl., München 1978

— Gewerblicher Rechtsschutz, 4. Aufl., München 1981

— Anmerkung zu BAG „Statikprogramme“, AP Nr.2 zu § 43 UrhG

Informationen des Bundesministers der Justiz, Schutz für Halbleiter-Chips, Recht 1986, 39

Kargl, Herbert: Aspekte eines geplanten Rechtsschutzes für Computerprogramme, DB 1969, 159

Kastenmeier, Robert W. / Remington, Michael J.: The Semiconductor Chip Protection Act of 1984: A Swamp or Firm Ground?, Minnesota L. Rev. 70 (1985), 417

Katz, Alfred: Staatsrecht, 7. Aufl., Heidelberg 1985

Kelso, J. Clark / Rebay, Alexandra: Problems of Interpretation Under the 1980 Computer Amendment, Santa Clara L. Rev. 23 (1983), 1001

Keplinger, Michael S.: Computer Software — Its Nature and Its Protection, Emory L. J. 30 (1981), 483

Kessler, Vibert L. / Hardy, David E.: Legal Protection of Software in the United States: A Status Report, Internat. Bus. Lawyer 1982, 266

Keustermans, Jeff / Arckens, Ingrid: International Computer Law Issues, New York (wird 1988 bei Matthew Bender veröffentlicht werden)

Kilian, Wolfgang: Vertragsgestaltung und Mängelhaftung bei Computersoftware, CuR 1986, 187

Kindermann, Manfred: Die Rechenvorschrift im Patentanspruch, GRUR 1969, 509

— Zur Lehre der Technischen Erfindung, GRUR 1979, 443 (1. Teil), GRUR 1979, 501 (2. Teil)

— Vertrieb und Nutzung von Computersoftware aus urheberrechtlicher Sicht, GRUR 1983, 150

— Der angestellte Programmierer — urheberrechtliche Beurteilung und Vertragspraxis, GRUR 1985, 1008

— Was ist Computer-Software, ZUM 1985, 2

Kindermann, Manfred / Körber, Arno / Kolle, Gert: Berichte der deutschen Landesgruppe für den XXXIII. Kongreß der AIPPI in London vom 8. bis 13.Juni 1986, Schutz der integrierten Schaltungen, GRUR Int. 1986, 329

Koch, Frank A.: Urheberrechte an Computerprogrammen im Arbeitsverhältnis, CuR 1985, 86 (1. Teil), CuR 1985, 146 (2. Teil)

Köhler, Reimar: Der urheberrechtliche Schutz der Rechenprogramme, München 1968

Kohler, Josef: Urheberrecht an Schriftwerken und Verlagsrecht, Stuttgart 1907

Kolle, Gert: Der Rechtsschutz von Computerprogrammen aus nationaler und internationaler Sicht, GRUR 1973, 611 (1. Teil), GRUR 1974, 7 (2. Teil)

— Schutz der Computerprogramme, GRUR Int. 1974, 129

— Technik, Datenverarbeitung und Patentrecht, GRUR 1977, 58

— Der Rechtsschutz der Computersoftware in der Bundesrepublik Deutschland, GRUR 1982, 443

— Der angestellte Programmierer, GRUR 1985, 1016

— Berichte der deutschen Landesgruppe der Internationalen Vereinigung für Gewerblichen Rechtsschutz für die Tagung des Geschäftsführenden Ausschusses vom 13. bis 18. Mai 1985 in Rio de Janeiro, Schutz der Computerprogramme, GRUR Int. 1985, 29

Krabel, Achim: Kommt das Patent durch staatlichen Verleihungsakt zustande?, GRUR 1977, 204

Kraßer, Rudolf: Der Schutz des Know-how nach deutschem Recht, GRUR 1970, 587

Kühnert, Hanno: Software-Klau immer kriminell?, AnwBl. 1985, 132

Kunze, Otto: Arbeitnehmererfinder- und Arbeitnehmerurheberrecht als Arbeitsrecht, RdA 1974, 42

Lepa, Manfred: Der Inhalt der Grundrechte, 5. Aufl., Köln 1985

Lindenmaier, Fritz: Das Patentgesetz, 6. Aufl., Köln, Berlin, Bonn, München 1973

Link, Klaus-Ulrich: Die Auswirkungen des Urheberrechts auf die vertraglichen Beziehungen bei der Erstellung von Computerprogrammen, GRUR 1986, 141

Loewenheim, Ulrich: Der urheberrechtliche Schutz der Computer-Software, ZUM 1985, 26

Machlup, Fritz: Die wirtschaftlichen Grundlagen des Patentrechts, GRUR Int. 1961, 373

Mantle, Ray A.: Trade Secret and Copyright Protection of Computer Software, Computer/L. J. 4 (1984), 669

Maunz, Theodor: Das geistige Eigentum in verfassungsrechtlicher Sicht, GRUR 1973, 107

Maunz, Theodor / Dürig, Günter / Herzog, Roman / Scholz, Rupert / Lerche, Peter / Papier, Hans-Jürgen / Randelzhofer, Albrecht / Schmidt-Assmann, Eberhard: Kommentar zum Grundgesetz, München, Loseblatt, Stand: 1986, zitiert als: *Maunz/Dürig*

Mc Claskey, Norman D.: The Mental Steps Doctrine: Its Origin, Legal Basis and Scope, Iowa L. Rev. 55 (1970), 1148

Mestmäcker, Ernst-Joachim / Schulze, Erich: Kommentar zum deutschen Urheberrecht, Frankfurt am Main 1982

Milgrim, Roger M.: Milgrim on Trade Secrets, 1985

Möhring, Philipp: Die Schutzfähigkeit von Programmen für Datenverarbeitungsanlagen, GRUR 1967, 269

Möhring, Philipp / Nicolini, Käte: Urheberrechtsgesetz, Berlin, Franfurt am Main 1970

Moritz, Hans-Werner / Tybusseck, Barbara: Computersoftware — Rechtsschutz und Vertragsgestaltung, München 1986

Moser, H.: Vergleichende Literaturuntersuchung hinsichtlich der Schutzfähigkeit von Rechenprogrammen für Datenverarbeitungsmaschinen, GRUR 1967, 639

Müller, Hans: Patentschutz im deutschen Mittelalter, GRUR 1939, 936

von Münch, Ingo (Hrsg.): Grundgesetz-Kommentar, Bd. 1, 3. Aufl., München 1985; Bd. 3, 2. Aufl., München 1983, zitiert: Bearbeiter in: *von Münch*

Nimmer, Melville B.: Nimmer on Copyright, 1985

Nimtz, R. O.: Diamond v. Diehr: A Turning Point, Rutgers Comp. and Technol. L. J. 8 (1981), 267

Nordemann, Wilhelm: Das Computerprogramm als urheberrechtlich geschützes Werk, in: Festschrift für Roeber, Freiburg 1982, 297

— Der urheberrechtliche Schutz der Computer-Software, ZUM 1985, 10

Note: Protecting Proprietary Rights of Computer Programs: The Need for New Legislative Protection, Cath. Univ. L. Rev. 21 (1971), 181

Note: Software Piracy and the Personal Computer: Is the 1980 Software Copyright Act Effective?, Computer / L. J. 4 (1983), 171

Note: Computer Copyright Law: An Emerging Form of Protection for Object Code Software After Apple v. Franklin, Computer / L. J. 5 (1984), 233

Note: Diamond v. Diehr: A Step Towards Computer Program Patentability?, Detroit College of L. Rev. 1982, 127

Note: Protecting Architectural Plans and Structures with Design Patents and Copyright, Drake L. Rev. 17 (1967), 79

Note: Protection of Computer Software — A Hard Problem, Drake L. Rev. 26 (1977), 180

Note: The Status of Patent Law Concerning Computer Programs: The Proper Form for Legal Protection, Drake L. Rev. 33 (1983-1984), 155

Note: Copyright Protection of Computer Program Object Code, Harvard L. Rev. 96 (1983), 1723

Note: Copyright Protection for Computer Programs in Read Only Memory Chips, Hofstra L. Rev. 11 (1982), 329

Note: International Copyright Law Applied to Computer Programs in the United States and France, Loyola Univ. of Chicago L. J. 14 (1982), 105

Note: The Copyrightability of Object Code, Notre Dame L. Rev. 59 (1984), 412

Note: Copyright: Computer Firmware: Is It Copyrightable?, Oklahoma L. Rev. 36 (1983), 119

Note: An Anomaly in the Patent System: The Uncertain Status of Computer Software, Rutgers Comp. and Technol. L. J. 8 (1981), 273

Note: Protection of Proprietary Rights in Computer Programs: A „Basic" Formula for Debugging the System, St. John's L. Rev. 57 (1982), 92

Note: Microcomputer Emulation: Protecting Manufacturers from Computer Copying, Suffolk Univ. L. Rev. 17 (1983), 656

Note: Computers and Copyright — Copyright Protection for Computer Operating Systems Programs, Univ. of Kansas L. Rev. 33 (1984), 167

Note: The Policy Implications of Granting Patent Protection to Computer Software: An Economic Analysis, Vand. L. Rev. 37 (1984), 147

Note: Semiconductor Chip Protection: Changing Roles for Copyright and Competition, Virginia L. Rev. 71 (1985), 249

Note: Copyrightability of Computer Operating Systems, Washington and Lee L. Rev. 41 (1984), 1361

Note: The Copyrightability of Computer Software Containing Trade Secrets, Washington Univ. L. Quart. 63 (1985), 131

Note: Patent Law — Subject Matter Patentability — Process Patents - The Patentability of Computer Software, Wisconsin L. Rev. 1 (1979), 867

Öhlschlegel, Helmut: Zur Schutzfähigkeit von Rechenprogrammen für Datenverarbeitungsanlagen, GRUR 1968, 679

Opler: Fourth Generation Software, Datamation 13 (1967), 22

Oxman, John Craig: Intellectual Property Protection and Integrated Circuit Masks, Jurimetrics J. 20 (1980), 405

Pakuscher, Ernst Karl: Rechtsschutz der Computerprogramme, UFITA 80 (1977), 35

Petraske, Eric W.: Copyright for Machines — An Oxymoron, J. of the Pat. Off. Soc'y 65 (1983), 410

Plander, Harro: Wissenschaftliche Erkenntnisse und Urheberrecht an wissenschaftlichen Werken, UFITA 76 (1976), 25

Pohlmann, Hansjörg: Neue Materialien zur Frühentwicklung des deutschen Erfinderschutzes im 16. Jahrhundert, GRUR 1960, 272

Pope, Michael Alan / Pope, Patrick Bruce: Protection of Proprietary Interests in Computer Software, Alabama L. Rev. 30 (1979), 527

Prosi, Gerhard: Ökonomische Theorie des Buches, Düsseldorf 1971

Raysman, Richard: Protection of Proprietary Software in the Computer Industry: Trade Secrets as an Effective Method, Jurimetrics J. 18 (1978), 335

Reichel, Werner: Die Formgebung und die Formgestaltung von Schriftwerken und ihr rechtlicher Schutz, GRUR 1963, 124

Reimer, Dietrich: Zum Urheberrechtsschutz von Darstellungen wissenschaftlicher oder technischer Art, GRUR 1980, 572

Reimer, Eduard / von Gamm, Otto-Friedrich Frh.: Wettbewerbs- und Warenzeichenrecht, Bd. II, 4. Aufl., Köln, Berlin, Bonn, München 1972

Reimer, Eduard / Schade, Hans / Schippel, Helmut: Das Recht der Arbeitnehmererfindung, 5. Aufl., Berlin 1974

Rodau, Andrew G.: Protecting Computer Software: After Apple Computer, Inc. v. Franklin Computer Corp., Does Copyright Provide the Best Protection?, Temple L. Quart. 57 (1984), 527

Röttinger, Moritz: Rechtsschutz von Computerprogrammen, IUR 1986, 293

Root III, Joseph E.: Protecting Computer Software in the 80's: Practical Guidelines for Evolving Needs, Rutgers Comp. and Technol. L. J. 8 (1981), 205

Ross, Otho B.: The Patentability of Computer „Firmware", J. of the Pat. Off. Soc'y 59 (1977), 731

Rupp, Wolfgang: Zivilrechtliche und strafrechtliche Konsequenzen beim Auseinanderfallen von Urheber- und Nutzungsrecht, ZUM 1986, 12

Samuelson, Pamela: CONTU Revisited: The Case Against Copyright Protection for Computer Programs in Machine-Readable Form, Duke L. J. 1984, 663

— Creating a New Kind of Intellectual Property: Applying the Lessons of the Chip Law to Computer Programs, Minnesota L. Rev. 70 (1985), 471

Scafetta, Joseph: Computer Software Protection: The Copyright Revision Bills and Alternatives, John Marshall J. of Practice and Procedure 8 (1975), 381

Schaub, Günter: Arbeitsrechts-Handbuch, 5. Aufl., München 1983

Schmidt, Walter E.: Legal Proprietary Interests in Computer Programs: The American Experience, Jurimetrics J. 21 (1981), 345

Schmidt-Bleibtreu, Bruno / Klein, Franz: Kommentar zum Grundgesetz, 6. Aufl., Darmstadt 1984

Schulte, Hans: Die Erfindung als Eigentum, GRUR 1985, 772

Schulze, Gernot: Urheberrechtsschutz von Computerprogrammen — geklärte Rechtsfrage oder bloße Illusion?, GRUR 1985, 997

Schwaiger, Henning / Kockler, Franz Josef: Zum Rechtsschutz und zur Verkehrsfähigkeit von Rechenprogrammen, WiR 1973, 353

Scott, Michael: Computer Law, 1984

Selinger, Jerry R.: Protecting Computer Software in the Business Environment: Patents, Copyrights and Trade Secrets, J. of L. and Com. 3 (1983), 65

Sheridan, James A.: Patent Protection of Computer Software — Practical Insights, Santa Clara L. Rev. 23 (1983), 989

Sieber, Ulrich: Urheberrechtliche und wettbewerbsrechtliche Erfassung der unbefugten Softwarenutzung, BB 1981, 1547

— Der urheberrechtliche Schutz von Computerprogrammen, BB 1983, 977

Siemens: ABC der Mikroelektronik, Fürth 1985

Skaupy, Walther: Zur Schutzfähigkeit von elektronischen Rechenprogrammen, BB 1967, 945

— Möglichkeiten des Urheber-, Patent- und Wettbewerbsschutzes von elektronischen Rechenprogrammen, Mitt. d. dt. PAW 1967, 121

Smolek, Georg / Weissenböck, Martin: Einführung in die EDV von A bis Z, Paderborn 1977

Sprowl, James A.: A Review of Niblett's Legal Protection of Computer Programs and Diamond v. Diehr and Some Thoughts on Patenting Computer Programs, A.B.F. Res. J. 1981, 559

Stern, Richard: Another Look at Copyright Protection of Software: Did the 1980 Act Do Anything for the Object Code?, Computer / L. J. 3 (1981), 1

— Determining Liability for Infringement of Mask Work Rights Under the Semiconductor Chip Protection Act, Minnesota L. Rev. 70 (1985), 271

— Section 117 of the Copyright Act: Charter of the Software Users' Rights or an Illusory Promise?, Western New Eng. L. Rev. 7 (1985), 459

Toong, Hoo-min D. / Gupta, Amar: Personal Computers, Scientific American 247 (Dez. 1982), 87

Troller, Alois: Urheberrecht und Ontologie, UFITA 50 (1967), 385

Ulmer, Eugen: Urheber- und Verlagsrecht, 3. Aufl., Berlin, Heidelberg, New York 1980

— Anmerkung zu BAG „Statikprogramme", GRUR 1984, 432

— Die Bundesrepublik Deutschland und die Berner Union, GRUR Int. 1986, 229

Ulmer, Eugen / Kolle, Gert: Der Urheberrechtsschutz von Computerprogrammen, GRUR Int. 1982, 489

Vinck, Kai: Der Urheber im Arbeits- und arbeitnehmerähnlichen Verhältnis, RdA 1975, 162

Vogel, Martin: Der literarische Markt und die Entstehung des Verlags- und Urheberrechts bis zum Jahre 1800, GRUR 1973, 303

Volmer, Bernhard / Gaul, Dieter: Arbeitnehmererfindungsgesetz, 2. Aufl., München 1983

Weik, Martin H.: Standard Dictionary of Computers and Information Processing, 2. Aufl., 1977

Weyer, Wolfgang: Rechte an DV-Programmen, ÖVD 1982, 72

Wharton, Leslie: Use and Expression: The Scope of Copyright Protection for Computer Programs, Computer / L. J. 5 (1985), 433

Wilson, David / La Barre, James: The Semiconductor Chip Protection Act of 1984: A Preliminary Analysis, J. of the Pat. and Tradm. Off. Soc'y 67 (1985), 57

Windisch, Ernst: Beziehungen zwischen Urheber-, Erfinder-, Programmier- und Tonaufnahme-Leistungen, GRUR 1980, 587

Wirth, R.: Das Mass der Erfindungshöhe, GRUR 1906, 57

Wittmer, Hans-Rudolf: Der Schutz von Computersoftware — Urheberrecht oder Sonderrecht?, Bonn 1981

Zahn, Roland: Urheberrecht und Computer-Programme — Versuch einer Bestandsaufnahme, GRUR 1978, 207

Zahrnt, Christoph: Anmerkung zu LG Mannheim „Inkassoprogramm“, BB 1981, 1545

Zipse, Erich: Sind Computerprogramme Anweisungen an den menschlichen Geist?, GRUR 1973, 123

Verzeichnis der verwerteten Judikate amerikanischer Gerichte

Alfred Bell & Co. v. Catalda Fine Arts, Inc., 191 F.2d 99 (2d Cir. 1951)

Amoco Prod. Co. v. Lindley, 609 P.2d 733 (Okla. 1980)

Analogic Corp. v. Data Translation, Inc., 371 Mass. 643, 358 N.E. 2d 804 (1976)

Apple Computer, Inc. v. Formula Int'l Inc., 562 F. Supp. 775 (C.D. Cal. 1983), *aff'd*, 725 F.2d 521 (9th Cir. 1984)

Apple Computer, Inc. v. Franklin Computer Corp., 545 F. Supp. 812 (E.D. Pa. 1982), *rev'd*, 714 F.2d 1240 (3d Cir. 1983), *cert. dismissed*, 464 U.S. 1033 (1984)

Atlantic Works v. Brady, 107 U.S. 192 (1883)

Burroughs Corp. v. Cimakasky, 346 F. Supp. 1398 (E.D. Pa. 1972)

Business Intelligence Serv., Inc. v. Hudson, 580 F. Supp. 1068 (S.D.N.Y. 1984)

Cochrane v. Deener, 94 U.S. 780 (1876)

Computer Print Sys., Inc. v. Lewis, 281 Pa. Super. 240, 422 A.2d 148 (1980)

Com-Share, Inc. v. Computer Complex, Inc., 338 F. Supp. 1229 (E.D. Mich. 1971), *aff'd*, 458 F.2d 1341 (6th Cir. 1972)

Cypertek Computer Prod., Inc. v. Whitfield, 203 U.S.P.Q. (BNA) 1020 (Cal. App. Dep't Super. Ct. 1977)

Dann v. Johnston, 425 U.S. 219 (1976), *rev'g*, *In re Johnston*, 502 F.2d 765 (C.C.P.A. 1974)

Data Cash Sys., Inc. v. JS & A Group, Inc., 480 F. Supp. 1063 (N.D. Ill. 1979), *aff'd on other grounds*, 628 F.2d 1038 (7th Cir. 1980)

Data Gen. Corp. v. Digital Computer Controls, Inc., 357 A.2d 105 (Del. Ch. 1975)

DeSilva Construction Corp. v. Herrald, 213 F. Supp. 184 (M.D. Fla. 1962)

Diamond v. Bradley, 450 U.S. 381 (1981), *aff'g*, *In re Bradley*, 600 F.2d 807 (C.C.P.A. 1979)

Diamond v. Diehr, 450 U.S. 175 (1981), *aff'g*, *In re Diehr*, 602 F.2d 982 (C.C.P.A. 1979)

Direction Assoc., Inc. v. Programming & Sys., Inc., 412 F. Supp. 714 (S.D.N.Y. 1976)

Don Lee, Inc. v. Walker, 61 F.2d 58 (9th Cir. 1932)

GCA Corp. v. Chance, 217 U.S.P.Q. (BNA) 718 (N.D. Cal. 1982)

Gottschalk v. Benson, 409 U.S. 63 (1972), *rev'g*, *In re Benson*, 441 F.2d 682 (C.C.P.A. 1971)

Halliburton Oil Well Cementing Co. v. Walker, 146 F.2d 817 (9th Cir. 1944)

Hancock v. Decker, 379 F.2d 552 (5th Cir. 1967)

Herbert Rosenthal Jewelry Corp. v. Kalpakian, 446 F.2d 738 (9th Cir. 1971)

Hotchkiss v. Greenwood, 11 How. 248 (1850) = 52 U.S. 261

Hubco Data Products Corp. v. Management Assistance, Inc., 219 U.S.P.Q. (BNA) 450 (D. Idaho 1983)

Imperial Homes Corp. v. Lamont, 458 F.2d 895 (5th Cir. 1972)

In re Abele, 684 F.2d 902 (C.C.P.A.1982)

In re Abrams, 188 F.2d 165 (C.C.P.A. 1951)

In re Bernhart, 417 F.2d 1395 (C.C.P.A. 1969)

In re Bolongaro, 62 F.2d 1059 (C.C.P.A. 1933)

In re Cooper, 134 F.2d 630 (C.C.P.A. 1943)

In re Heritage, 150 F.2d 554 (C.C.P.A. 1945)

In re Lundberg, 197 F.2d 336 (C.C.P.A. 1952)

In re Meyer, 688 F.2d 789 (C.C.P.A. 1982)

In re Musgrave, 431 F.2d 882 (C.C.P.A. 1970)

In re Pardo, 684 F.2d 912 (C.C.P.A. 1982)

In re Prater (II), 415 F.2d 1393 (C.C.P.A. 1969), *superseding*, *In re Prater (I)*, 415 F.2d 1378 (C.C.P.A. 1968)

In re Shao Wen Yuan, 188 F.2d 377 (C.C.P.A. 1951)

In re Venner, 262 F.2d 91 (C.C.P.A. 1958)

Jostens, Inc. v. Nat'l Computer Sys., 318 N.W.2d 691 (Minn. 1982)

Kewanee Oil Co. v. Bicron Corp., 416 U.S. 470 (1974)

Le Roy v. Tatham, 14 How. 156 (1852)

Mackay Radio & Tel. Co. v. Radio Corp. of America, 306 U.S. 86 (1939)

Management Science Am., Inc. v. Cyborg Sys., Inc., 6 CLSR (*Callaghan*) 921 (N.D. Ill. 1978)

Materials Dev. Corp. v. Atl. Advanced Metals, Inc., 172 U.S.P.Q. (BNA) 595 (Mass. Super. Ct. 1971)

Mazer v. Stein, 347 U.S. 201 (1954)

M. Bryce & Assoc. v. Gladstone, 107 Wis. 2d 241, 319 N.W.2d 907 (Ct. App. 1982), *cert. denied*, 459 U.S. 94 (1982)

Midway Mfg. Co. v. Strohon, 564 F. Supp. 741 (N.D. Ill. 1983)

Modern Controls, Inc. v. Andreadakis, 578 F.2d 1264 (8th Cir. 1978)

Morrisey v. Proctor & Gamble Co., 379 F.2d 675 (1st Cir. 1967)

On-Line Sys., Inc. v. Staib, 479 F.2d 308 (8th Cir. 1973)

Parker v. Flook, 437 U.S. 584 (1978), *rev'g*, *In re Flook*, 559 F.2d 21 (C.C.P.A. 1977)

Rubber-Tip Pencil Co. v. Howard, 20 Wall. 498 (1874)

Runge v. Lee, 441 F.2d 579 (9th Cir. 1971), *cert. denied*, 404 U.S. 807 (1971)

Schuchart & Assoc. v. Solo Serve Corp., 540 F. Supp. 928 (W.D. Tex. 1982)

Sperry Rand Corp. v. Rothlein, 241 F. Supp. 549 (D. Conn. 1964)

Synercom Technology, Inc. v. University Computing Co., 462 F. Supp. 1003 (N.D. Tex. 1978)

Structural Dynamics Research Corp. v. Eng'g Mechanics Research Corp, 401 F. Supp. 1102 (E.D. Mich. 1975)

Tandy Corp. v. Personal Micro Computers, Inc., 524 F. Supp. 171 (N.D.Cal 1981)

Technicon Medical Information Sys. v. Green Bay Packing, 211 U.S.P.Q. (BNA) 343 (E.D. Wis. 1980), *aff'd*, 687 F.2d 1032 (7th Cir. 1982), *cert. denied*, 459 U.S. 1106 (1983)

Telex Corp. v. IBM Corp., 367 F. Supp. 258 (N.D. Okla. 1973), *rev'd on other grounds*, 510 F.2d 894 (10th Cir. 1975), *cert. dismissed*, 423 U.S. 802 (1975)

Trilog Assoc., Inc. v. Famularo, 455 Pa. 243, 314 A.2d 287 (1974)

University Computing Co. v. Lykes-Youngston Corp., 504 F.2d 518 (5th Cir. 1974)

Warrington Assoc. v. Real-Time Eng'g Sys., Inc., 522 F. Supp. 367 (N.D. Ill. 1981)

Wexler v. Greenberg, 399 Pa. 569, 160 A.2d 430 (1960)

White Smith Music Publishing Co. v. Apollo Co., 209 U.S. 1 (1908)

Williams Elec., Inc. v. Artic Int'l, Inc., 685 F.2d 870 (3d Cir. 1982)

Winston Research Corp. v. Minnesota Mining & Mfg. Co., 350 F.2d 134 (9th Cir. 1965)

Publikationen des Instituts für Internationales Recht an der Universität Kiel

A. Jahrbuch für Internationales Recht
German Yearbook of International Law (ab Band 19)

Verlag: Duncker & Humblot (ab Band 17).

Die früheren Bände sind im Verlag Vandenhoeck & Ruprecht, Göttingen, erschienen.

Bd. 12	629 S.	1965	75,— DM	Bd. 21	579 S.	1978	158,— DM
Bd. 13	617 S.	1967	85,— DM	Bd. 22	581 S.	1979	168,— DM
Bd. 14	645 S.	1969	85,— DM	Bd. 23	597 S.	1980	vergr.
Bd. 15	971 S.	1971	95,— DM	Bd. 24	566 S.	1981	vergr.
Bd. 16	571 S.	1973	128,— DM	Bd. 25	722 S.	1982	vergr.
Bd. 17	517 S.	1974	128,— DM	Bd. 26	550 S.	1983	vergr.
Bd. 18	574 S.	1975	138,— DM	Bd. 27	599 S.	1984	vergr.
Bd. 19	557 S.	1976	148,— DM	Bd. 28	555 S.	1985	212,— DM
Bd. 20	569 S.	1977	148,— DM	Bd. 29	612 S.	1986	212,— DM

B. Veröffentlichungen des Instituts für Internationales Recht

Verlag: Duncker & Humblot, Berlin (ab Band 73).

Die früheren, hier aufgeführten Bände sind im Hansischen Gildenverlag, Hamburg, erschienen. Über die unten nicht aufgeführten Bände geben die Verlage und das Institut Auskunft.

40. Karl-Heinrich Buhse, Der Schutz von Kulturgut im Krieg. 1959. 150 S. 16,40 DM.

41. Wolfgang Pigorsch, Die Einordnung völkerrechtlicher Normen in das Recht der Bundesrepublik Deutschland. 1959. VI, 135 S. 14,80 DM.

42. Wolfgang Birke, Die Konfiskation ausländischer Privatvermögen im Hoheitsbereich des konfiszierenden Staates nach Friedensvölkerrecht. 1960. XVI, 214 S. 28,— DM.

43. Völkerrecht, Lehrbuch der Akademie der Wissenschaften der UdSSR (1957). Übersetzt von Prof. Dr. Schultz, Göttingen. Vorwort von Prof. Dr. E. Menzel, Kiel. 1960. XXVIII, 492 S. 38,— DM, Lw. 44,— DM.

44. Hans-Hinrich Biehl, Minderheitenschulrecht in Nord- und Südschleswig. 1960. VIII, 131 S. 14,80 DM.

45. Peter Becker, Der Einfluß des französischen Verwaltungsrechts auf den Rechtsschutz in den europäischen Gemeinschaften. 1963. XII, 148 S. 19,80 DM.

46. Hans W. Baade, Das Verhältnis von Parlament und Regierung im Bereich der Auswärtigen Gewalt der Bundesrepublik Deutschland. 1962. 247 S. 30,— DM.

47. Dietrich Rauschning, Das Schicksal völkerrechtlicher Verträge bei der Änderung des Status ihrer Partner. 1963. XIV, 264 S. 36,— DM.

48. Jürgen Schilling, Völkerrecht und staatliches Recht in Frankreich. 1964. X, 176 S. 26,— DM.

49. Uwe Lüthje, Die Theorie des Contrat Administratif im französischen Verwaltungsrecht. 1964. X, 142 S. 19,— DM.

50. Walter Wiese, Der Kampf um das Bricker-Amendment. Eine Studie über Abschluß und Stellung völkerrechtlicher Abkommen im Verfassungssystem der Vereinigten Staaten. 1965. XII, 231 S. 32,— DM.

51. 50 Jahre Institut für Internationales Recht an der Universität Kiel. Festakt am 12. 11. 1964 und Wissenschaftliche Kolloquien mit Referaten von Max Sørensen, Ulrich Scheuner, Paul Guggenheim, Konrad Zweigert. Lebensbilder und Bibliographien von Theodor Niemeyer, Walter Schücking, Hermann v. Mangoldt, 1965. 242 S. 30,— DM.

52. Dieter Feddersen, Die Rolle der Volksvertretungen in der Deutschen Demokratischen Republik. 1965. 235 S. 29,80 DM.

53. Wolfgang Clausen, Die Staatwerdung Ghanas. 1966. XII, 196 S. 28,— DM.

54. Fritz Fischer, Die institutionalisierte Vertretung der Verbände in der Europäischen Wirtschaftsgemeinschaft. 1965. 208 S. 26,— DM.

55. Wolfgang Wiesner, Der Widerruf individueller Entscheidungen der Hohen Behörde der EGKS. 1966. 128 S. 18,50 DM.

56. Volker Langbein, Die rechtliche Regelung des Lobbyismus in den Vereinigten Staaten. 1967. 181 S. 23,— DM.

57. Knut Ipsen, Rechtsgrundlagen und Institutionalisierung der atlantisch-westeuropäischen Verteidigung. 1967. 223 S. 28,50 DM.

58. Thomas Harms, Die Rechtsstellung der Abgeordneten in der Beratenden Versammlung des Europarates und im Europäischen Parlament. 1968. 173 S. 25,— DM.

59. Drei sowjetische Beiträge zur Völkerrechtslehre. G. I. Tunkin, Grundlagen des modernen Völkerrechts (1956); D. B. Lewin, Grundprobleme des modernen Völkerrechts (1958); G. I. Tunkin, Der ideologische Kampf um das Völkerrecht (1967). Übersetzt von Dr. Rossbacher, Dr. Frenzke, Dr. Rodingen. Einführung von Prof. Dr. E. Menzel. 1969. XL, 480 S. 68,— DM.

60. Sigrid Kunze, Wahlkosten und Wahlchancengleichheit bei den Unterhauswahlen in Großbritannien. 1968. 147 S. 20,— DM.

61. Klaus Stahl, Die Sicherung der Grundfreiheiten im öffentlichen Recht der Fünften Französischen Republik. 1970. XV, 337 S. 44,— DM.

62. Gerhard Kutzner, Die Organisation der Amerikanischen Staaten (OAS). 1970. 400 S. 48,— DM.

63. Sigmar-Jürgen Samwer, Die französische Erklärung der Menschen- und Bürgerrechte von 1789/91. Ihre Entstehungsgeschichte und ihre Herkunft. 1970. XI, 422 S. 48,— DM.

64. Die Nutzung des Meeresgrundes außerhalb des Festlandsockels (Tiefsee). Vorträge und Diskussionen eines Symposiums, veranstaltet vom Institut für Internationales Recht an der Universität Kiel vom 26.-28. März 1969. 1970. 257 S. 29,— DM.

65. Lothar Schöppe, Neue Konkordate und konkordatäre Vereinbarungen, Abschlüsse in den Jahren 1964 bis 1969. Nachtrag zu „Konkordate seit 1800", Frankfurt a. M./Berlin 1964. 1970. 231 S. 28,— DM.

66. Ostverträge, Berlin-Status, Münchener Abkommen, Beziehungen zwischen der BRD und der DDR. Vorträge und Diskussionen eines Symposiums, veranstaltet vom Institut für Internationales Recht an der Universität Kiel vom 27.-29. März 1971. 1971. 361 S. 38,— DM.

67. Niels Brandt, Das Interamerikanische Friedenssystem, Idee und Wirklichkeit. 1972. 522 S. 52,— DM.

68. Rüdiger Pernice, Die Sicherung des Weltfriedens durch Regionale Organisationen und die Vereinten Nationen. 1972. 178 S. 25,— DM.

69. Ondolf Rojahn, Die Ansprüche der lateinamerikanischen Staaten auf Fischereivorrechte jenseits der Zwölfmeilengrenze. 1972. 308 S. 37,— DM.

70. Bodo Richter, Völkerrecht, Außenpolitik und internationale Verwaltung bei Lorenz von Stein. 1973. 257 S. 35,— DM.

71. Beiträge zur Weiterentwicklung des humanitären Völkerrechts für bewaffnete Konflikte. Hrsg. von Dieter Fleck in Zusammenarbeit mit Michael Bothe, Kay Hailbronner, Knut Ipsen. 1973. XVI, 216 S. 35,— DM.

72. Ulrich Thieme, Rundfunksatelliten und internationales Recht — Eine neue Kommunikationstechnik und ihre weltweiten rechtlichen Auswirkungen. 1973. 117 S. 19,50 DM.

73. Die Vereinten Nationen im Wandel. Referate und Diskussionen eines Symposiums „Entwicklungslinien der Praxis der Vereinten Nationen in völkerrechtlicher Sicht", veranstaltet vom Institut für Internationales Recht an der Universität Kiel vom 20.-23. November 1974. 1975. 262 S. 68,— DM.

74. Eibe H. Riedel, Kontrolle der Verwaltung im englischen Rechtssystem. 1976. 312 S. 76,— DM.

75. Wulf Hermann, Das Rundfunkrecht in den nordischen Staaten. 1976. 150 S. 48,— DM.

76. Abschreckung und Entspannung. Fünfundzwanzig Jahre Sicherheitspolitik zwischen bipolarer Konfrontation und begrenzter Kooperation. 1977. XII, 897 S. 178,— DM.

77. Joachim Wege, Positives Recht und sozialer Wandel im demokratischen und sozialen Rechtsstaat. 1977. 346 S. 86,— DM.

78. Deutsch-Amerikanisches Verfassungsrechtssymposium 1976 / American-German Bicentennial Symposium on Constitutional Law: Pressefreiheit / Freedom of the Press — Finanzverfassung im Bundesstaat / Financial Powers in the Federal System. 1978. 251 S. 56,— DM.

79. Völkerrecht und internationale wirtschaftliche Zusammenarbeit. Referate und Diskussionen eines Symposiums, veranstaltet vom Institut für Internationales Recht an der Universität Kiel vom 9.-10. Dezember 1976. 1978. 262 S. 68,— DM.

80. Wilhelm A. Kewenig, Zu Inhalt und Grenzen der Rundfunkfreiheit. 1978. 149 S. 58,— DM.

81. Siegfried Magiera, Parlament und Staatsleitung in der Verfassungsordnung des Grundgesetzes. 1979. 359 S. 98,— DM.

82. Völkerrecht und Kriegsverhütung — Zur Entwicklung des Völkerrechts als Recht friedenssichernden Wandels. Referate, Berichte und Diskussionen eines Symposiums, veranstaltet vom Institut für Internationales Recht an der Universität Kiel vom 22. - 24. November 1978. 1979. 305 S. 75,— DM.

83. Wolfgang Hoffmann-Riem, Wilhelm A. Kewenig, Ingo v. Münch, Thilo Ramm, Die Kündigung des NDR-Staatsvertrages. Voraussetzungen und Folgen. 1980. 235 S. 96,— DM.

84. André Thomashausen, Verfassung und Verfassungswirklichkeit im neuen Portugal. 1981. 508 S. 148,— DM.

85. Ulrich Scheuner, Das Grundrecht der Rundfunkfreiheit. 1982. 99 S. 38,— DM.

86. Rainer Lagoni, Ländergrenzen in der Elbemündung und der Deutschen Bucht. 1982. 112 S. 48,— DM.

87. Hans-Joachim Schütz, Militärische Vertrauensbildende Maßnahmen aus völkerrechtlicher Sicht. 1984. 142 S. 48,— DM.

88. Antarctic Challenge — Conflicting Interests, Cooperation, Environmental Protection, Economic Development. Proceedings of an Interdisciplinary Symposium, June 22nd-24th, 1983. 1984. 253 S. 78,— DM.

89. Das neue Seerecht. Internationale und nationale Perspektiven. Referate und Diskussionen eines Symposiums, veranstaltet vom Institut für Internationales Recht an der Universität Kiel vom 1. - 4. 12. 1982. 1984. 258 S. 78,— DM.

90. Elmar Rauch, The Protocol Additional to the Geneva Conventions for the Protection of Victims of International Armed Conflicts and the United Nations Convention on the Law of the Sea: Repercussions on the Law of Naval Warfare. Report to the Committee for the Protection of Human Life in Armed Conflict of the International Society for Military Law and Law of War. 1984. 165 S. 56,— DM.

91. Marklen Ivanovič Lazarev, Theoretische Fragen des modernen Seevölkerrechts. 1985. 294 S. 68,— DM.

92. Eckart Klein / Matthias Pechstein, Das Vertragsrecht internationaler Organisationen. 1985. 107 S. 36,— DM.

93. Grigorij Ivanovič Tunkin, Recht und Gewalt im internationalen System. 1986. 213 S. 68,— DM.

94. Recht auf Information — Schutz vor Information. Menschen- und staatsrechtliche Aspekte. Referate und Diskussionsbeiträge eines Symposiums, veranstaltet vom Institut für Internationales Recht an der Universität Kiel vom 21. - 24. November 1984. 1986. 254 S. 78,— DM.

95. Antarctic Challenge II — Conflicting Interests, Cooperation, Environmental Protection, Economic Development. Proceedings of an Interdisciplinary Symposium, September 17th - 21st, 1985. 465 S. 158,— DM.

96. Eibe H. Riedel, Theorie der Menschenrechtsstandards. Funktion, Wirkungsweise und Begründung wirtschaftlicher und sozialer Menschenrechte mit exemplarischer Darstellung der Rechte auf Eigentum und auf Arbeit in verschiedenen Rechtsordnungen. 1986. 425 S. 136,— DM.

97. Jan Willisch, State Responsibility for Technological Damage in International Law. 1987. XXVIII, 326 S. 136,— DM.

98. Karin Heidenstecker-Menke, Die Bestandsgarantie völkerrechtlicher Verträge im österreichischen und deutschen Recht. Eine rechtsvergleichende Untersuchung. 1987. 169 S. 68,— DM.

99. Klaus Bockslaff, Das völkerrechtliche Interventionsverbot als Schranke außenpolitisch motivierter Handelsbeschränkungen. 193 S. 1987. 74,— DM.

100. Rainer Velten. Die Anwendung des Völkerrechts auf State Contracts in der internationalen Schiedsgerichtsbarkeit. 1987. 180 S. 76,— DM.

101. Marklen Ivanovič Lazarev (Verantwortl. Redakteur), Modernes Seevölkerrecht. Zusammenarbeit der sozialistischen Staaten, Internationale maritime Organisationen, Wirtschaftszone, Streitbeilegung, Problem der maritimen Rüstungsbegrenzung. 1987. 281 S. 78,— DM.

C. Studien aus dem Institut für Internationales Recht

Verlag: Duncker & Humblot, Berlin.

1. Eberhard Ott, Die Weltorganisation für Meteorologie (WMO). 1976. XIII, 174 S. 56,— DM.

2. Gerd-Rudolf Wehling, Die politischen Parteien im Verfassungssystem Israels. 1977. XVI, 238 S. 66,— DM.

3. Klaus Junker, Anlegerschutz im Recht des amerikanischen stock-broker. 1977. XVII, 233 S. 68,— DM.

4. Friedrich Leffler, Das Heuerverhältnis auf ausgeflaggten deutschen Schiffen. 1978. XIX, 492 S. 96,— DM.

5. Bibliographie des Deutschen Schrifttums zum internationalen und ausländischen Privatrecht 1945 - 1970. Bearb. von Peter Soyke und Eckart Wehser. 1978. XLIII, 616 S. 56,— DM.

6. Hans Jürgen Wildberg, Die Internationale Meeresbodenbehörde (ISA). Ihre rohstoffwirtschaftliche Aufgabe, entwicklungspolitische Bedeutung und der Entwurf durch die Dritte Seerechtskonferenz. 1979. 144 S. 42,— DM.

7. Eberhard Eyl, Das ordentliche Haushalts- und Finanzwesen der UNESCO. 1979. 291 S. 78,— DM.

8. Brigitte Namgalies, Das französische Arbeitsunfallrecht. Eine Darstellung mit rechtsvergleichenden Hinweisen zum deutschen Arbeitsunfallrecht. 1981. 208 S. 68,— DM.

9. Wilfried Braun, Vertragliche Geldwertsicherung im grenzüberschreitenden Wirtschaftsverkehr. 1982. 270 S. 98,— DM.

10. Wolfgang Steiniger, Das dänische Aktiengesetz. Eine Darstellung des dänischen Aktiengesetzes vom 13. Juni 1973 mit späteren Änderungen unter besonderer Berücksichtigung der Rechtsstellung des Aktionärs mit rechtsvergleichenden Hinweisen. 1983. 386 S. 148,— DM.

D. Sammlung „Dokumente“

Verlag: Alfred Metzner Verlag, Frankfurt/M.-Berlin

Diese Sammlung wird herausgegeben von der Forschungsstelle für Völkerrecht und ausländisches öffentliches Recht an der Universität Hamburg, dem Institut für Internationales Recht an der Universität Kiel und dem Institut für Völkerrecht der Universität Göttingen. Nachstehend werden nur die in Kiel bearbeiteten Bände angeführt.

Bd. 26. Hans W. Baade, Gesetzgebung zur Förderung ausländischer Kapitalanlagen. 1957. 89 S. 12,80 DM.

Bd. 29. Eberhard Jäckel, Die Schleswig-Frage seit 1945. 1959. 150 S. 19,80 DM.

Bd. 34. Günter B. Krause, Der Internationale Fernmeldeverein. 1960. 184 S. 24,— DM.

Bd. 35. Lothar Schöppe, Konkordate seit 1800. Originaltext und deutsche Übersetzung der geltenden Konkordate. 1964. XXXVII, 584 S. 68,— DM (Zur Fortsetzung vgl. unter B., Nr. 65).

Bd. 38. Hans-R. Krämer, Die Europäische Wirtschaftsgemeinschaft. Texte zur Entstehung und Ausführung. 1965. XI, 540 S. 68,— DM.

E. Parlamente und Parteien

Verlag: Athenäum-Verlag, Frankfurt/M. (Siehe auch unter C., Nr. 2.)

Bd. 1. Wolf-Eberhard Ahrens, Immunität der Abgeordneten. 1970. 141 S. 28,— DM.

Bd. 2. Carl-August Conrad, Die politischen Parteien im Verfassungssystem der Schweiz. 1970. 202 S. 34,— DM.

Bd. 3. Siegfried Magiera, Die Vorwahlen (Primaries) in den Vereinigten Staaten, Demokratisierung von Wahlen und Parteien. 1971. 174 S. 38,— DM.

Bd. 4. Jürgen Hansen, Die Institution des Ombudsman. 1972. 188 S. 38,— DM.

Bd. 5. Rainer Lagoni, Die politischen Parteien im Verfassungssystem der Republik Irland. 1973. 271 S. 58,— DM.

F. Bibliographien

Verlag: Hansischer Gildenverlag, Hamburg (Siehe auch unter C., Nr. 5.)

Bd. 1. Dietrich Rauschning, Bibliographie des deutschen Schrifttums zum Völkerrecht 1945 - 1964. 1966. 569 S. 40,— DM.

Bd. 2. Vladimir Ibler, Bibliographie des jugoslawischen Schrifttums zum Völkerrecht 1945 - 1964. 1970. XIX, 380 S. 30,— DM.

Bd. 3. Johannes R. Gascard, Bibliographie des deutschen Schrifttums (BRD) zum Völkerrecht 1965 - 1971. 1972. XLIV, 414 S. 35,— DM.

Schriften zum Internationalen Recht

Seit Sommer 1976 sind erschienen:

4 **Die Abhängigkeit der Amtshaftungsklage von der erfolgreichen Durchführung der Nichtigkeits- bzw. Untätigkeitsklage im Recht der EWG (Art. 215 Abs. 2 EWGV).** Von H. Krüger. 124 S. 1976. DM 33,60

5 **Das Streitverfahren nach der dispute clause im Verwaltungsrecht der Vereinigten Staaten von Amerika.** Von F. Hippe. 308 S. 1976. DM 84,—

6 **Zur Struktur des internationalen Privatrechts.** Von E. Lorenz. 115 S. 1977. DM 38,60

7 **Die Behandlung internationaler Organakte durch staatliche Gerichte.** Von Ch. Schreuer. 381 S. 1977. DM 88,—

8 **Haftungsausschlußklauseln in allgemeinen Geschäftsbedingungen nach englischem und internationalem Privatrecht.** Von G. Schmitz. 122 S. 1977. DM 48,—

9 **Die Kompetenz der Europäischen Wirtschaftsgemeinschaft zum Abschluß von Handels- und Kooperationsabkommen gemäß Art. 113 EWG-Vertrag.** Von P. Weissenberg. 157 S. 1978. DM 56,—

10 **Die Kodifikation des österreichischen Internationalen Privatrechts.** Von F. Mänhardt. 184 S. 1978. DM 66,—

11 **Mündliche und schriftliche Elemente und ihre rechtsgeschichtlichen Hintergründe im englischen Erkenntnisverfahren.** Von U. E. Bücker. 107 S. 1978. DM 39,60

12 **Das Ausländerpolizeirecht der Bundesrepublik Deutschland und der Vereinigten Staaten von Amerika im Vergleich.** Von H. Harte. 184 S. 1978. DM 58,—

13 **Integrationsrechtliche Probleme im Recht der Europäischen Gemeinschaften.** Von A. Matthias. 107 S. 1979. DM 39,60

14 **Die Beschaffung von Beweismitteln aus dem Ausland durch staatliche Stellen.** Von E. Nordmann. 202 S. 1979. DM 72,—

15 **Veränderungen im Bestand des Geltungsgebietes des Vertragsstatuts.** Von A. Wohlgemuth. 415 S. 1979. DM 128,—

16 **Zur Anknüpfung des Urheberrechts im internationalen Privatrecht.** Von H. Schack. 98 S. 1979. DM 38,60

17 **Die Annahme eines Kindes im Ausland.** Von N. König. 110 S. 1979. DM 44,—

18 **Fiktive Auslandszustellung.** Von B. Schmitz. 214 S. 1980. DM 68,—

19 **Der strafrechliche Schutz der europäischen Marktordnungen für die Landwirtschaft.** Von W. Bruns. 100 S. 1980. DM 39,80

20 **Vertragsfreiheit und Kontrahierungszwang im deutschen, im österreichischen und im italienischen Recht.** Von K. Hackl. 128 S. 1980. DM 48,—

21 **Der Schutz geographischer Weinbezeichnungen im Recht der Europäischen Gemeinschaften.** Von K.-J. Kraatz. 176 S. 1980. DM 66,—

22 **Türkisches Recht vor deutschen Gerichten.** Von E. E. Hirsch. 249 S. 1981. DM 68,—

23 **Kollisionsnorm und Sachrecht.** Von K. Schurig. 392 S. 1981. DM 118,—

24 **Das kanadische einheitliche Sicherungsrecht.** Von F. v. Kenne. 307 S. 1981. DM 116,—

25 **Interventions- und haftungsrechtliche Aspekte grenzüberschreitender Rundfunksendungen.** Von Chr. Weil. 158 S. 1981. DM 66,—

26 **Internationale Zuständigkeit über auswärtige Gesellschaften mit Inlandstöchtern im US-amerikanischen Zivilprozeß.** Von D. Welp. 187 S. 1982. DM 78,—

27 **Das internationale Privatrecht der nichtehelichen Kindschaft.** Von R. C. Thümmel. 173 S. 1983. DM 68,—

28 **Die Staatenimmunität im amerikanischen und englischen Recht.** Von U. v. Schönfeld. 180 S. 1983. DM 66,—

29 **Die Haftung der Europäischen Wirtschaftsgemeinschaft für fehlerhafte Rechtsetzungsakte.** Von M. Herdegen. 168 S. 1983. DM 78,—

30 **Die Geltung ausländischer notarieller Urkunden in der Bundesrepublik Deutschland.** Von I. Stauch. 146 S. 1983. DM 66,—

31 **Die Rechtsangleichung gemäß Art. 100 des EWG-Vertrages.** Von Ch. Eiden. 174 S. 1984. DM 74,—

32 **Der Versorgungsausgleich in Fällen mit Auslandsberührung.** Von C. Nolte-Schwarting. 243 S. 1984. DM 116,—

33 **Unternehmensmitbestimmung und internationale Wirtschaftsverflechtung.** Von M. Schubert. 149 S. 1984. DM 72,—

34 **Separate Opinion und Sondervotum in der Rechtsprechung des Supreme Court of the United States und des Bundesverfassungsgerichts.** Von K.-H. Millgramm. 242 S. 1985. DM 92,—

35 **Die Rolle des Federal District Judge im Verhältnis zu den Parteien.** Von Th. Braun. 101 S. 1986. DM 38,—

36 **Internationale Rechtsunterschiede und nationaler Wettbewerb.** Von K.-G. Mook. 195 S. 1986. DM 78,—

37 **Der britisch/amerikanische Kartellrechtsstreit um die IATA-Flugtarife aus dem Blickwinkel des Protection of Trading Interests Act 1980.** Von M. Dautzenberg. 158 S. 1987. DM 76,—

38 **Die Parteiautonomie im internationalen und interlokalen Vertragsrecht der Vereinigten Staaten von Amerika.** Von R. Magold. 364 S. 1987. DM 128,—

39 **Rechtsfolgen von Patentverletzungen im Europäischen Patentrecht.** Von C. Hess. 208 S. 1987. DM 86,—

40 **Das Kollisions-, Zuständigkeits- und Anerkennungsrecht der internationalen Ehescheidung in Spanien.** Von F. Hernanz Sanchez. 386 S. 1987. DM 148,—

41 **Produktfehler oder Fehlverhalten des Produzenten.** Von A. Pfeifer. 302 S. 1987. DM 112,—